Haua Fteah
Merimde
al-Fayyum
Nil
Kharga Oase
Nördlicher Wendekreis
Nabta Playa
-Awaynat
Djebel Sahaba
Rotes Meer
al-Shahaynab
Kadero
Early Khartoum
Aksum
Singa
Kwiha
nnedi
Lalibela-Höhle
Hadar
Asa Koma
Blauer Nil
Laga Oda
Weißer Nil
Besaka-See
Omo-Kibish
Westturkana
Ostturkana
Dongodien
Turkana-See
Lowasera
Gogoshiis Qabe
Uele
Kongo
Njoro River-Höhle
Katanda
Enkapune Ya Muto
Ishango
Viktoria-See
Gogo Falls
Olorgesailie
Olduvai
Laetoli
Mumba Shelter
Indischer Ozean
Tanganyika-See
Kalambo Falls
Malawi-See
Broken Hill (Kabwe)
Sambesi
Gwisho Thermalquellen
Limpopo
Makapansgat
alahari
Sterkfontain
Swartkrans
Kromdraai
Vonderwerk-öhle
Border-Höhle
Vaal
Drakensberg
omplaas-hle
Melkhoutboom-Höhle
Klasies River Mouth
elson Bay-Höhle

Unbekanntes Afrika

Graham Connah

# Unbekanntes Afrika

## Archäologische Entdeckungen auf dem Schwarzen Kontinent

Übersetzung aus dem Englischen von Beate Dillmann-Gräsing

Bibliografische Information Der Deutschen Bibliothek

Die Deutsche Bibliothek verzeichnet diese Publikation in der
Deutschen Nationalbibliografie; detaillierte bibliografische
Daten sind im Internet über http://dnb.ddb.de abrufbar.

Umschlaggestaltung: Stefan Schmid, Design, Anne Lyrch, Stuttgart,
unter Verwendung einer Abbildung der PA-picture-alliance, Frankfurt/Main
Übersetzung: Beate Dillmann-Gräsing


Die Herausgabe dieses Werkes wurde durch
die Vereinsmitglieder der WBG ermöglicht.
Textredaktion: A–Ω Publikationsservice, Bad Homburg
Bildredaktion: Nicole Janke, Stuttgart
Kartografie: Peter Palm, Berlin
Satz: Dörr + Schiller GmbH, Stuttgart
Druck und Bindung: Himmer Druck und Verlag, Augsburg
ISBN-10: 3-8062-2023-9
ISBN-13: 978-3-8062-2023-0

Besuchen Sie uns im Internet: www.theiss.de

# Inhaltsverzeichnis

# Afrika – Wiege der Menschheit

Alles begann in Afrika – für jeden von uns. Wie zahlreiche Wissenschaftler in jahrelanger Forschungsarbeit beweisen konnten, liegen die in Dunkelheit gehüllten Ursprünge der Menschheit auf dem afrikanischen Kontinent (Abb. S. 3). Da sich ausschließlich dort während der jüngeren Erdgeschichte die Gattung *Homo*, zu der auch wir gehören, herausbildete, kann man mit hoher Wahrscheinlichkeit davon ausgehen, dass der *Homo sapiens*, der dem heutigen Menschen entspricht, zu einer späteren Zeit ebenfalls in Afrika entstand. Demnach wurden die drei bedeutsamsten Entwicklungsschritte in der Geschichte der erfolgreichsten Spezies der Welt in Afrika getan. Wie einer der auf diesem Gebiet führenden Wissenschaftler einmal sehr treffend bemerkte, sind wir deshalb »alle unter unserer Haut Afrikaner«. Dennoch wurde die Vergangenheit Afrikas häufig von jenen Historikern übersehen, die sich eher auf andere geographische Gebiete der Erde konzentrierten. Dazu konnte es kommen, weil die Geschichte des Kontinents in Vergessenheit geraten war. Bei der Rekonstruktion der afrikanischen Vorzeit musste die Forschung sehr gewissenhaft vorgehen, denn es gab in vielen Teilen des Kontinents bis in die letzten Jahrhunderte hinein keinerlei Schriftquellen. Mit der historischen Aufarbeitung beschäftigte man sich seit etwa 100 Jahren, die intensivere Forschung jedoch findet erst seit den letzten 50 Jahren statt. Alle Untersuchungen basierten auf Befunden der unterschiedlichsten Herkunft. Zum einen gab es die materiellen Hinterlassenschaften, die die Archäologen über das Verhalten der frühen Menschen informierten, zum anderen die noch heute lebendigen Traditionen vieler afrikanischer Völker. Für die ältesten Epochen hingegen waren sowohl die Paläontologen, die fossile Tierknochen untersuchen, als auch die Genetiker, die ererbte Anlagen erforschen, zuständig. Die *Naturwissenschaften lieferten so die grundlegenden biologischen Informationen, die uns zusammen mit den archäologischen Daten in die Lage versetzen, die Geschichte unseres Ursprungs in Afrika zu rekonstruieren.*

Der Ausgangspunkt für die Lösung dieser Aufgabe ist zum einen die Erkenntnis vom »Überleben des Stärksten« und die Evolutionstheorie, die Charles Darwin vor über 150 Jahren entwickelte, zum andern die genetische Forschung, die erklären kann, wann und wodurch Eigenschaften vererbt werden und auf welche Weise evolutionäre Prozesse vonstatten gehen. Hinzu kommt die Arbeit der Geologen, die für die Erdgeschichte einen Zeitrahmen schufen und die umweltbedingten Veränderungen während dieser Jahrmillionen entdeckten. Die in diesem Kontext forschenden Paläontologen waren nun in der Lage nachzuweisen, dass die fossilen Reste aller Lebewesen den Evolutionsprozess in den einzelnen geologischen Schichten, in denen man sie fand, bezeugen können, weil die sich ändernden Umweltbedingungen eine kontinuierliche Anpassung der Pflanzen und Tiere

Die heutigen Staaten in Afrika, als Führer zu den im Buch besprochenen Örtlichkeiten.

bewirkte. So entstanden im Laufe der Zeit zunehmend komplexere Lebensformen, aus denen vor etwa 65 Millionen Jahren der älteste Angehörige der als Primaten bezeichneten zoologischen Artengruppe hervorging, zu der die Menschen ebenso gehören wie die Menschenaffen, alle anderen Affenarten und eine Anzahl weiterer Tiere. Die Menschenaffen sind, wie wir selbst auch, Teil der so genannten Überfamilie der Menschenartigen (zoologischer Fachbegriff *Hominoidea*). Genetische Forschungsergebnisse belegen allerdings, dass wir uns schon vor sehr langer Zeit von den Menschenaffen abgespalten haben müssen. Vor ungefähr fünf bis acht Millionen Jahren ging unsere Entwicklung andere Wege als die unserer nächsten Verwandten, den Schimpansen, mit denen wir einen gemeinsamen Urahn hatten. Aus dieser Periode existieren in Afrika jedoch nur sehr wenige fossile Funde. Für die Zeit vor etwa 20 Millionen Jahren hingegen gibt es Fossilien älterer menschenaffenartiger Tiere. Der früheste Nachweis für die *Hominoidea*, jene zoologische

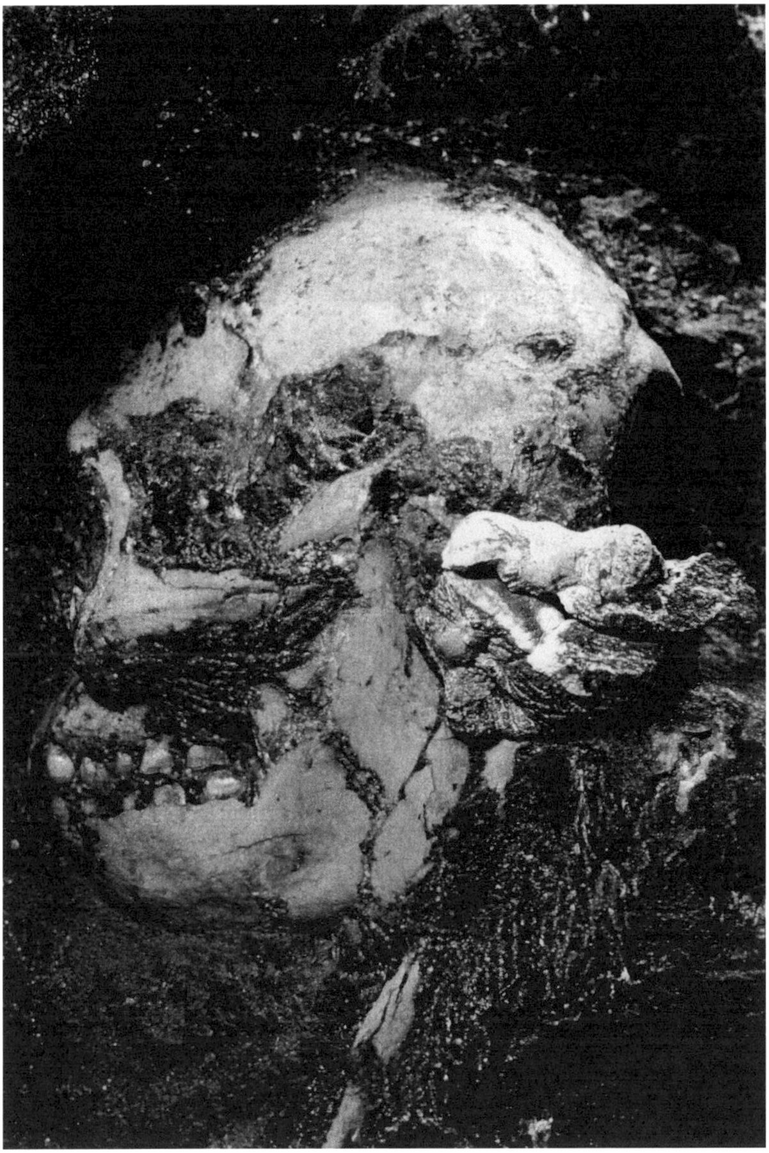

^
Der Schädel eines in Sterkfontein gefunden Australopithecinen, der ursprünglich eine maximale Körpergröße von 120 cm gehabt haben dürfte.

Familie, zu der auch wir gehören, und deren Angehörige als »Hominiden« bezeichnet werden, stammt aus einer Epoche vor etwa 4,4 Millionen Jahren. Das war zu jenem Zeitpunkt, als sich unser ältester bekannter Vorfahre aufrichtete und zu gehen begann.

Lebensbild des *Australopithecus afarensis* und des *Homo habilis*.

Humanpaläontologen oder Paläoanthropologen, wie sie auch genannt werden, haben unseren ältesten Vorfahren der Gattung *Australopithecus* zugeordnet, was soviel wie »Südaffe« bedeutet. Diese Bezeichnung wurde deshalb gewählt, weil man die Fossilien, die dieser Gattung zugeschrieben werden konnten, erstmals in teilweise eingestürzten Kalksteinhöhlen Südafrikas entdeckte. Inzwischen sind jedoch Australopithecinen[1], wie ohne Unterschied alle Angehörigen dieser Gattung heißen, auch an Fundorten entlang des Ostafrikanischen Grabens belegt, der von Äthiopien bis nach Malawi verläuft. Mit einer einzigen Ausnahme fand man sie nirgendwo sonst in Afrika oder in irgendeinem anderen Teil der Erde. Obwohl die zeitlich relevanten geologischen Schichten, in denen Fossilien der Australopithecinen lagen, durch Erosion oder tektonische Tätigkeiten gestört waren, weist die Verteilung des Fundmaterials darauf hin, dass die Vormenschen in einer tropischen Steppe mit unregelmäßigem Baumbestand lebten. Eine Reihe wissenschaftlicher Untersuchungsmethoden ermöglichte erst die Datierung von Funden aus einem derart weit zurückliegenden Zeitabschnitt. Eine davon ist die Radiokalium- oder Kalium-Argon-Datierung, die zwar für die ostafrikanischen Fundstellen gut geeignet war, sich in Südafrika aber nicht anwenden ließ. Dort datierte man hauptsächlich anhand der im selben Zusammenhang existierenden Fauna, die auch in Ostafrika zu belegen ist.

Der erste Australopithecine, von dem aussagekräftige Überreste entdeckt wurden, ist der *Australopithecus afarensis*. Die Funde dieses Vormenschen stammen vorwiegend aus Hadar in Äthiopien und Laetoli in Tansania. Zu den Zeugnissen

1 Vormenschen (Anm. des Übersetzers).

aus Laetoli gehört außerdem eine Reihe bemerkenswerter Fußabdrücke, die sich im Erdboden erhalten hatten. Dieser Hominide lebte vor etwa 3,9 Millionen bis 2,8 Millionen Jahren. Im Vergleich zum heutigen Menschen, dessen Gehirn ein Volumen von rund 1400 $cm^3$ besitzt, war sein Gehirn mit etwa 415 $cm^3$ gering bemessen. Auch war er insgesamt kleinwüchsig, die Männchen maßen ungefähr 151, die Weibchen nur 105 cm. Ein Unterschied zwischen den Geschlechtern bestand ebenso beim durchschnittlichen Körpergewicht. So wogen die männlichen Exemplare etwa 45 kg, die weiblichen dagegen nur 29. Beim *Australopithecus afarensis* (Abb. S. 4) weisen sowohl Schädel und Gebiss als auch seine kräftigen Arme und die kurzen Beine auf seine Abstammung vom Menschenaffen hin. Obwohl er aufrecht gehen konnte, scheint er ebenso gut im Erklettern von Bäumen gewesen zu sein.

Der zweite und besser belegte Australopithecine ist der *Australopithecus africanus*. Skelettfunde dieses Vormenschen wurden in südafrikanischen Höhlen, unter anderem in Sterkfontein und Makapansgat, nachgewiesen (Abb. unten). Er lebte vor ungefähr 2,8 bis 2,3 Millionen Jahren und unterschied sich von dem *Australopithecus afarensis* in einer ganzen Reihe von Merkmalen. Erstaunlicherweise war sein Gehirn mit etwa 440 $cm^3$ ein wenig größer als das seines Vorgängers, und er besaß kleinere Schneide- dafür aber größere Backenzähne. Da auch bei ihm die Arme länger als die Beine waren, muss er noch immer geschickt im Erklettern von Bäumen gewesen sein,

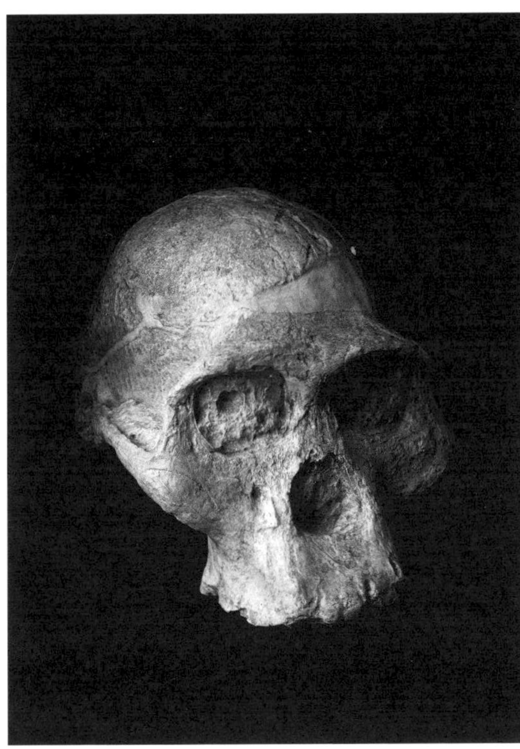

Schädel des *Australopithecus africanus*, gefunden in Sterkfontein, Südafrika.

obwohl er ebenfalls aufrecht gehen konnte. Wenngleich die Männchen auch bei dieser Spezies größer waren als die Weibchen, war der Unterschied nicht ganz so auffällig wie beim *Australopithecus afarensis*. Wenngleich anzunehmen ist, dass sich der *Australopithecus africanus* aus dem *Australopithecus afarensis* entwickelt hatte, waren beide dennoch relativ kleine menschenaffenartige Wesen. Die Zuweisung der zumeist nur sehr fragmentarisch erhaltenen fossilen Knochen zu einer der beiden Arten wird durch das Vorhandensein noch weiterer Varianten der Australopithecinen zusätzlich erschwert.

Zwei dieser im Grunde den Australopithecinen zugehörigen Spezies unterschieden sich von den anderen so stark, dass sie von einigen Wissenschaftlern in einer eigenen Gattung zusammengefasst wurden. Zusätzlich unterteilte man die Gruppe, der man den Namen *Paranthropus* gab, in den *Paranthropus robustus* und den *Paranthropus boisei*. Während Überreste des *P. robustus* in den südafrikanischen Höhlenfundorten Swartkrans und Kromdraai entdeckt wurden, fanden sich Belege für den *P. boisei* hauptsächlich in den untersten Ablagerungen der Olduvai-Schlucht in Tansania, in Ost- und Westturkana in Kenia sowie im Omo-Tal in Äthiopien. Charakteristisch für beide Arten sind extrem starkknochige Schädel, ausgeprägte Backenzähne in einem wuchtigen Kiefer, wulstige Jochbeine und ein knochiger Scheitelkamm. Ihre Zähne und Kiefer waren sogar größer als diejenigen der mächtigsten männlichen Gorillas. Vermutlich konnten ihre Backenzähne dank dieser auffälligen Besonderheiten des Schädels den starken vertikalen Druck aushalten, der beim Essen entstand. Beide Spezies existierten gleichzeitig vor 2,3 Millionen Jahren bis vor etwa eine Million Jahre. Sie unterschieden sich voneinander lediglich in der Ausprägung der typischen Merkmale, wobei *P. boisei* der Stämmigere war. Da man *P. boisei* ausschließlich an ostafrikanischen und *P. robustus* nur an südafrikanischen Fundorten entdeckte, ist anzunehmen, dass es sich bei beiden um Abkömmlinge eines und desselben Vorfahren handelt, die sich in verschiedenen geographischen Regionen entwickelten. Trotz ihres Äußeren besaßen sowohl *P. boisei* als auch *P. robustus* mit etwa 520 $cm^3$ ein größeres Gehirn als alle anderen Australopithecinen. Im Vergleich zu ihren starkknochig ausgebildeten Köpfen hatten sie eine erstaunlich geringe Körpergröße. Die Männchen maßen zwischen 132 und 137 cm und wogen 40 bis 49 kg, die Weibchen waren 110 bis 124 cm groß und hatten ein Gewicht von 32 bis 34 kg. Von beiden Spezies war *P. boisei* jeweils der Größere und Schwerere. Wenngleich die Männchen deutlich die Weibchen überragten, scheint der Unterschied zwischen den Geschlechtern etwas geringer gewesen zu sein als bei den älteren Hominiden. Auch wenn sie zweifelsfrei aufrecht gingen, spricht die Ausbildung der Arme bei beiden *Paranthropus*-Arten für die Fähigkeit auf Bäume zu klettern. Bezüglich ihres Ranges innerhalb der menschlichen Evolution ist anzunehmen, dass es sich bei dieser Gattung um einen hochspezialisierten Nebenzweig handelte, der aber letztendlich ausstarb. Obwohl der *Paranthropus* zur gleichen Zeit lebte wie der *Homo habilis*, möglicherweise sogar länger existierte, war es der *Homo habilis*, als frühester Angehöriger der Gattung *Homo* (vgl. S. 9 ff.), aus dem sich später die jüngeren Hominiden entwickeln sollten. Auch wenn seine Herkunft kontrovers diskutiert wird, ist er wohl eher ein Nachkomme des *Australopithecus africanus* als des verwandten *Paranthropus*.

Die Entwicklung der Australopithecinen nachzuvollziehen ist fast ebenso schwierig wie die Bestimmung ihrer evolutionären Verbindung zu späteren Hominiden. Das liegt sowohl an der Beschaffenheit der Befunde als auch an den Umständen, unter denen sie konserviert wurden. In der Regel handelt es sich dabei um Schädel oder andere einzelne Knochen, die häufig nur in Bruchstücken überdauerten. Sogar nur teilweise intakte Skelette sind eher selten. Die erhaltenen Fundmaterialien aus den südafrikanischen Höhlen beispielsweise waren in Kalkablagerungen fest mit Tierknochen verbacken. Vermutlich handelte es sich hierbei um die Reste, die Raubtiere, wie Hyänen und Leoparden, von ihrer Beute hinterließen. An den ostafrikanischen Fundstellen befanden sich die fossilen Knochen in See- oder Flusssedimenten, in die sie jedoch auch posthum hineingespült worden sein konnten. Auf einen kurzen Nenner gebracht, bedeutet dies, dass es schwierig ist, mit solchen Belegen die Lebensweise der frühen Hominiden zu rekonstruieren. Sogar wenn man, wie in der Olduvai-Schlucht, Wohnplätze entdeckt zu haben glaubte, ergaben sich Probleme dabei, die Befunde eindeutig dem Leben der Australopithecinen zuzuschreiben und sie nicht mit dem des hier ebenfalls existierenden *Homo habilis* zu verwechseln. Ebenso kompliziert ist es, bei den Tierknochen zu entscheiden, ob die erbeuteten Tiere von Hominiden erlegt oder von Raubtieren geschlagen wurden. Letztendlich erwiesen sich deshalb diejenigen Schlussfolgerungen, die man aus den vorhandenen Schädeln, Zähnen und anderen Hominidenknochen ziehen konnte, als tauglicher, um die Lebensbedingungen der Australopithecinen in Ansätzen zu verstehen. Jedoch nur zusammen mit den Erkenntnissen aus der Verhaltensforschung über heutige Schimpansen und aus Studien über noch immer existierende Jäger- und Sammlergemeinschaften können tatsächlich Rückschlüsse auf das Leben der Australopithecinen gezogen werden.

Die erhaltenen Fossilien legen nahe, dass die Australopithecinen sich ebenso sicher in den Bäumen bewegten wie auf dem Boden. Vermutlich fanden sie in den Bäumen sowohl Zuflucht vor Raubtieren als auch teilweise ihre Nahrung. In der Hauptsache aßen sie Pflanzliches, denn die starken Backenzähne des *Paranthropus* waren höchstwahrscheinlich eine Folge der Anpassung an eine extrem zähe vegetarische Ernährung. Möglicherweise nahmen sie auch Fleisch zu sich, jedoch ist nicht zu entscheiden, ob sie selbst ihre Beute jagten oder nach Kadavern von Tieren suchten, die entweder eines natürlichen Todes gestorben waren oder von Raubtieren erlegt wurden. Da die Männchen, wie bei den heutigen Schimpansen oder anderen Menschenaffen, viel größer waren als die Weibchen, kann man vermuten, dass die männlichen Australopithecinen energisch um die Weibchen kämpften und es keine persönliche Bindung zwischen einzelnen Männchen und Weibchen gab. Trotz gegenteiliger Behauptungen scheinen die Australopithecinen auch keine Steinwerkzeuge hergestellt zu haben, vermutlich benutzten sie aber Stöcke und Steine auf die gleiche

Art und Weise wie die Schimpansen. Ganz offensichtlich erlaubte die Form der Schädelbasis es den Australopithecinen nicht, die volle Bandbreite von Lauten zu erzeugen, wie es der moderne Mensch kann. Deshalb entwickelten die frühen Hominiden keine Sprache, wie wir sie definieren, sondern waren auf die Art von Geräuschen beschränkt, mit denen auch Schimpansen kommunizieren.

Die Australopithecinen waren kleine, affenartige Wesen mit einem geringen Hirnvolumen und anderen physischen Charakteristika, die insgesamt auf ein affenartiges Verhalten hinweisen. Sie scheinen nicht, wie die späteren Hominiden, eine Kultur, also erlernte Verhaltensweisen, besessen zu haben. Dennoch waren sie diejenigen Menschenaffen, die sich aufrichteten und zu gehen lernten, vielleicht, um auf diese Weise besser in einer Umwelt an Nahrung zu gelangen, in der die klimatischen Veränderungen kontinuierlich die Wälder durch Steppe zu ersetzen begannen. Von daher werden sie als die frühesten Hominiden und mit großer Wahrscheinlichkeit auch als unsere ältesten Vorfahren angesehen, obwohl ihre evolutionäre Verwandtschaft zu späteren Hominiden umstritten ist. So wurde paradoxerweise mit der Entstehung dieses noch nicht ganz menschlichen Wesens die Menschheit geboren – und ihre Wiege stand in Afrika.

# Steinwerkzeuge und evolutionäre Anpassung – Die Ursprünge der Gattung Homo

Welche Verbindung auch immer zwischen den Australopithecinen und uns selbst bestehen mag, mit der Entwicklung des ältesten Angehörigen der Gattung *Homo*, zu der wir ebenfalls gehören, machte die menschliche Evolution einen mächtigen Sprung vorwärts. Parallel zu den entscheidenden biologischen Umstrukturierungen zeigten sich bei diesen frühen Menschen die ersten Anzeichen erlernter Verhaltenweisen, die von den Anthropologen als Kultur bezeichnet werden. Der schlagkräftigste Beweis für diese Veränderung sind die wohl erstmals zu diesem Zeitpunkt gefertigten Steinwerkzeuge. Sie belegen das Vorhandensein sowohl größerer manueller Geschicklichkeit als auch eine grundlegende geistige Entwicklung, ohne die eine Herstellung von Arbeitsgerätschaften nicht möglich gewesen wäre. Ihr Besitz ermöglichte denjenigen, die sie anfertigen konnten, sich einen weitaus größeren Bereich ihrer Umwelt zu erschließen und sicherlich auch den Fleischanteil ihrer Nahrung zu vergrößern. Sie trugen vermutlich ebenso dazu bei, die pflanzlichen Ressourcen effizienter ausschöpfen, Holz besser bearbeiten und Tierhäute vielfältiger benutzen zu können. Die ältesten, noch sehr einfach gestalteten Werkzeuge wurden vor ungefähr 2,6/2,5 bis 1,7/1,6 Millionen Jahren eingesetzt. Als sich von da an bis vor etwa 250.000 Jahren die frühen Menschen stetig weiter entwickelten, gaben sie auch ihren Gerätschaften immer differenziertere Formen. Außerdem hatten sie vor etwa einer Million Jahren nicht nur das gesamte afrikanische Land erobert, sondern waren bereits über die Grenzen Afrikas hinaus gelangt. Entscheidend für diese Errungenschaften war das Zusammenspiel von Kultur und Evolution, die diesen langen Zeitabschnitt kennzeichnet.

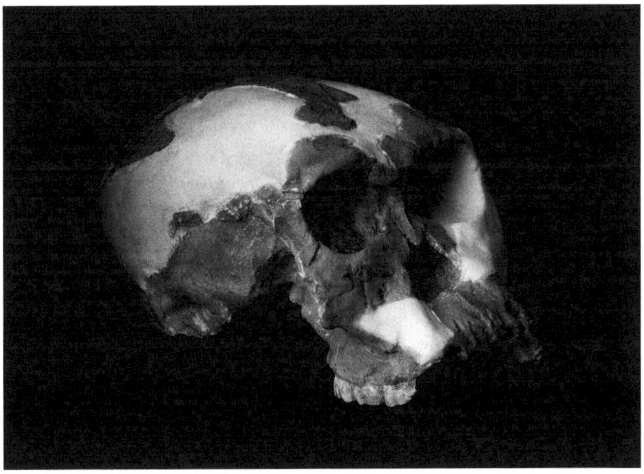

Etwa 1,8 Millionen Jahre alter Schädel des *Homo habilis*, gefunden in der Olduvai-Schlucht.

Den ältesten, durch Fossilien nachzuweisenden Zweig der Gattung *Homo* gab man den Namen *Homo habilis*, der »geschickte Mensch«. Die aussagekräftigsten Zeugnisse des *Homo habilis* stammen aus der Olduvai-Schlucht in Tansania sowie dem östlichen Turkana in Kenia und datieren in die Zeit vor etwa 1,9 bis 1,8 Millionen Jahren (Abb. S. 9). Allerdings weisen weitere Funde aus Äthiopien, Kenia und Malawi darauf hin, dass er weit früher, schon vor etwa 2,5 bis 2,4 Millionen Jahren, existiert haben muss. Er zeichnete sich besonders durch das Volumen seines Gehirns aus, das mit rund 630 $cm^3$ größer war als dasjenige der Australopithecinen. Außerdem waren seine Backenzähne kleiner. Da nicht alle Fundproben dieses Kennzeichen aufwiesen, ist jedoch nicht sicher, ob es sich dabei lediglich um verschiedene Merkmale der beiden Geschlechter handelte, oder ob es mehr als nur eine Spezies der Gattung *Homo* gab. Obwohl der Umfang der Schädel zugenommen hatte, besaßen diese Hominiden noch immer eine kleine Statur. Die Männer waren mit etwa 157 cm Körpergröße und einem Gewicht von rund 52 kg stämmiger als die Frauen, die etwa 125 cm maßen und um die 32 kg wogen. Die im Vergleich zu den Beinen relativ langen Arme sind ein deutlicher Hinweis darauf, dass der *Homo habilis*, ebenso wie seine Vorfahren, sowohl die Fähigkeit hatte, Bäume zu erklettern, als auch aufrecht zu gehen. Dennoch muss dieser frühe Typus des *Homo* eine wirklich entscheidende Stufe auf der evolutionären Leiter dargestellt haben, da nicht nur sein Gehirn größer war, sondern es auch Anzeichen für eine stärkere Ähnlichkeit im Körperbau mit späteren Menschen als mit den vorangegangenen Australopithecinen gab. Möglicherweise bedeutet dies sogar eine sich entwickelnde Sprachfähigkeit.

Ob dies nun zutraf oder nicht, in jedem Fall war *Homo habilis* ganz offenkundig in der Lage, Steinwerkzeuge herzustellen. Dieser Hominide existierte für eine Zeitspanne von etwa einer Million Jahren neben dem *Paranthropus* (vgl. S. 6 ff.), der mit Sicherheit hingegen noch keine Werkzeuge fertigte. Die »Steinartefakte«, wie sie von Archäologen bevorzugt genannt werden, waren, an späteren Erzeugnissen gemessen, vergleichsweise einfach. Benutzt wurden sowohl die Abschläge als auch die Kerne, von denen man sie abgespalten hatte, und die Schlagsteine. Die Abschläge waren vielseitig verwendbar. So konnte man damit Holz bearbeiten, Fleisch schneiden und Fell abschaben. Die Kernsteine setzte man zum Zerhacken ein und die Schlagsteine dienten sowohl zum Abspalten der Abschläge vom Kern als auch zum Nüsse knacken und Zertrümmern von Tierknochen, um an das Knochenmark zu gelangen. Diese ältesten Steinartefakte werden unter dem Begriff »Olduvai-Industrie« zusammengefasst, benannt nach der Olduvai-Schlucht, in der man sie seinerzeit das erste Mal detailliert erforschte. Ihre Herstellung beweist eine eindeutige Veränderung zum Verhalten früherer Hominiden, weil sie an einigen Fundplätzen, unter anderem in der Olduvai-Schlucht und im östlichen Turkana, zusammen mit fragmentierten Tierknochen gefunden wurden. Damit lieferten diese Orte Belege, die die Analyse fossiler Knochen allein nicht zu bieten vermag, nämlich die ersten Anhaltspunkte für menschliche Verhaltensweisen. Diese Stelle anhand der vorliegenden Befunde als Wohn- oder Schlachtplätze zu interpretieren, ist jedoch umstritten, da auch Anzeichen dafür gefunden wurden, dass auch Raubtiere hier lebten und fraßen. In jedem Fall scheint aber der *Homo habilis* mehr Fleisch verzehrt zu haben als ältere oder weniger entwickelte Hominiden. Ob er lediglich Beutereste von Fleischfressern sammelte oder aber selbst auf die Jagd ging, bleibt unklar. Wie auch immer er es sich beschaffte, die Nutzung von Steinwerkzeugen erleichterte ihm diese Aufgabe im Vergleich zu früher erheblich.

Vor etwa 1,8 bis 1,7 Millionen Jahren entwickelte sich ein Hominide, *Homo ergaster* genannt, der noch weiter in der Evolution fortgeschritten war. Er lebte bis vor rund 600.000 Jahren und war vermutlich ein Nachkomme des *Homo habilis* oder einer anderen Habilinenart. Fossile Knochen des *Homo ergaster* wurden in der Olduvai-Schlucht, in Ost- und Westturkana, bei Swartkrans in Südafrika sowie an Fundstellen in Uganda, Äthiopien und Eritrea entdeckt. Bezeichnend für den Erfolg seiner Art ist, dass vermutlich von ihm stammende Fossilien weit im Norden, sowohl in Marokko als auch in Algerien, gefunden wurden. Von seinen Vorfahren unterschied er sich erheblich durch sein ungefähr 907 $cm^3$ messendes und damit weit größeres Gehirn. Die Zunahme des Gehirnvolumens könnte jedoch durchaus, besonders bei den Frauen, auch auf einer insgesamt größeren Statur beruhen. Gleichwohl war *Homo ergaster* vermutlich der erste Hominide, bei dem sowohl Körperbau und Gewicht als auch der relative Unterschied zwischen Männern und Frauen in etwa dem des modernen Menschen entsprach. Die Form des Schädels gibt Anlass zu der Vermutung, dass die Vergrößerung seines Volumens mit einer Umbildung des Gehirns einhergegangen war, wenngleich der kräftige Überaugenwulst dem Gesicht durchaus noch einen affenartigen Charakter verlieh. Durch diese Weiterentwicklung des Gehirns war *Homo ergaster* möglicherweise der erste Hominide, der eine rudimentäre Sprache besaß. Da sich diese Spezies zusätzlich durch eine ständig fortschreitende Verkleinerung der Backenzähne und eine Verschiebung des Längenverhältnisses von Armen zu Beinen auszeichnete, war für ihn der aufrechte Gang vermutlich völlig alltäglich und er kletterte wahrscheinlich auch nicht mehr, wie die früheren Hominiden, regelmäßig auf Bäume. In Anbetracht all dieser Veränderungen erscheint es durchaus logisch, den *Homo ergaster* als die erste echte menschliche Spezies anzusehen.

Sowohl die anatomischen Besonderheiten als auch die vorliegenden Belege für eine vorhandene Kultur unterstützen diese These. Etwa zu der Zeit, als *Homo ergaster* lebte, verfeinerte sich auch die Bearbeitung der Steinartefakte. Die Schneidewerkzeuge wurden nun von beiden Seiten beschlagen, um scharfe Schnittkanten zu erzeugen. In der archäologischen Fachsprache wird diese Technik als »bifazielle Retuschierung« bezeichnet. Werkzeuge dieser Art, von denen man annimmt, dass sie *Homo ergaster* herstellte, werden der Acheuléen-Werkzeugindustrie zugeordnet, die ihren Namen nach einer Fundstelle in Frankreich erhielt. Kennzeichnend für diese Industrie sind blattförmige und spitz zulaufende Steine mit einer bifaziellen Kantenbearbeitung, die von den Archäologen »Faustkeile« genannt werden (Abb. S. 12). Gleichwohl ist diese Bezeichnung hinsichtlich ihrer Verwendung irreführend. Während die Schnittkante des Faustkeils von der Spitze ausgehend rundum verlief, besaßen andere bifaziell retuschierte Stücke, die so genannten Steinhackmesser,

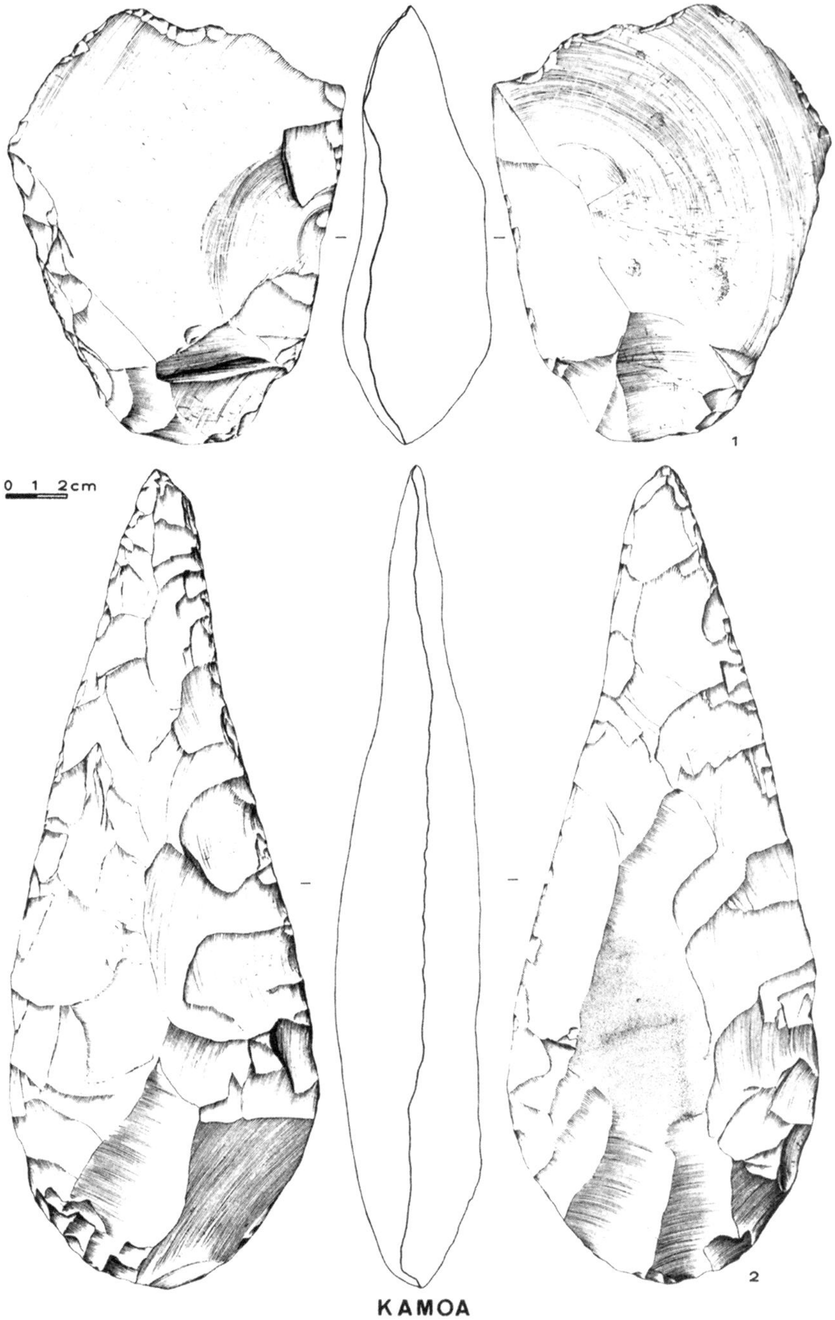


Steinwerkzeuge des *Homo ergaster*. Das Steinhackmesser (1) und der Faustkeit (2) werden beide der Acheuléen-Werkzeugindustrie zugeordnet.

eine Querschneide und keine Spitze. Die Vorläufer dieser Acheuléen-Werkzeuge waren vermutlich die älteren Oldowan-Artefakte, die jedoch weiterhin parallel zu den Neuentwicklungen hergestellt wurden. *Homo ergaster* hatte damit weit wirksamere Arbeitsgeräte zur Verfügung als seine Vorfahren, was ihn in die Lage versetzte, unter den unterschiedlichsten Umweltbedingungen die Ressourcen seiner Welt effizienter zu nutzen. Dementsprechend entdeckte man auch große Mengen von Acheuléen-Artefakten an Fundorten von Südafrika bis Äthiopien und von dort bis hinüber nach Nordwestafrika; weniger verbreitet waren sie jedoch in West- und Zentralafrika. Die Fähigkeit zur Herstellung dieser Werkzeuge, besonders der häufig sehr formvollendeten Stücke mit bifazieller Retuschierung, belegt eindeutig das Vorhandensein von sowohl handwerklicher Geschicklichkeit als auch der geistigen Fähigkeiten, die es braucht, um die Abfolge eines Herstellungsprozesses zu planen. Archäologen, denen in jüngerer Zeit gelang, im Rahmen wissenschaftlicher Experimente bifaziell bearbeitete Werkzeuge zu fertigen, fanden heraus, dass dabei jeder Arbeitsschritt gründlich erlernt werden musste. Auf die eine oder andere Weise war *Homo ergaster*, wie auch einige andere Spezies der Gattung *Homo*, wohl imstande, die erworbenen Kenntnisse über einen Zeitraum von ungefähr 1,5 Millionen Jahre hinweg weiterzugeben.

Die von *Homo ergaster* hergestellten Steinartefakte scheinen sehr vielfältig genutzt worden zu sein, unter anderem zum Schlachten erbeuteter Tiere und zum Aufbrechen aufgelesener Kadaver. Obwohl dafür auch scharfkantige Abschläge in Gebrauch waren, wurden die bifaziell bearbeiteten Steine vermutlich zum Zerlegen von Tierkörpern eingesetzt. Zahlreiche Fundstellen, an denen man Acheuléen-Artefakte gelegentlich zusammen mit zerbrochenen Tierknochen entdeckte und die zumeist in erreichbarer Nähe zum Wasser lagen, scheinen regelrechte Wohnplätze oder Lager gewesen zu sein, an denen das Fleisch aufbereitet wurde. An manchen dieser Orte entdeckte man eine recht bemerkenswerte Vielfalt unterschiedlicher Fundmaterialien. Der bei Olorgesailie im Kenianischen Bruchgraben gelegene Wohn- oder Schlachtplatz wurde eingehend untersucht. Hier waren auf einem Gebiet, das früher direkt an einen kleinen See grenzte, große Ansammlungen von Faustkeilen, Hackmessern und anderen Steinartefakten auf mehrere Stellen verteilt. Obwohl sich die Objekte wahrscheinlich durch die Wasserbewegung des Sees nicht mehr exakt an ihrer ursprünglichen Stelle befanden, sprechen doch ihre Verteilung auf dem Gelände und das Vorhandensein zersplitterter Tierknochen dafür, dass sich hier frühe Menschen über einen sehr langen Zeitraum hinweg aufhielten. Aber wie auch bei älteren Fundkonzentrationen dieser Art, ist es schwierig zu beurteilen, wie viele der vorhandenen Knochenreste von Raubtieren an diesem Ort hinterlassen wurden. Außerdem ernährten sich diejenigen Hominiden, die sich hier aufgehalten hatten, nach wie vor zusätzlich von pflanzlicher Nahrung, von der jedoch keine Spuren erhalten blieben. Überdies lassen sich in Olorgesailie mit Sicherheit weder Strukturen nachweisen, die auf das tägliche Leben dieser Hominiden hindeuten, noch gibt es Belege für die Nutzung von Feuer. Nach der immens großen Anzahl der hier gefundenen Artefakte zu urteilen, muss mehr als eine Tonne Steine, die zur Verarbeitung taugten, über einige Kilometer hinweg herangeschafft worden sein. Von daher scheint es, als ob der Platz wiederholt als eine Art Basislager benutzt wurde. Bei der Spezies *Homo ergaster* gab es in der Körpergröße der Männer und Frauen auch nicht mehr diesen großen Unterschied, wie er für frühere Hominiden typisch war. Das könnte ein Hinweis darauf sein, dass die Männer nun in einer weniger aggressiven Form um die Frauen warben und sich eine Art Paarbindung zu entwickeln begann. Diese Veränderung wirkte sich auf die soziale Struktur der Gruppen aus, die solche Plätze wie Olorgesailie aufsuchten.

Wie außerordentlich erfolgreich sich *Homo ergaster* an die verschiedenartigen Umweltbedingungen anzupassen vermochte, lässt sich von der Ausbreitung des *Homo erectus*, der ihm in der evolutionären Entwicklung nachfolgte, über Afrika hinaus ableiten. Dies scheint vor etwa einer Million Jahren geschehen zu sein, denn *Homo erectus* war in der Zeit vor etwa 500.000 bis 240.000 Jahren bereits im weit entfernten nördlichen China heimisch, wie die bedeutenden Funde von Zhoukoudian belegen. Möglicherweise hatte er sogar schon früher die Inselwelt Javas in Südostasien erreicht, und für seine Einwanderung nach Europa vor vielleicht mehr als 600.000 bis 500.000 Jahren gibt es ebenfalls Beweise. *Homo erectus* und *Homo ergaster* wurden beide von einigen Wissenschaftlern wegen ihrer Ähnlichkeiten der Spezies *Erectus* zugewiesen, obwohl *Homo erectus* sich in einigen Aspekten gravierend unterschied. Besonders hervorzuheben ist in diesem Zusammenhang die Größe seines Gehirns, die im Durchschnitt 1000 $cm^3$ betrug. Hinsichtlich der Interpretation des einschlägigen fossilen Fundmaterials aus Asien und Europa gibt es jedoch, hauptsächlich in Bezug auf die Datierung, einige kontroverse Forschungsmeinungen. Aber auch bei den Steinartefakten, die natürlich sehr viel zahlreicher vorhanden sind als Fossilien, ergaben sich Schwierigkeiten. Der Grund dafür ist, dass die in der Tradition der Acheuléen-Industrie hergestellten Werkzeuge im westlichen Asien, Westeuropa und in Afrika belegt sind, während diejenigen, die sich im östlichen Asien, im Süden Zentralasiens bis nach Osteuropa hin fanden, einer anderen, als »Haustein Werkzeugkomplex« bezeichneten Industrie zugeordnet werden. Die dadurch aufgeworfenen Fragen sind eindeutig jedoch erst dann zu lösen, wenn der Forschung mehr Fundmaterial zur Verfügung stehen.

Die evolutionäre Entwicklung des ältesten Angehörigen der Gattung *Homo* war von fundamentaler Bedeutung für die spätere Geschichte der Menschheit. Die anatomischen Veränderungen, besonders die Vergrößerung und die mögliche Umstrukturierung des Gehirns, die den *Homo habilis*, *Homo ergaster* und *Homo erectus* von den Australopithecinen unterscheidet, waren dabei von ausschlaggebender Wichtigkeit, denn sie scheinen der Auslöser für die schrittweise Formung einer echten menschlichen Kultur gewesen zu sein. Der entscheidende Beweis für das Vorhandensein von Kultur ist die Herstellung von Steinwerkzeugen, die ihrerseits eine weitere evolutionäre Entwicklung einleitet: die stetig wachsende Befähigung, sich zahlreichen verschiedenen Umweltbedingungen anzupassen. Eben dieses Talent zur Anpassung ermöglichte es den frühen Menschen, dass sie sich nicht nur über den größten Teil Afrikas, sondern auch über die ganze Welt ausbreiten konnten.

# Afrikas Geschenk an die Welt – Der früheste Homo sapiens

Die Interpretation der häufig nur bruchstückhaft erhaltenen Beweise für die menschliche Evolution ruft unvermeidlich Meinungsverschiedenheiten und kontroverse Diskussionen hervor. Daher überrascht es nicht, dass dies in besonderem Maß auf die Frage nach dem unmittelbaren Ursprung unserer eigenen Spezies, des anatomisch modernen Menschen *Homo sapiens*, zutraf. Das Thema vieler Debatten bildeten auch die verwandtschaftlichen Verhältnisse zwischen *Homo neanderthalensis*, besser bekannt als »Neandertaler«, zu späteren Menschen. Dieser hoch spezialisierte Hominide hatte sich im Zuge der Evolution in Europa und im westlichen Asien herausgebildet. Die gegenwärtige Meinung neigt dazu, ihn als eine an die Kälte der eurasischen Eiszeit angepasste Seitenlinie zu betrachten. Vor etwa 50.000 bis 40.000 Jahren scheint er durch den modernen Menschen ersetzt worden zu sein, der vermutlich aus Afrika kam. Dort hatten sich die ältesten Angehörigen der Spezies *Homo sapiens* vor etwa 600.000 Jahren entwickelt, nicht aber der *Homo neanderthalensis*, der nie auf diesem Kontinent lebte. Noch schwieriger wird die Interpretation durch den Mangel an verwertbaren Befunden jedoch für den entsprechenden Zeitraum in Ostasien. Deshalb bleibt ungewiss, ob sich *Homo sapiens* vollkommen unabhängig aus dem späten *Homo erectus* entwickelte, ob er während seiner Ausbreitung über Afrika hinaus *Homo erectus* ablöste oder ob sich die beiden Arten vermischten. Zurzeit wird die Erklärung favorisiert, dass alle Wurzeln des *Homo sapiens* in Afrika lagen, von wo aus er vor ungefähr 40.000 Jahren sogar nach

Gesichtsrekonstruktion des Schädels von Kabwe (Broken Hill), Sambia.

Australien aufbrach. Deshalb scheinen tatsächlich die ältesten Angehörigen unserer Spezies Afrikas Geschenk an die ganze Welt gewesen zu sein.

Als Beweise, die diese Theorie stützen, gelten fossile Schädel und andere Knochen aus Afrika, die frühen Formen des *Homo sapiens* oder seinen nahen Verwandten zugeschrieben werden. Eines der bekanntesten und ältesten Beispiele hierfür ist ein nahezu vollständiger Schädel aus Broken Hill (heutiger Name Kabwe) in Sambia. Dieser Schädel, der in etwa in die Zeit vor 400.000 Jahren datiert, war in einigen Partien abgerundeter als diejenigen vorhergehender Arten und gehörte einer Person, deren Gehirn 1285 $cm^3$ maß (Abb. S. 15). Vergleichbar wichtige Schädelfunde aus Elandsfontein in Südafrika, Djebel Irhoud in Marokko, Singa im Sudan sowie aus mehreren anderen Orten sind zwischen 600.000 und 90.000 Jahre alt, wobei die Mehrzahl aus der zweiten Hälfte dieses Zeitabschnitts stammt. In Ansätzen wiesen sie insgesamt Merkmale auf, die auch unsere eigene Spezies charakterisieren, jedoch keine, die für den *Homo neanderthalensis* typisch sind. Die Neandertaler hatten sich nach und nach in Europa und im westlichen Asien entwickelt, wo sie vor 127.000 bis 50.000/40.000 Jahren dominierten. Deshalb scheint am ehesten die These zuzutreffen, dass der früheste *Homo sapiens*, unabhängig von der Evolution in Europa, in Afrika direkt aus dem *Homo ergaster* entstand. Während der Epoche der Neandertaler war Afrika vermutlich von Menschen bevölkert, die uns anatomisch sehr ähnelten. Da fossile Zeugnisse von ihnen an vielen Orten gefunden wurden, kann eine Auswahl der wichtigsten Fundplätze eine ungefähre Vorstellung von der geografischen Verbreitung und der zeitlichen Einordnung des frühen *Homo sapiens* vermitteln (vgl. Abb. S. 3). In Südafrika datiert das Fundmaterial von Klasies River Mouth in die Zeit vor 115.000 bis 60.000 Jahren, aus der Border-Höhle auf 90.000 bis 50.000 und aus der Die Kelders-Höhle Nr. 1 auf 71.000 bis 45.000 Jahre. Das Alter der Objekte aus weiter nördlich liegenden Fundorten beträgt in Mumba Shelter (Tansania) 130.000 bis 109.000, in Omo-Kibish (Äthiopien) 127.000 bis 37.000 und aus der Höhle Nr. 2 von Dar es-Soltan (Marokko) zwischen 127.000 und 40.000 Jahre. Ähnliche, nahezu neuzeitlich anmutende fossile menschliche Knochen wurden auch in Israel entdeckt, das geographisch im Zusammenhang mit dem afrikanischen Kontinent zu sehen ist. Das dort geborgene Material ist 120.000 bis 80.000 Jahre alt. Wie dieser Überblick zeigt, gibt es reichlich fossile Belege für den Ursprung des *Homo sapiens* in Afrika.

Für diesen langen Zeitraum sind kulturelle Befunde weitaus zahlreicher erhalten als fossile. Dies zeigt ein immer menschlicher werdendes Verhalten im Vergleich zu früheren Epochen. So fand man beispielsweise eine große Anzahl Steinartefakte, von denen viele technologisch weit höher entwickelt waren als ältere Werkzeuge. Die Veränderungen, die sich vollzogen hatten, exakt zu definieren, bereitet einige Schwierigkeiten, es konnte jedoch festgestellt werden, dass die großen bifaziell retuschierten Werkzeuge des Acheuléen (vgl. S. 11 ff.) verschwanden und hauptsächlich durch Artefakte ersetzt wurden, die aus Abschlägen hergestellt waren. Einige dieser Abschläge hatten eine schmale, längliche Form, weswegen sie von den Archäologen

»Klingen« genannt werden. Gelegentlich legte man Form und Größe der Klingen bereits beim Abschlagen vom Kern fest. Diese ausgefeilte Technik, die in Afrika bereits während der späten Acheuléen-Zeit angewendet wurde, heißt nach einem Fundplatz in Frankreich »Levalloisien-Technologie«. Einige Abschläge und Klingen wurden weiter bearbeitet, indem man gezielt kleinere Teile von ihnen abspaltete. Damit erhielt man eine größere Auswahl verschiedener Werkzeuge, wie Schaber, Spitzen, Kerbspitzen und Bohrer. Im Herstellungsprozess ähnelten während dieser Epoche viele afrikanische Steinindustrien entfernt den zeitgleichen in Europa. Da sich aber zahlreiche regionale Unterschiede bei den Produkten herausbildeten, entstanden mehrere, ganz spezifische afrikanische Formgebungen. So fertigte man in der im Nordwesten Afrikas beheimateten, so genannten Atérien-Industrie Spitzen und andere Abschläge mit sorgfältig herausgearbeiteten Heftzapfen, mit denen man sie an Schäften oder Griffen befestigen konnte. In der Sangoan-Industrie, die fast überall in Zentral- und Westafrika gefunden wurde, führte man zur selben Zeit die Herstellung großer Werkzeuge aus Kernsteinen, allgemein »Picks« genannt, weiter. In der Howieson's Poort-Industrie, die vor ungefähr 70.000 Jahren in Südafrika bestand, ist die Produktion äußerst schmaler, rückengestumpfter Klingen vielleicht am bemerkenswertesten. Diese kleinen Objekte, die von den Archäologen als »Mikrolithen« bezeichnet werden, sollten sich zu charakteristischen Artefakten der späteren Jäger- und Sammlergemeinschaften entwickeln. In der Howieson's Poort-Industrie jedoch wurden sie weit früher hergestellt als irgendwo sonst in Afrika oder dem Rest der Welt.

Die Vielfalt an Steinwerkzeugen, die der frühe *Homo sapiens* in Afrika zu fertigen in der Lage war, spricht für seine zunehmende Fähigkeit, sich den Gegebenheiten der jeweiligen Umwelt anzupassen. Und in der Tat scheinen die Menschen dieser Epoche fast jeden Winkel des Kontinents erobert zu haben. Daraus ist jedoch kein Bevölkerungswachstum abzuleiten, denn die Menschen waren ständigen klimatischen Schwankungen ausgesetzt, die ihren Lebensraum veränderten, und von daher blieb ihre Anzahl vermutlich weitgehend gleich. Ein Beispiel für einen solchen Klimawechsel ist derjenige, der die Sahara unbewohnbar machte. Über das menschliche Verhalten in dieser Periode sind wir weitaus besser informiert als über ältere Epochen, da das Fundmaterial von dieser Zeit an häufig in den Ablagerungen von Höhlen erhalten blieb. Im Gegensatz dazu waren die Zeugnisse aus weiter zurückliegenden Zeitabschnitten zumeist so alt, dass die Höhlen, in denen sie ursprünglich lagerten, für gewöhnlich entweder eingebrochen waren oder durch Erosion abgetragen wurden. Deshalb ist man bei den früheren Perioden größtenteils auf die Funde von offenen Lagerplätzen angewiesen, die sich in See- oder Flusssedimenten bewahrt haben. Inzwischen ist jedoch auch die Erforschung verschütteter Fundstellen im Inneren von Höhlen oder unter Felsüberhängen möglich, an die Menschen längerfristig immer wieder zurückkehrten, um dort Unterschlupf zu finden. Viele dieser Fundorte lieferten höchst ergiebige Informationen über die Lebensweise der ältesten Angehörigen unserer Spezies. Da man sowohl Hinweise fand, die die Jagd und die Nutzung des Feuers belegen, als auch große Mengen an Steinwerkzeugen entdeckte, konnte man die allmählichen Veränderungen im Verhalten der damaligen Menschen erforschen. Bezieht man zusätzlich die Informationen mit ein, die die Wissenschaft kontinuierlich aus den unter freiem Himmel gelegenen Lagerplätzen gewinnt, wird dieser Zeitraum weit besser verständlich als alle früheren.

Hervorragende Beispiele hierfür sind ein offenes Lager in Zentralafrika sowie zwei Wohnhöhlen, die sich jeweils an entgegengesetzten Enden des afrikanischen Kontinents befinden. Eine davon ist ein größerer Höhlenkomplex an der Mündung des Klasies River (Klasies River Mouth). An dieser bemerkenswerten Fundstelle, die an der äußersten Südküste Afrikas liegt, haben sich sowohl archäologische als auch geologische Schichten über mehr als 18 m hoch über einen Zeitraum hinweg aufgetürmt, der vor etwa 120.000 Jahren begann und vor 1000 Jahren endete. Innerhalb dieser Ablagerungen fanden sich Steinartefakte in mehreren aufeinander folgenden Schichten. Außerdem wurden Feuerstellen entdeckt, die dokumentieren, dass der Ort ein bevorzugter Lagerplatz war, von dem aus jegliche Nahrung, die das Land und das Meer bot, sowie reichlich Süßwasser bequem zu erreichen war. Das Fundmaterial von Klasies River Mouth stellt eine der wichtigsten Informationsquellen für den frühen *Homo sapiens* dar. Zudem lieferte es einige Erkenntnisse über die so genannte Howieson's Poort-Industrie vor 70.000 Jahren, die die ansonsten durch die Herstellung zweiseitig bearbeiteter und zugespitzter Abschläge oder Klingen gekennzeichnete Schichtenabfolge an diesem Fundort unterbrach (Abb. S. 19). Einige der typischen Klasies River Mouth-Artefakte wurden weiter beschlagen, oder, um die korrekte archäologische Bezeichnung zu benutzen, retuschiert. So stellte man Speerspitzen her, die man an einem Schaft befestigen konnte, sowie Schaber und meißelartige Werkzeuge, die man »Stichel« nennt. Die Fabrikation solcher Abschläge und Klingen existierte am Klasies River Mouth, mit Ausnahme der relativ kurzen Unterbrechung durch die Howieson's Poort-Industrie, während der extrem langen Zeitspanne von etwa 80.000 Jahren. Die Steinartefakte wurden von Menschen geschaffen, die sowohl Land- als auch Meerestiere für ihre Ernährung nutzten und Schalentiere sammelten, jedoch nur selten fischten. Schnittspuren auf einigen der hier gefundenen Tierknochen belegen, dass sie jagten, anfänglich bevorzugt große Tiere, wie Elenantilopen und Büffel, später aber auch kleinere Antilopen. Der afrikanische Büffel ist ein schlaues und äußerst wildes Tier, dem die damaligen Jäger mit sehr viel Mut entgegentreten mussten, um ihn mit einem Speer anzugreifen, der lediglich eine steinerne Spitze besaß. Bezeichnenderweise waren viele der getöteten Tiere noch sehr jung. Dessen ungeachtet, scheinen die Menschen vom Klasies River Mouth tatsächlich gejagt und nicht nur Aas gesammelt zu haben, wie der Wirbel eines Büffels von diesem Fundort zeigt, in dem noch der Splitter einer Steinspitze steckte. Die Howieson's Poort-Schicht hingegen steht vermutlich für eine Zeit, in der man Speere und Pfeile mit widerhakenbewehrten Mikrolithen versah und anscheinend hauptsächlich kleinere Antilopen mit Pfeil und Bogen jagte. Im Anschluss daran fertigte man erneut in der oben erklärten Abschlags- und Klingentechnik weiter, bis der Meeresspiegel unter sein heutiges Niveau fiel und sich die Uferlinie

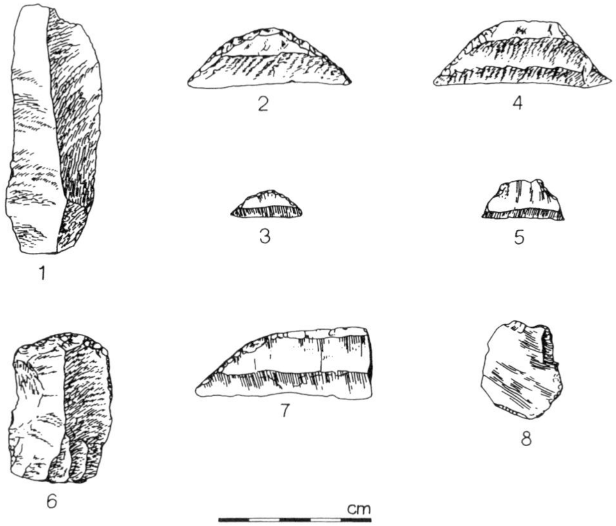


Steinartefakte der Howieson's Poort-Industrie von Klasies River Mouth, Südafrika. 1 Klinge, 2–5 und 7 rückengestumpfte Mikrolithen, 6 Schaber, 8 Stichel

immer mehr vom Lagerplatz entfernte. Die Menschen verließen daraufhin den Ort für ungefähr 50.000 Jahre und besiedelten ihn erst wieder vor etwa 3000 Jahren.

Am anderen Ende des Kontinents liegt an der Küste Nordafrikas bei Haua Fteah im heutigen Libyen das zweite der oben erwähnten Höhlenlager. Auch in dieser großen Höhle fanden sich mehr als 13 m hohe Ablagerungen, deren unterste Schicht bei den bisherigen Ausgrabungen noch nicht erreicht wurde. Innerhalb der Ablagerungen zeigte sich auch hier eine aussagekräftige Abfolge lokaler Steinindustrien, von der ältesten, die vor über 70.000 Jahren bestand, bis zur jüngsten aus historischer Zeit. Die früheste der erforschten Industrien setzte sich aus wuchtigen Klingen und Abschlägen zusammen, die gelegentlich weiter retuschiert wurden, um Schaber und Stichel zu produzieren. Die vor Ort gefundenen Tierknochen wiesen darauf hin, dass die Menschen, die diese Werkzeuge herstellten, sowohl Wildrinder, Gazellen, Zebras und Urschafe jagten als auch Schnecken sammelten und, da die Höhle zu dieser Zeit nahe der Küste lag, Schalentiere verwerteten. Die erste Steinindustrie bestand für mindestens 5000 Jahre, bis sie vermutlich von einer zweiten Abschlag- und Klingenindustrie abgelöst wurde, die ihrerseits mehr als 20.000 Jahre bis vor ungefähr 40.000 Jahren existierte. Auch diese Industrie wurde von einer noch höher entwickelten ersetzt, die allerdings zu jung ist, um in den Zeitrahmen dieses Kapitels zu passen. Im Zusammenhang mit der zweiten Steinindustrie entdeckte man auch Fragmente zweier menschlicher Kiefer, die anatomisch dem neuzeitlichen Menschen entsprachen. Trotz der zahlreichen Tierknochen, die man, ebenso wie am Klasies River Mouth, in den Ablagerungen vorfand, gab es keine überzeugenden Hinweise auf die Benutzung von Knochen auch als Werkstoff durch die hier lebenden Menschen, wie es für jüngere Jäger- und Sammlergemeinschaften (vgl. S. 21 ff.) charakteristisch werden sollte.

Die dritte zu behandelnde Fundstelle liegt an den Kalambo Falls im nördlichen Sambia. Hier entdeckte man mehrere offene Lagerplätze in den Sedimenten, die sich oberhalb des 220 m hohen Wasserfalls durch einen periodisch aufgestauten See angesammelt hatten. Auch wenn eine Untersuchung der untersten Schicht wegen des Grundwassers nicht möglich war, belegten auch hier die meterhohen Ablagerungen die lange zeitliche Abfolge kultureller Hinterlassenschaften von der Acheuléen-Zeit bis in die letzten Jahrhunderte hinein. Für die Forschung sind diese Horizonte deshalb so wichtig, weil sie sowohl Steingeräte der so genannten Sangoan-Industrie enthielten, die in etwa vor 100.000 bis 80.000 Jahren bestand, als auch etwas jüngere Artefakte. Bei einigen der Sangoan-Werkzeuge wurde vermutet, dass sie von Menschen benutzt wurden, die hier ihren Wohn- und Lagerplatz hatten. Das war eine überaus wichtige Entdeckung, da Artefakte diesen Typs in einem solchen Zusammenhang nur sehr selten gefunden wurden. Da in Kalambo Falls Knochen hingegen nicht erhalten blieben, gibt es keine Hinweise auf die Subsistenzwirtschaft[2] der Menschen, die sich hier ehemals aufhielten. Wenngleich die Funde von Kalambo Falls durchaus wichtige Erkenntnisse über die Technologieentwicklung innerhalb der Steinbearbeitung liefern, sind die großen Wohnhöhlen deshalb für die Forschung von so außergewöhnlichem Wert, weil normalerweise in ihnen durch die in sich abgeschlossene Umgebung weit vielschichtigere Belege für das menschliche Verhalten bewahrt wurden.

Der afrikanische Kontinent lieferte nicht nur die fossilen Zeugnisse, die den Ursprung und die Evolution der ältesten Angehörigen unserer Spezies, des *Homo sapiens*, aufzeigen, sondern auch die aktuellen archäologischen Befunde für die Entwicklung der menschlichen Verhaltensweisen, die den Jägern und Sammlern ermöglichten, sich an nahezu alle Umweltbedingungen Afrikas anzupassen. Wie es scheint, waren die afrikanischen Jäger- und Sammlergemeinschaften vor ungefähr 50.000 bis 40.000 Jahren tatsächlich bereit, die Herrschaft über die Erde zu übernehmen. Wenn diese weitgehend akzeptierte These wirklich zutrifft, war es genau das, wozu sie sich in der Tat anschickten.

---

2 »Subsistenzwirtschaft« bezeichnet in der archäologischen Fachsprache die Art und Weise, wie sich Menschen ernährten und wie sie lebten (Anm. des Übersetzers).

## Leben von den Ressourcen der Umwelt – Die späteren Jäger- und Sammlergemeinschaften in Afrika

Da vor etwa 50.000 bis 40.000 Jahren, wenn nicht sogar schon früher, in Afrika bereits vollständig entwickelte neuzeitliche Menschen lebten, wurden ihre archäologischen Hinterlassenschaften, die etwas über ihre Lebensweise aussagten, weit wichtiger für die Forschung als Belege über ihre anatomische Weiterentwicklung. Sie lebten in der am längsten bestehenden Kulturform der Menschheit, dem Jagen und Sammeln, nutzten jedoch ihren Lebensraum offensichtlich intensiver als ihre Vorfahren. Das kann man daran erkennen, wie sie die Ressourcen des Landes verwerteten, wie sie sich ihre Nahrung beschafften und auf welche vielgestaltige Weise sie es verstanden, sich an unterschiedliche Gegebenheiten anzupassen. Diese gesteigerte Leistungsfähigkeit löste bei ihnen die Erkenntnis aus, wer sie selbst waren und welchen Platz sie in der Welt einnahmen. Erkennbar ist ihr neues Selbstbewusstsein daran, dass sie nachweislich Schmuck trugen, ihre Toten rituell bestatteten und Kunst schufen. Außerdem scheint es, vermutlich bedingt durch die Konkurrenz um die verfügbaren Nahrungsquellen, zu gewalttätigen Konflikten zwischen einzelnen Gruppen gekommen zu sein. Für all diese verschiedenen Aspekte eines durchaus modernen menschlichen Verhaltens hinterließen die Jäger und Sammler Afrikas archäologische Zeugnisse. Da kleinere Gemeinschaften, wie beispielsweise das Volk der San in der Wüste Kalahari, bis heute diese Lebensweise bewahrt haben, kann die Forschung durch ethnografische Studien solcher Volksgruppen die archäologischen Befunde in einen erweiterten Zusammenhang stellen. Dadurch lässt sich leichter erklären, wie sich Menschen über einen derart langen Zeitraum hinweg ausschließlich von dem ernähren konnten, was ihnen ihre Umwelt bot. Der Einfallsreichtum, den einige dieser Jäger- und Sammlergemeinschaften Afrikas entwickelten, um ihr Überleben zu sichern, muss jedoch beträchtlich gewesen sein, denn er führte über 10.000 Jahre später vom reinen Sammeln der Nahrung zu ihrer Herstellung (vgl. S. 42 ff. und S. 48 ff.).

Die reichhaltigsten archäologischen Belege für die Jäger und Sammler in Afrika liefern nach wie vor die Steinartefakte. Charakteristisch für ihre Technologie sind Mikrolithen, sehr kleine Abschläge oder Klingen mit gestumpftem Rücken, die als Schneide bei multifunktionalen Werkzeugen dienten. Häufig wurden diese winzigen, nur ein bis zwei Zentimeter langen, scharfen Steinsplitter als Widerhaken oder Spitzen an Speeren und Pfeilen befestigt oder als Klingeneinsatz an die Griffe von Messern oder Geräten montiert (Abb. S. 22). Auskehlungen in den Holz- oder Knochenschäften und -griffen dienten zur Befestigung, und pflanzliche Harze wurden dazu verwendet, die Mikrolithen in der Halterung zu verkleben. Auch wenn dieses Verfahren, verglichen mit einigen älteren Steinbearbeitungstechniken, recht primitiv erscheinen mag, war es in der Werkzeugherstellung tatsächlich effizienter, denn wenn man Mikrolithen verwendete, konnte man pro Kilogramm Rohmaterial insgesamt längere Schnittkanten erzeugen als bei der Retouchierung von Kernsteinen oder großen Abschlägen. Da geeignete Steine, die man zur Bearbeitung verwenden konnte, nicht immer leicht zu finden waren und gelegentlich sogar über größere Strecken hinweg transportiert werden mussten, war ein sparsamer Verbrauch der Rohstoffe von entscheidendem Vorteil. Außerdem waren Mikrolithen in gewisser Weise »Wegwerf-Werkzeuge«, denn, ähnlich wie bei vielen Dingen in der heutigen Zeit, konnten sie einfach ersetzt werden, wenn sie verloren gingen, zerbrachen oder verbraucht waren. Steinartefakte dieser Machart stellte man vor ungefähr 46.000 Jahren her, wie das Fundmaterial von Enkapune Ya Muto belegt, einem als Lagerplatz dienenden Felsüberhang in Kenia; bekannt war diese Technik jedoch schon vor etwa 70.000 Jahren in der Howieson's Poort-Industrie Südafrikas (vgl. S. 18 ff.). Vor ungefähr 15.000 bis 10.000 Jahren wurden solche Mikrolithen in nahezu ganz Afrika benutzt. So fand man sie beispielsweise in der Kapsien-Industrie Nordafrikas, der Nachikufan-Industrie Sambias und in der Wilton-Industrie Südafrikas. Dennoch stellte man auch weiterhin einige große Steinwerkzeuge her, einschließlich bearbeiteter Kernsteine in einigen Gegenden. Gleichzeitig begann man, mit Techniken, wie Klopfen, Schleifen und Bohren, Steinäxte, Mahlsteine und durchbohrte Geräte anzufertigen.

Da für die Herstellung von Mikrolithen weniger Material benötigt wurde, konnte man nun den Rohstoff gezielter auswählen. Man benutzte deshalb auch zunehmend feinkörnige Steine, die relativ selten und im Allgemeinen nur in kleinen Brocken vorkamen. Eine ebenso bedeutende Veränderung betraf die im Gegensatz zu früher weit häufigere Verwendung von Knochen als Rohmaterial für die Produktion von Artefakten. So wurden beispielsweise vor ungefähr 10.000 Jahren in der Nelson Bay-Höhle in Südafrika Spitzen, zweifach gezackte Splitter und spatelförmige Gerätschaften aus Knochen ähnlich wie Angelhaken benutzt. Am bemerkenswertesten sind jedoch die zahlreichen mit Widerhaken versehenen Knochenspitzen, die an

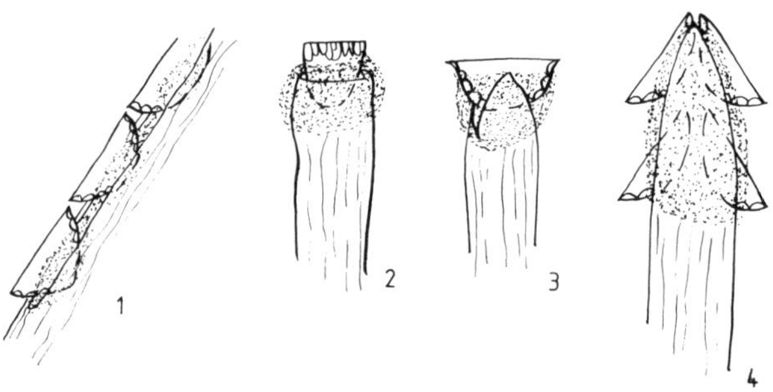


Die Verwendung von Mikrolithen: als Klinge eines Messers mit Holzgriff (1), als Dechsel (2), als querstehend angebrachte Pfeilspitze (3), als Widerhaken an der Spitze eines hölzernen Speers oder Pfeils (4). Die gepunkteten Flächen geben die Stellen an, auf die pflanzliche Harze aufgebracht waren.

Fundplätzen in der Sahara, dem Sahel, dem Niltal und im Gebiet der ostafrikanischen Seen weit verbreitet waren. Einige davon befestigte man anscheinend an einem Speer oder einem Pfeil, die Mehrzahl aber diente als Harpunenspitzen, die sich beim Aufprall aus dem Schaft lösen konnten, jedoch durch eine Schnur fest mit ihm verbunden blieben. Alle diese häufig schön geschnitzten Projektilspitzen besaßen für gewöhnlich entweder eine oder zwei Reihen Widerhaken. Oftmals war ihr verdicktes Ende mit einer Auskehlung versehen, die ein Verschnüren mit dem Griff ermöglichte. Zur Befestigung einer Rückholleine dienten Einkerbungen oder Bohrungen. In der Mehrzahl wurden sie etwa vor 10.000 bis 1000 Jahren angefertigt. Die mit Widerhaken versehenen Knochenspitzen aus dem Fundort Ishango am Ufer des Edward-Sees in der Demokratischen Republik Kongo scheinen sogar ungefähr 20.000 Jahre alt zu sein. Die Datierung einiger dieser Stücke, die aus der in der Nähe gelegenen Fundstelle Katanda stammen, in die Zeit vor 90.000 Jahren wird jedoch gelegentlich bezweifelt.

Von entscheidender Bedeutung für die zukünftige kulturelle Entwicklung war das Rohmaterial Ton, das die jüngeren Jäger- und Sammlergemeinschaften brannten, um auf diese Weise Gefäße herzustellen. So entstand beispielsweise in Amekni im südlichen Algerien etwa in der Zeit vor 9500 bis 8500 Jahren die älteste afrikanische Keramik in der Sahara. Vermutlich etwas später begann die Keramikherstellung auch im mittleren Niltal und in Teilen Ostafrikas, im äußersten Süden Südafrikas hingegen fertigten sie die dortigen Jäger und Sammler erst vor ungefähr 2000 Jahren an. Bisher gingen die Archäologen davon aus, dass die Keramik erst in den ältesten Agrargesellschaften entwickelt wurde, das scheint aber nicht der Fall gewesen zu sein. Viel eher wurde sie bereits von den Jägern und Sammlern für die Nahrungszubereitung erfunden, denn einige zähere Pflanzenarten mögen vielleicht genießbarer geworden sein, wenn man sie in einem Topf kochte. In einigen Gegenden waren die Menschen, als sie mit der Keramikherstellung begannen, vermutlich im Begriff, halb sesshaft zu werden, da sich schwere und zerbrechliche Gefäße bei einer vorwiegend nomadischen Lebensweise als eher ungeeignet erwiesen hätten.

Gelegentlich weisen die Funde von Lagerplätzen der jüngeren Jäger- und Sammlergemeinschaften darauf hin, dass auch andere Rohmaterialien durchaus von Bedeutung gewesen sein können. Für die Verwendung organischer Stoffe fanden sich jedoch bislang nur selten echte Beweise, sondern nur indirekte Zeugnisse. Diese Materialien überdauern die Zeiten nur dann, wenn sie ungewöhnlich gut geschützt sind, wie beispielsweise in den trockenen Ablagerungen der Melkhoutboom-Höhle in Südafrika, in der teilweise mehr als 6000 Jahre altes, gut erhaltenes organisches Material entdeckt wurde. Hier fand man hölzerne Pflöcke und Feuerbohrer, Teile von Pfeilschäften aus Schilf, Reste pflanzlicher Nahrung, einige teilweise genähte Lederstücke, unter anderem ein Stück vom Lendenschurz eines Mannes, Fragmente einer Schnur und ein aus Pflanzenfasern geknüpftes Netz. Trotz völlig gegensätzlicher Bedingungen, konservierten auch die feuchten Ablagerungen bei den Thermalquellen von Gwisho eine eindrucksvolle Sammlung von Objekten aus organischen Stoffen aus der Zeit vor etwa 4000 Jahren (Abb. oben). Dazu

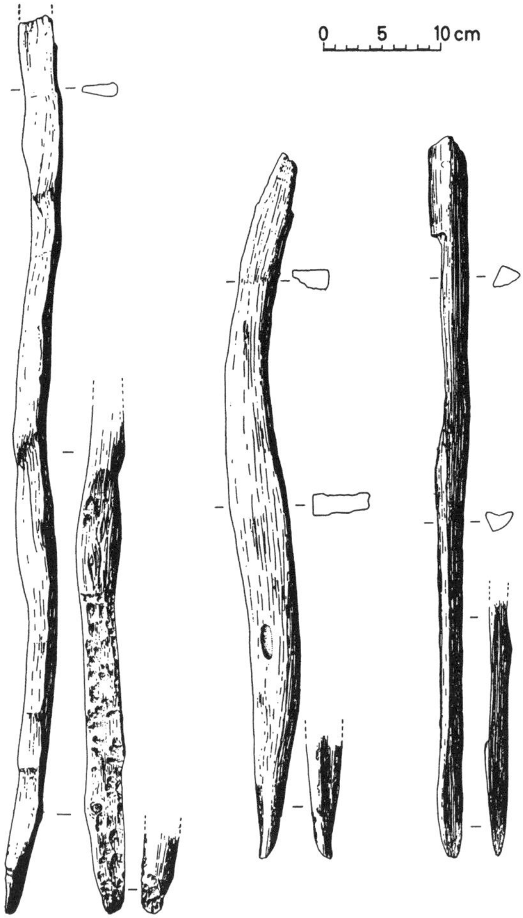


Drei hölzerne Grabstöcke von der Fundstelle bei den Thermalquellen von Gwisho, Sambia.

gehörten hölzerne Grabstöcke und Pfeilspitzen, nicht näher zu definierende Holzstücke sowie große Mengen Binsen und Gras, die möglicherweise ursprünglich Teile von Matten waren. Die unter anderem aus der Melkhoutboom-Höhle und Gwisho stammenden Reste organischer Materialien, die für gewöhnlich derartig lange Zeiträume nicht überdauern, belegen eindrucksvoll, wie unterschiedlich die Zeugnisse menschlichen Verhaltens aussehen können. Ein hervorragendes Beispiel hierfür ist auch der etwa 8000 Jahre alte Einbaum, der bei Dufuna im Nordosten Nigerias gefunden wurde (vgl. S. 90).

Zusammen mit den Pflanzenresten belegen die Stein-, Knochen-, Keramik-, Holz- und Lederartefakte, dass die jüngeren Jäger- und Sammlergemeinschaften die natürlichen Ressourcen weit vielseitiger verwerteten als ihre Vorfahren. So sprechen die aus Schilf gefertigten Pfeilschäfte aus der Melkhoutboom-Höhle und die hölzernen Pfeilspitzen aus Gwisho ebenso wie vermutlich die an Pfeilen befestigten Spitzen und Widerhaken für eine Benutzung von Pfeil und Bogen. Nachdem sich diese Waffe wahrscheinlich vor ungefähr 20.000 Jahren in Afrika entwickelt hatte, gestaltete sich die Jagd auf Vögel und kleine, flinke Tiere erheblich leichter als früher. Während die ersten Jäger und Sammler nur gelegentlich oder gar nicht fischten, beherrschten mittlerweile die Menschen die Technik des Fischfangs vollständig, wie die zweizackigen Knochensplitter und die mit Widerhaken versehenen knöchernen Spitzen belegen. Das bestätigen auch die zahlreichen Fischgräten, die man an Lagerplätzen der jüngeren Jäger- und Sammlergemeinschaften häufig zusammen mit Widerhaken bewehrten Projektilspitzen fand. An vielen Fundorten aus späterer Zeit erhielten sich auch Mahlsteine, die vielleicht der Zubereitung pflanzlicher Nahrung, wie der Samen wilder Gräser, dienten, aber auch anders genutzt worden sein könnten. Ein Hinweis darauf, dass wilde Gräser tatsächlich geerntet wurden, ist auch der charakteristische Sichelglanz auf Mikrolithen, aus denen möglicherweise ursprünglich die Schneiden von Sicheln zusammengesetzt waren. Das Vorhandensein durchbohrter Steine, mit denen man Grabstöcke beschwerte, und geschliffener Steinäxte, die vermutlich mehrere Funktionen besaßen, ist ein weiterer Beleg für eine immer intensivere Nutzung der gesamten Umwelt. Insgesamt ist die Epoche der jüngeren Jäger- und Sammlergemeinschaften in Afrika als eine Zeit anzusehen, in der in allen Lebensbereichen eine Weiterentwicklung stattfand. Diese kontinuierlichen Veränderungen sollten später in einigen Regionen zur Domestizierung von Tieren und Kultivierung von Pflanzen führen.

Dieser Fortschritt zeigt sich ebenso in der Vielfalt der Anpassungsfähigkeiten, die die späten Jäger und Sammler erwarben. Die Menschen lebten sowohl unter offenem Himmel, in Unterständen oder Hütten als auch unter Felsüberhängen oder in Höhlen. Viele wanderten in einem den Jahreszeiten folgenden Rhythmus, um die jeweils verfügbaren Ressourcen optimal nutzen zu können. Dabei halfen ihnen die vielfältigen Überlebensstrategien, die sie erlernt hatten, in nahezu jedem Umfeld zu existieren. So ergänzten vor etwa 9500 bis 6500 Jahren beispielsweise die Menschen aus Aïn Misteheyia (Algerien) ihre Nahrung in der Halbwüste, die sie bewohnten, durch den Verzehr einer großen Menge von Landschnecken. Etwa zur gleichen Zeit ernteten die Jäger und Sammler aus der Kharga Oase in der östlichen Sahara offenbar wildes Getreide. Im Gegensatz dazu nutzten vor 12.000 Jahren die Bewohner von Iwo-Eleru im südlichen Nigeria den Regenwald und seine Randgebiete. Die Bevölkerung von Lowasera am Turkana-See in Ostafrika wiederum verwendete vor zirka 9000 Jahren Knochenspitzen mit Widerhaken, um Fisch zu fangen. Vor etwa 8000 bis 4000 Jahren bauten die Menschen, die in der Boomplaas-Höhle in Südafrika lebten, hauptsächlich auf die Jagd nach kleinen, grasenden Antilopen. Vor ungefähr 4000 bis 2000 Jahren waren die Säugetiere, die die Bewohner der Nelson Bay-Höhle erbeuteten, in der Regel Seehunde und Schliefer. Diese Beispiele vermitteln eine sehr gute Vorstellung von den vielfältigen Methoden, die die jüngeren Jäger- und Sammlergemeinschaften anwendeten, um die Möglichkeiten unterschiedlicher Lebensräume auszuschöpfen.

Die Erkenntnis der eigenen Person und die differenzierte Wahrnehmung ihrer Umwelt waren wohl die bedeutendsten Fortschritte, die die Jäger und Sammler dieser Epoche hin zu modernen menschlichen Verhaltensweisen machten. Deshalb stammen die ältesten eindeutigen Belege für die Verwendung von Gegenständen als Schmuckstücke in Afrika aus dieser Zeit. In Enkapune Ya Muto (Kenia) gab es vor etwa 40.000 Jahren bereits kleine, scheibenförmige Perlen, die man aus Straußeneierschalen herausgebohrt und -geschliffen hatte. Die Perlen stellten ab diesem Zeitpunkt ein wichtiges Erzeugnis dar, mit dem man sich sowohl schmückte als auch Waren eintauschte. Auch für die ersten rituellen Bestattungen Afrikas, wie man sie aus der Zeit vor etwa 16.000 Jahren beispielsweise in Taforalt (Marokko) entdeckte, waren die späten Jäger und Sammler verantwortlich. Den ebenfalls weit in die Vergangenheit zurückreichenden Ursprung eines anderen Aspekts moderner menschlicher Verhaltensformen dokumentieren mehrere, ca. 14.000 bis 12.000 Jahre alte Gräber aus der Djebel Sahaba im Sudan, in denen Menschen bestattet lagen, die eines gewaltsamen Todes gestorben waren (Abb. unten). Auch die älteste Kunst Afrikas schufen die jüngeren Jäger- und Sammlergemeinschaften. So fand man in

^
Bestattung zweier erwachsener Männer auf dem Gräberfeld in Djebel Sahaba. Insgesamt wurden in diesem Grab 25 Mikrolithen gefunden, zwei davon steckten noch in den Knochen einer der beiden Männer. Vermutlich handelte es sich bei diesen Mikrolithen um die Spitzen und Widerhaken derjenigen Geschosse, die den Tod des Opfers verursachten.

der Apollo II-Höhle in Namibia auf lose Steinplatten gemalte naturalistische Tierdarstellungen, die vor etwa 26.000 Jahren entstanden. Die weit zahlreicher überlieferten Felsbilder und -gravuren aus späterer Zeit gewähren wichtige Einblicke sowohl in das materielle als auch das spirituelle Leben der Menschen, die sie anfertigten (vgl. S. 28 ff. und S. 36 ff.).

Da in Südafrika und Teilen Ost- sowie Zentralafrikas noch heute einige Jäger- und Sammlergruppen im Wesentlichen auf dieselbe Art und Weise leben wie früher, war es Wissenschaftlern möglich, ihr Verhalten zu beobachten und mit ihnen zu sprechen. Das half beträchtlich bei der Aufgabe, die archäologischen Zeugnisse zu interpretieren, die Afrikas späte Jäger und Sammler hinterließen. Auch viele afrikanische Bauern gehen heute noch immer auf die Jagd oder zum Fischen, um ihre Nahrung zu ergänzen, und sammeln bei Hungersnöten essbare wilde Pflanzen. Das zeigt deutlich, wie weit weniger eindeutig die Abgrenzung vom Jagen und Sammeln zum Ackerbau ist, als man bisher dachte. Wie es scheint, beherrschten einige der jüngeren Jäger- und Sammlergemeinschaften den Umgang mit ihren Ressourcen so exzellent, dass sie begannen, ihre Nahrung auch zu erzeugen, anstatt sie nur einzusammeln. Gewissermaßen war es ihr eigener Erfolg, der ihrer Art zu Leben fast auf dem ganzen Kontinent ein Ende setzte.

# Gedanken festgehalten auf Stein – Die Felsenkunst des südlichen Afrika

Während ausschließlich die jüngeren Jäger- und Sammlergemeinschaften für die ältesten Kunstwerke Afrikas verantwortlich waren, wurden die zahlreichen späteren Bilder und Gravuren, die an vielen Stellen des Kontinents auf den Oberflächen von Felsen angebracht sind, sowohl von Jägern und Sammlern als auch von den ersten Bauerngesellschaften geschaffen. Bisher am gründlichsten erforscht wurden die Felsbilder, die man in der Sahara und im südlichen Afrika entdeckte, weil man vermutete, dass sie die meisten Erklärungen bieten konnten. Sie erzählen zwar von einem vergessenen Leben, doch sind sie lediglich stumme Abbilder und deshalb nur schwer zu datieren und zu entschlüsseln. Da sich diese Kunstform im südlichen Afrika nicht nur zuerst entwickelte, sondern auch bis in die jüngste Vergangenheit Bestand hatte, konnte man Angehörige derjenigen Volksgruppen, die als letzte diese Kunst ausübten, nach ihrer Bedeutung befragen. Weil bei den Felsbildern aus der Sahara (vgl. S. 36 ff.) eine solche Quelle nicht zur Verfügung stand, gestaltete sich ihre Interpretation weit schwieriger. Doch selbst die Felsenkunst des südlichen Afrika war bezüglich ihrer Bedeutung stets das Thema vieler Diskussionen. Während vor einiger Zeit manche Archäologen der Überzeugung waren, die Malereien und Gravuren seien zum reinen Vergnügen angefertigt worden, vertraten andere wiederum die Meinung, sie repräsentierten einen Jagdzauber, der dem Jäger die Tötung des abgebildeten Tiers ermöglichte. Neuerdings ist man jedoch der Ansicht, dass diese Kunst für diejenige Gesellschaft, die sie schuf, tatsächlich eine fundamental wichtige, komplexe Ausdrucksform darstellte, die als eine Art der Kommunikation und als Quelle der Macht zu werten ist. Ebenso, wie moderne Menschen ihre Vorstellungen zu Papier bringen, so hielten die späten Jäger und Sammler ihre Gedanken auf Stein fest.

Die zahlreichen Orte, an denen man im südlichen Afrika Felsbilder fand, liegen heute auf dem Staatsgebiet von Namibia, Botswana und Südafrika. Die Malereien und Gravierungen unterscheiden sich am auffälligsten in ihrer Verbreitung. So wurden Malereien hauptsächlich unter Felsüberhängen in den südlichen Vorbergen des afrikanischen Hochlandes angebracht, gravierte Bilder hingegen blieben auf die Ebenen der Halbwüste im Binnenhochland beschränkt, wo Felsüberhänge eher selten sind. Trotz einiger Verschiedenheiten zwischen den beiden Kunstformen, gibt es dennoch genügend Gemeinsamkeiten, um zu vermuten, dass sie von Menschen mit ähnlichen Vorstellungen geschaffen wurden. Das scheint ebenso auf die gemalten Feldbilder zuzutreffen, die man in drei regionale Hauptgruppen unterteilt. Der erste Fundkomplex liegt in Namibia und im westlichen Kapland, der zweite im Binnenhochland und der dritte im östlichen Kapland und den südöstlichen Bergen (Abb. S. 3). Eine große Anzahl besonders eindrucksvoller Felsmalereien befindet sich im Gebiet um den Brandberg, das zur ersten Hauptgruppe zählt, und in den Drakensbergen, die zur dritten gehören.

Die meisten Felsbilder, unabhängig davon, ob graviert, gemalt oder welcher regionalen Kategorie zugehörig, waren die Schöpfungen von Jägern und Sammlern, die dem Volk der Khoisan angehörten, auch wenn einige Gruppen dieser Stämme in Namibia und dem westlichen Kapland in späterer Zeit Schafe und Vieh hielten. Von den ersten europäischen Kolonisten bekamen sie den Namen »Buschmänner«, heute jedoch nennt man sie für gewöhnlich »San«. Die meisten derjenigen, die im südlichen Teil der Gesamtregion lebten, gaben ihre nomadisierende Lebensweise vor mehr als einem Jahrhundert unter dem Druck der sich immer weiter ausbreitenden Landwirtschaft auf, jedoch ernähren sich einige Gemeinschaften in der hoch im Norden gelegenen Wüste Kalahari noch heute von der Jagd und vom Sammeln.

Da die Felsmalereinen für gewöhnlich relativ ungeschützt unter Felsüberhängen oder auf Felsvorsprüngen angebracht waren und sich ihre Farben hauptsächlich aus Eisenoxid oder Holzkohle zusammensetzten, das mit geschmolzenem Tierfett oder Blut angerührt wurde, blieben vermutlich nur diejenigen Malereien erhalten, die in den letzten Jahrtausenden entstanden. Die älteren Werke hingegen scheinen verschwunden zu sein, weil sie zu lange der Witterung ausgesetzt waren. Einige der noch vorhandenen Malereien stammen mit Sicherheit sogar aus den letzten Jahrhunderten, denn auf ihnen sind europäisch gekleidete Männer abgebildet, die auf Pferden reiten und Gewehre tragen. Auf anderen kann man Herden, Angriffe auf Viehtriebe und in einem Fall ein Segelschiff erkennen. Im Gegensatz dazu datiert man sieben in den Ablagerungen der Apollo II-Höhle im südlichen Namibia gefundene Steinplatten, auf denen naturalistische Darstellungen von Tieren angebracht waren, auf ein Alter von mehr als 26.000 Jahren. Bemalte Steinfragmente und Felsbrocken, die von farbig gestalteten Wandflächen abgefallen waren und in den darunter liegenden Ablagerungen begraben wurden, entdeckte man auch an anderen archäologischen Fundstätten. Dieses Material konnte verschiedenen Perioden während der letzten 7.000 Jahre zugeordnet werden. Die Datierung von Stücken, die sich nicht mehr an der ursprünglichen Stelle befanden, kann allerdings nur das Mindestalter bestimmen, denn um wie viel früher die Malereien entstanden, bevor sie von der Felsoberfläche abfielen, ist schwer zu ermitteln. Eine sehr viel genauere zeitliche Einordnung erhielte man durch die Datierung der Farbpigmente selbst, jedoch wurde dieses Verfahren bislang noch nicht systematisch eingesetzt. Bis dahin muss sich die Forschung mit den Hinweisen auf das relative Alter einzelner Felsbilder begnügen, die man über die Reihenfolge der Übermalungen erhält. Als ebenso schwierig erweist sich die Datierung der Felsgravierungen, insgesamt scheinen sie jedoch etwa gleichzeitig entstanden zu sein wie ein Großteil der Malereien. Das belegen die eingravierten Felsplatten aus der Wonderwerk-Höhle mitten in Südafrika, die sich in 4.000 bis 10.000 Jahre alten Ablagerungen befanden. Die Analyse der Patina, die sich auf den Gravierungen abgelagert hatte, ergab ein ähnliches Alter. Auch wenn die exakte zeitliche Einordnung der einzelnen Felsbilder nach wie vor kompliziert ist, kann man dennoch davon ausgehen, dass die Kunstwerke aus dem südlichen Afrika eine sehr lange Tradition aufweisen.

Die meisten der Felsbilder und -gravierungen aus dem südlichen Afrika sind relativ klein, manche messen lediglich wenige Zentimeter, doch oft zeichnen sie sich durch eine große Sorgfalt im Detail aus. Ihre gängigsten Motive sind wilde und zahme Tiere, Menschen, Mischwesen, die menschliche und tierische Elemente in sich vereinigen, sowie Hand- und Pfotenabdrücke. Viele der einzelnen Darstellungselemente sind häufig zu Gruppen zusammengefasst, die ineinander übergehen. In einigen Fällen erzählen diese Szenen Geschichten von Menschen, die tanzen, jagen oder kämpfen. Die benutzten Farbtöne reichten von Purpurrot über sämtliche Rot- und Braunschattierungen bis hin zu Gelb, dazu kamen Schwarz und Weiß. Gelegentlich wurden die Bilder mehrfarbig gestaltet, und hin und wieder scheint es, als wären die Linien mit einem feinen Pinsel aufgetragen worden, was ein beträchtliches Geschick erforderte. Auf den Felsgravuren hingegen wurden sowohl Menschen als auch Gruppenszenen weniger häufig dargestellt als unterschiedlich ausgearbeitete geometrische Muster, ansonsten aber finden sich auch hier ähnliche Themen wie in der Malerei. Innerhalb der Gravierungen lassen sich drei Kategorien unterscheiden. Während bei der wahrscheinlich ältesten Gruppe die Bilder aus dünnen Ritzlinien bestehen, sind die Umrisse von Tierdarstellung bei der zeitlich möglicherweise darauf folgenden aus der Felsenoberfläche herausgearbeitet. Von den Felsgravuren mit geometrischen Mustern nimmt man normalerweise an, dass sie am jüngsten sind, doch einige von ihnen könnten durchaus auch erheblich älter sein. Mit hoher Wahrscheinlichkeit wurde aber, trotz aller Unterschiedlichkeiten in Thematik und Technik, ein Großteil der Felsbilder aus dem südlichen Afrika, wie bereits erwähnt, von späten Jägern und Sammlern geschaffen, die dem Volk der Khoisan angehörten. Deshalb kann man diese Kunst nur dann interpretieren, wenn man sich bemüht, die Gesellschaftsstruktur dieser ethnischen Gruppe zu verstehen.

Bis vor weniger als 200 Jahren lebte das Volk der San in weiten Teilen des südlichen Afrika, und bis heute sind noch einige ihrer Stammesverbände weiterhin in der Wüste Kalahari ansässig. Da es in der Wüste im Allgemeinen nur wenige Stellen gibt, die sich zur Anbringung von Malereien oder Gravuren eignen, scheinen auch die Bewohner der Kalahari eine solche Felsenkunst nicht gekannt zu haben. Vielmehr waren es ihre Stammesverwandten im Süden, die traditionell Bildwerke dieser Art schufen, bis sie vor 100 bis 200 Jahren von den europäischen Kolonisten entweder sukzessive vom ihrem Land vertrieben oder, weit häufiger, getötet wurden. Deshalb gab es, als sich die Europäer schließlich für die Felsbilder zu interessieren begannen, niemanden mehr, der Malereien und Gravierungen herstellen konnte. Da jedoch im Süden eine kleine Gruppe der San überlebt hatte, waren Wissenschaftler in der Lage, sich zumindest ein Bild von der Sprache, der Lebensweise, den Ritualen, Mythen und dem Glauben dieses Volksstammes zu machen. Die vor mehr als einem Jahrhundert aufgezeichneten Informationen werden durch erst kürzlich durchgeführte, ausführliche Untersuchungen zur Kultur der San ergänzt. Aus beiden

Quellen geht hervor, dass sich der Sozialverband, dem die Künstler ehemals angehörten, aus kleinen Sippen von selten mehr als 25 Personen zusammensetzte. Eine solche Gruppe hatte keinen Anführer und die einzelnen Mitglieder konnten kommen und gehen, wie es ihnen beliebte. Ebenso scheint jeder Einzelstamm nur bestimmte Regionen wirtschaftlich genutzt zu haben und regelmäßig im Rhythmus der Jahreszeiten oder bei Bedarf in jene Gebiete gewandert zu sein, die den größtmöglichen Ertrag an Nahrung und Wasser versprachen. Die Männer jagten verschiedene Tiere entweder mit Pfeil und Bogen oder stellten Fallen. Da ihre Pfeile extrem leicht gebaut waren, hätten sie nur wenig Wirkung gehabt, wenn nicht die Pfeilspitzen mit Gift bestrichen gewesen wären. Außerdem waren sie so konstruiert, dass der Schaft beim Aufprall abfiel und die vergiftete Pfeilspitze in der Wunde hinterließ. Die Jagd und der Verzehr von Fleisch waren zwar durchaus wichtig, aber über die Hälfte

^
Felsmalerei in rot und weiß, die einige Schamanen dabei darstellt, wie sie sich in Trance tanzen. Diejenigen, die den Zustand bereits erreicht haben, bluten aus der Nase.

ihrer Nahrung bestand offensichtlich aus Pflanzen, die von den Frauen gesammelt wurden. Mit Hilfe von Grabstöcken, die mit einem durchbohrten Stein beschwert waren, gruben die Sammlerinnen auch essbare Wurzeln aus.

Wie in jeder Gemeinschaft sorgten auch hier Meinungsverschiedenheiten, Krankheit und eine nicht gesicherte Ernährung für Spannungen. Solche Probleme zu lösen, war die Aufgabe von besonders begabten Männern und Frauen, die von den Anthropologen als Schamanen bezeichnet werden. Das seltene Talent dieser Menschen bestand darin, dass sie zur Welt der Geister Kontakt aufnehmen konnten. Manche waren in erster Linie Heiler, andere besaßen Macht über das Wild und einige konnten es regnen lassen. Um die Kräfte zu beschwören, die all diese Dinge ermöglichten, tanzten sich die Schamanen, begleitet von dem rhythmischen Klatschen und den Gesängen der Frauen, in Trance. Damit versetzten sie sich in einen anderen Bewusstseinszustand, wie unter dem Einfluss einiger Drogen. Die Stammesmitglieder hingegen glaubten von dem Schamanen, er habe tatsächlich die Welt der Geister betreten. Während sie immer tiefer in Trance fielen, begannen sie häufig unkontrolliert zu zittern und bekamen Schweißausbrüche, oft trat ihnen auch Blut aus der Nase oder sie brachen vollständig zusammen. Menschen, die diesen Zustand einmal erlebt hatten, beschrieben ihre Empfindungen als ein Gefühl des Fliegens oder des unter Wasser Gleitens. Es spricht deshalb manches dafür, die Künstler der Felsbilder unter den Schamanen zu suchen, die in einigen Fällen ihre in Trance erlebten Halluzinationen wiedergegeben haben mögen. Auf den Felsbildern wurden häufig Elenantilopen dargestellt, die sowohl zu den größten ihrer Art gehörten, als auch relativ leicht zu töten waren. Für die San hatten sie jedoch nicht nur als Nahrung eine Bedeutung, sie spielten auch eine entscheidende Rolle in ihrem Glauben und den Mythen. Die Elenantilope war ebenso eine ausschlaggebende Kraftquelle, die es zu nutzen galt, um beim Tanzen in Trance fallen zu können, wie sie eine Schlüsselposition in verschiedenen anderen Ritualen einnahm. Der Rang, der ihr im Leben der San zukam, war so hoch, dass sich dieser Stamm gelegentlich als das »Volk der Elenantilope« bezeichnete.

Die Felsenkunst spiegelt das Leben, die Rituale und den Glauben der San wider. Wenn beispielsweise in einigen erzählenden Szenen Menschen dargestellt werden, die eine charakteristische vorgebeugte Haltung einnehmen und denen Blut von der Nase tropft, so wird damit eindeutig der Tanz wiedergegeben, mit dem sich die Schamanen in Trance versetzen (Abb. S. 31). Auf anderen Bildern finden sich halb menschliche und halb tierische Fabelwesen, die ihren Ursprung möglicherweise in Tranceerfahrungen haben (Abb. S. 33). Überdies wurden auf den Malereien weit mehr Elenantilopen abgebildet als andere Antilopenarten oder Tiere. Außerdem legte man sie mit großer Sorgfalt und in mehreren Farben an, was diesen Kunstwerken oftmals eine ganz besondere Schönheit verlieh. Häufig wurden die Elenantilopen auch sterbend dargestellt, ein Bild, das gegebenenfalls als Metapher für die Trance des Schamanen gedeutet werden darf. Da die Themenauswahl bei den Gravuren ähnlich ist wie bei den Malereien, schloss die neuere Forschung daraus,

^
Felsmalerei mit antilopenköpfigen Menschen, gedeutet als tanzende Schamanen, die sich in Trance verwandeln. Drakensberge, Südafrika.

Auf dieser Felsmalerei der San-Buschmänner ist eine Oryx-Antilope dargestellt. Drakensberge, Südafrika.

dass die Felsbildkunst von den San geschaffen wurde, um all jenen Glaubensvorstellungen Ausdruck zu verleihen, die für sie von elementarer Bedeutung waren (Abb. oben). Zusätzlich haben die Felsbilder vermutlich auch als eine Art Kommunikationssystem gedient, in dem den Metaphern und Symbolen ein viel größeres Gewicht zukam, als es die Darstellungen auf den ersten Blick vermuten lassen. Viele von ihnen waren deshalb nicht einfach nur Abbildungen von Tieren und Menschen, sondern die Aufzeichnungen der spirituellen Gedankenwelt des Sozialverbandes, aus dem heraus sie entstanden. Möglicherweise hatten sie einen noch tieferen Sinn, denn in einigen Fällen mögen sie auch die Quelle gewesen sein, aus denen die Schamanen ihre Kraft für den Übertritt in die Welt der Geister schöpften.

Wenngleich es zweifelsohne kompliziert ist, die Gedanken von Menschen, die schon lange nicht mehr leben, nachzuvollziehen, scheint es jedoch im Fall der Felsenkunst aus dem Süden Afrikas durchaus bis zu einem gewissen Grad gelungen zu sein. Mit demselben Denkansatz versuchten auch Wissenschaftler aus anderen Teilen der Welt, die ebenfalls auf dem Gebiet der Felsbildforschung tätig waren, Darstellungen dieser Art über den Schamanenglauben und veränderte Bewusstseinszustände zu erklären. Dennoch bleibt die gegenwärtige Deutung der südafrikanischen Felsenkunst umstritten. So wurde beispielsweise bezweifelt, ob der Glaube und die Rituale der San, die im Lauf der letzten 100 Jahre untersucht wurden, auf eine Kunstgattung übertragbar sind, die bis zu mehreren Jahrtausenden alt ist. Da jedoch bestimmte Bildthemen über einen sehr langen Zeitraum hinweg immer wieder aufgegriffen wurden, ist es auch naheliegend, dass sich die religiösen Hintergründe, die den Darstellungen zugrunde liegen, ebenfalls tradiert haben. Wo auch immer die Wahrheit in dieser Angelegenheit liegen mag, in jedem Fall berichten die Felsbilder aus dem südlichen Afrika von einem Volk ohne Schrifttum, das einen Weg gefunden hatte, seine innersten Gefühle verständlich für alle anderen Mitglieder seiner Gemeinschaft aufzuzeichnen.

# Bilder aus einer verlorenen Welt – Die Felsenkunst der Sahara

Obwohl die Wüste Sahara seit langer Zeit eine der unfruchtbarsten Gegenden der Welt ist, existieren dort zahlreiche Orte, deren reichhaltige archäologische Befunde belegen, dass es nicht immer so war. Vor etwa 11.000 bis 4500 Jahren herrschte hier im Vergleich zu heute ein kühleres und feuchteres Klima, das einer recht großen Anzahl von Menschen ermöglichte, Gebiete zu bewohnen, in denen es mittlerweile nur noch wenig oder überhaupt keine Bevölkerung mehr gibt (vgl. S. 42 ff.). Weit wichtiger als die Lagerplätze und Gräber, die von ihrer Existenz zeugen, sind die Bilder, die sie von der Welt, in der sie lebten und deren Teil sie waren, hinterließen. Die sowohl gravierten als auch gemalten Werke, deren Zahl auf mehrere Zehntausend geschätzt wird, sind an den meisten nennenswerten Felsformationen in der Wüste angebracht. Zumeist stellen sie Tiere dar, aber auch Menschen und Alltagszenen. Ebenso wie die Felsenkunst des südlichen Afrika (vgl. S. 28 ff.) sind sie schwer zu datieren, doch im Gegensatz zu ihnen wurden sie nicht von Jägern und Sammlern geschaffen, sondern scheinen meistenteils von den ersten Hirtengemeinschaften, die ihre Nahrung bereits selbst produzierten, hergestellt worden zu sein. Ebenfalls anders als bei den Felsbildern des Südens starb die Kunst in der Sahara praktisch vor 2000 Jahren aus, wodurch sich ihre Interpretation noch komplizierter gestaltet. Dennoch wurde sie von einer Vielzahl von Wissenschaftlern über lange Jahre hinweg intensiv erforscht. Wenngleich es Schwierigkeiten gibt, den Sinn der Bilder zu verstehen, liefern sie dennoch Informationen darüber, wie die Menschen in dieser Region lebten, bevor sie durch die Veränderungen der Umwelt gezwungen wurden, die Sahara zu verlassen.

Die Sahara hat eine gewaltige Ausdehnung und wurde deshalb auch als die größte Wüste der Welt bezeichnet. Größer als die Vereinigten Staaten von Amerika erstreckt sie sich über 4800 km vom Atlantik bis zum Nil. Eigentlich gibt es nicht nur eine einzige Sahara, sondern mehrere, denn der Begriff »Wüste« umfasst eine Fülle unterschiedlichster Landschaften, denen jedoch allen gemeinsam ist, dass es dort kaum oder gar kein Wasser gibt. So wechseln in einigen Gebieten riesige Sanddünen mit ausgedehnten sandigen, felsigen oder mit Geröll bedeckten Ebenen ab, und andere werden von regelrechten Gebirgsketten durchzogen. Wie zu erwarten, wurde der größte Teil der Felsenkunst in den Bergregionen der Sahara angebracht. Die zwei wichtigsten Fundgebiete liegen im Fezzan im Süden Libyens und im Tassili-n-Ajjer im südlichen Algerien. Von ebenso großer Bedeutung ist der Atlas Saharien (Sahara-Atlas) im Norden und das Hoggar-Gebirge im Süden Algeriens sowie das Bergmassiv des Tibesti im nördlichen Tschad. Andere Regionen mit größeren Fundkonzentrationen sind das ehemalige Spanisch-Sahara an der Atlantikküste, der Ennedi an der Grenze zwischen Tschad und Sudan, sowie der Djebel al-Awaynat, bei dem die Hoheitsgebiete Libyens, Ägyptens und des Sudan aneinander stoßen. Da die Felsbilder auch noch an anderen Orten zu finden sind, kann man diese Kunstform wegen ihrer weiten Verbreitung nur schwer als Einheit beurteilen. So ist es ausgesprochen kompliziert, beispielsweise die regionalen Varianten weit voneinander entfernt liegender Fundkomplexe oder die chronologischen Veränderungen in Thematik und Stil innerhalb der gesamten Kunstgattung zu erkennen, denn Entwicklungen, die sich in einem Gebiet vollzogen, konnten durchaus an anderen Orten zeitlich versetzt stattfinden.

Dessen ungeachtet arbeitete man über viele Jahre hinweg mit einem System aus fein säuberlich unterteilten Kategorien, in die sämtliche Felsbilder der gesamten Sahara eingepasst wurden. Da es absolute Datierungen nur selten gab, versuchte man, zumindest eine relative Ordnung zu schaffen und fasste Tausende von Bildwerken zu Gruppen zusammen, die sich jeweils durch eine ähnliche Patina, charakteristische Darstellungen von Tieren oder Gegenständen, eine vergleichbare Technik oder stilistische Gestaltung auszeichneten.

Um eine lückenlose Chronologie zu erhalten, wurden sowohl die zeitliche Abfolge übereinander angebrachter Kunstwerke und einzelne Datierungen als auch die sich verändernde Landschaft und Vegetation der Wüste, die Subsistenzwirtschaft der Lagerplätze, die in unmittelbarem Zusammenhang mit bestimmten Felsbildern standen, und bekannte Fakten aus der späteren Geschichte der Sahara miteinander verbunden. Diese Zeittafel bestand aus vier Abschnitten, die jeweils nach den für sie charakteristischsten Darstellungen benannt wurden. Die erste, in die Zeit vor etwa 8000 bis 5000 Jahren datierende ist die so genannte Bubalusperiode, in der man zahlreiche Gravuren von dem heute ausgestorbenen Riesenbüffel, dem *Bubalus antiquus*, schuf. Zeitgleich dazu wurde die Rundkopfperiode angesetzt, für die gemalte Darstellungen von Menschen mit runden Köpfen und ohne Gesichtszüge charakteristisch sind. Darauf folgte, vor etwa 5000 bis 3000 Jahren, als nächstes die Rinderperiode, während der sowohl Malereien als auch Ritzzeichnungen von Rinderherden allgemein üblich waren. Die anschließende, dritte Zeitstufe wurde als Pferdeperiode bezeichnet, die vor ungefähr 3000 Jahren begann, etwa vor 2000 Jahren endete und in der hauptsächlich Pferde auf den Fels gemalt oder geritzt wurden. Die vierte und letzte ist die vor ungefähr 2000 Jahren beginnende und bis in die Gegenwart andauernde Kamelperiode. Wie der Name sagt, wurden in diesem Zeitabschnitt in der Regel Kamele in den Malereien und Gravuren dargestellt. In der aktuellen Forschung modifizierte man diese relative Chronologie nun in einigen Punkten, um den regionalen Abweichungen Rechnung zu tragen. In diesem Zusammenhang mussten auch die meisten Daten berichtigt werden.

In der Felsenkunst der Bubalusperiode (Abb. S. 38), in der es keine Malereien gab, wurden große naturalistische Bilder von wilden Tieren in die Steinoberfläche graviert. Dazu gehörten der *Bubalus antiquus*, Nashörner, Elefanten, Flusspferde, Giraffen, Straußen, Löwen, Antilopen, aber auch Rinder und Schafe, die man früher für die Wiedergabe wilder Tiere hielt. Die Umrisslinien wurden tief eingeschnitten

Felsgravur mit der Darstellung eines *Bubalus antiquus*, eines Elefanten und eines Löwen, Algerien.

und die Oberfläche häufig poliert. Auch Menschen, teilweise mit Tierköpfen und mit Keulen, Grabstöcken, Äxten und Bögen in den Händen, wurden gelegentlich abgebildet. Während die Forschung lange davon ausging, dass alle dargestellten Tiere wild lebten und deshalb die Kunstwerke der Bubalusperiode zu einem Zeitpunkt entstanden, als die Tiere noch nicht domestiziert waren, gilt inzwischen die Domestizierung von Rindern, Schafen, Ziegen und Eseln während dieser Epoche als erwiesen. Deshalb scheint es, als hätte die Bubalusperiode nicht vor 8000, sondern erst vor etwa 6000 Jahren begonnen und in den verschiedenen Regionen auch zu unterschiedlichen Zeiten geendet, denn die abgebildeten Wildtiere, von denen die meisten schon lang nicht mehr in der Sahara existieren, konnten wohl kaum alle in jedem Teil der Wüste gleichzeitig ausgestorben sein. Davon ausgehend dauerte die Bubalusperiode vermutlich im Atlas und im Fezzan bis vor ungefähr 3000 Jahren an, während sie im Tassili-n-Ajjer, parallel zum Einsetzen einer Dürreperiode, bereits vor etwa 4500 Jahren endete. Da die Felsmalereien der Rundkopfperiode mit großer Wahrscheinlichkeit annähernd zeitgleich mit den Bubalusgravuren anzusetzen sind, könnten sie im Tassili-n-Ajjer bis vor ungefähr 3000 Jahren gefertigt worden sein.

Malereien dieser Gruppe, in der die Menschen in allen Größen, von klein bis riesig, abgebildet und häufig mehrfarbig angelegt wurden, sind auch im Fezzan und im Ennedi belegt. Ob die Gesichter dieser Figuren mit Absicht leer belassen wurden oder die Bemalung an diesen Stellen lediglich verwittert ist, bleibt fraglich. Da es aber so aussieht, als ob die dargestellten Menschen gelegentlich Masken tragen, könnten diese Bilder auch eine rituelle Bedeutung haben. Neben Menschen werden, mit Ausnahme des *Bubalus antiquus*, dieselben Tiere abgebildet wie in der Bubalusperiode. Deshalb ist vermutlich anzunehmen, dass sowohl die Bubalus- als auch die Rundkopfperiode eher verschiedene Kunststile repräsentieren als unterschiedliche Zeitphasen.

Das charakteristische Thema für die Felsenkunst der Rinderperiode sind Viehherden, die häufig zusammen mit ihren Hirten dargestellt wurden (Abb. unten). Die Malereien wurden gewöhnlich in mehreren Farben angelegt und die ebenfalls vorhandenen Gravuren waren kleinformatiger und weniger tief eingeschnitten als die älteren. Eine Menge der Bilder liefern bemerkenswert viele Informationen über das Leben ihrer Schöpfer. Im Tassili-n-Ajjer sind die dargestellten Szenen deshalb besonders interessant, weil in ihnen von Konflikten, der Jagd, der Wanderschaft und den Lagerplätzen, aber auch vom Tanzen, Hüten und Melken erzählt wird. Außerdem wurden Hütten, Betten, Keramik, Kleidung, Körperbemalung, Bögen, Wurfhölzer, Schilde und Speere abgebildet. Die Rinder arbeitete man in diesen Darstellungen derart detailliert aus, dass beispielsweise ihre Fellmusterung, ihre Euter und die unterschiedlichen Formen ihrer Hörner zu erkennen sind. Ebenso fanden sich Bilder von Schafen, Ziegen und Hunden. Da offensichtlich ganze Herden domestizierter Tiere in Regionen der Sahara, in denen heute kein Vieh mehr überleben könnte, gehalten wurden, wird deutlich, wie nachhaltig die Umweltveränderungen

Felsgravur mit der Darstellung einer Melkerszene, Wadi Tiksatin, Libyen.

waren, die sich in der Folge dort vollziehen sollten. Die Rinderperiode scheint demnach vor ungefähr 6000 Jahren begonnen und im Tassili-n-Ajjer, gleichzeitig mit der Bubalusperiode, bis zum Beginn der Trockenzeit vor etwa 4500 Jahren bestanden zu haben. Nachdem vor ungefähr 3500 Jahren jedoch erneut ein etwas feuchteres Klima einsetzte, lebte auch die Kunst der Rinderperiode wieder auf. Deshalb muss sie vermutlich auch als Kunststil bewertet werden und nicht als chronologische Periode. Doch selbst wenn man sie als Stilrichtung begreift, wirkt die Zusammenstellung von Bildwerken, die in der Sahara über einen langen Zeitraum hinweg weit verbreitet waren, zu einer einzigen stilistischen Gruppe bis zu einem gewissen Grad künstlich. Trotz alledem liefern uns die Felsbilder der Rinderperiode elementare Beweise für das erste domestizierte Vieh in der Wüste (vgl. S. 42 ff.).

Nach der heutigen Einschätzung überschneiden sich in Wirklichkeit die ersten beiden Perioden, die in der bisherigen Chronologie der Felsenkunst in der Sahara aufeinander folgen. Im Gegensatz dazu konnten die dritte und vierte Periode in der alten zeitlichen Abfolge ohne große Veränderungen bestehen bleiben. Ausschlaggebend dafür war, dass beide jeweils durch ein Tier definiert werden, das bekanntermaßen in der Sahara nicht heimisch war, sondern hierher gebracht wurde, selbst wenn der genaue Zeitpunkt dafür nicht feststeht. Die Datierung der älteren Pferdeperiode musste nur unwesentlich auf den ungefähren Zeitraum vor 2700 bis 2000 Jahren korrigiert werden. Diese Gruppe, in der es sowohl Malereien als auch Gravuren gibt, wurde in zwei Phasen unterteilt. Für die erste Phase sind Pferde typisch, die vor Gefährte mit Rädern gespannt sind, die zweite hingegen wird durch auf Pferden reitende Menschen charakterisiert. Auf vielen der Darstellungen erkennt man von zwei galoppierenden Pferden gezogene, zweirädrige Wagen, in denen ein einzelner Wagenlenker steht. Dieses Thema kommt in zahlreichen Variationen vor und ist häufig nur sehr schematisch ausgeführt. So wurden einige der Gefährte ganz ohne Pferde abgebildet, manche Gespanne, die eher Karren als Wagen waren, hatten vier statt zwei Räder und wieder andere wurden von Ochsen und nicht von Pferden gezogen.

Historische Aufzeichnungen aus den an das östliche Mittelmeer grenzenden Ländern berichten davon, wie wichtig für das Kriegshandwerk von Pferden gezogene Streitwagen waren und wie beliebt sie in der darauf folgenden Zeit bei Wagenrennen wurden. Wahrscheinlich erweckten speziell diese Rennen das Interesse der in der Sahara lebenden Künstler. Über die Verbreitung der unterschiedlichen Wagendarstellungen wurde viel diskutiert, grob kann man sie jedoch entlang zweier Achsen lokalisieren, die von Libyen und Marokko ausgehen und im Süden der Wüste an der großen Flussbiegung des Niger enden. Diese »Wagenspuren«, wie sie auch genannt werden, galten als Belege für den Handel vor ungefähr 2500 Jahren quer durch die Sahara. Da es keine weiteren archäologischen Beweise gibt, um diese Schlussfolgerung zu stützen, wurde sie heftig kritisiert (vgl. S. 115 ff.). Während der zweiten Hälfte der Pferdeperiode ersetzte man die Wagen größtenteils durch bewaffnete Reiter, die häufig stark stilisiert waren. Gegen Ende dieser Phase versah man die

Felsbilder sogar mit Inschriften in der Libyco-Berbersprache. Parallel zu den Wagen- und Reiterdarstellungen wurden während der gesamten Pferdeperiode auch immer wieder Rinder und Wildtiere, jedoch ohne die großen Spezies, abgebildet.

In der zeitlichen Abfolge der Felsenkunst in der Sahara bildet die Kamelperiode den vierten und letzten Abschnitt. Sie begann vor etwa 2000 Jahren und reicht bis in die Gegenwart. Während der Frühphase dieser Periode wurden sowohl Kamele als auch Pferde dargestellt. Als das Klima der Wüste immer trockener wurde, verschwanden zwar die Pferde aus den Felsbildern, jedoch Menschen, einige Wildtiere, Rinder und Ziegen blieben in den Szenen erhalten. Im Laufe der Zeit wurden die Einzelelemente immer stärker stilisiert, die gesamte Felsenkunst degenerierte in künstlerischer Hinsicht immer weiter und verkümmerte schließlich zu einfachen Graffitizeichnungen. In dieser Periode fertigte man sowohl Malereien als auch Gravuren an, die gelegentlich auch aus geometrischen Mustern bestehen konnten, zumeist aber mit Inschriften in Tifinagh[3] oder Arabisch versehen waren. Es ist deutlich zu erkennen, dass die Felsenkunst der Sahara im gleichen Maß erlosch, wie sich die Umweltbedingungen, die zuvor die Künstler eher gefördert hatten, bis zum gegenwärtigen Zustand verschlechterten.

Da die meisten Felsbilder der Sahara schon vor sehr langer Zeit entstanden, ist sowohl eine objektive Interpretation als auch die Entscheidung, welchem Zweck sie dienten, besonders kompliziert. Für den Grund ihrer Anbringung können mehrere Faktoren ausschlaggebend gewesen sein. So illustrierten sie beispielsweise zu bestimmten Zeiten mündliche Überlieferungen, in anderen waren sie hingegen Bestandteil entscheidender Rituale. Ungeachtet aller Schwierigkeiten bei der Datierung, spiegelten jedoch ihre Veränderungen die jüngere Geschichte der Sahara und die Anpassung der Menschen an die sich wandelnden Bedingungen wider. Damals wurde eine Welt, in der sich wasserliebende Flusspferde ebenso wohl fühlten wie Viehherden, allmählich zu einer Umgebung, mit der sich ausschließlich die an Trockenheit gewöhnten Kamele abfanden. Deshalb besteht der wahre Wert der Felsenkunst aus der Sahara darin, dass sie die Bilder einer verlorenen Welt für uns bewahrt hat.

---

3 Tifinagh (auch Tifinar) ist die Schrift der Tuareg (Anm. des Übersetzers).

## Nahrung erzeugen – Die Anfänge im nördlichen und westlichen Afrika

Anfänglich waren alle Menschen auf der Welt Jäger, Sammler und Fischer, die sich ihre Nahrung in der Natur suchten und nicht selbst erzeugten. Auf diese Art und Weise lebten einige Volksgruppen bis in die jüngste Vergangenheit hinein an vielen Orten recht gut. Während der letzten 10.000 Jahre vollzogen sich jedoch grundlegende Veränderungen, in deren Verlauf die meisten Menschen durch ihre Kenntnisse über die zur Verfügung stehenden natürlichen Ressourcen lernten, ihre Nahrung nach Wunsch zu produzieren. Das schloss ebenso mit ein, dass sie bestimmte Tiere und Pflanzen durch Zuchtauswahl den eigenen Bedürfnissen anpassten. Als sich daraus Ackerbau und Viehzucht entwickelte, kam es zum gravierendsten Umbruch innerhalb der Subsistenzwirtschaft, den es jemals gegeben hatte. Die neue Wirtschaftsform bestand aus den beiden Hauptelementen Pastoralismus[4], der Pflege und Aufzucht domestizierter Tiere, und Kultivierung, dem Anbau von Kulturpflanzen. Während es gelegentlich für eine bestimmte Volksgruppe kennzeichnend war, auf welche dieser beiden Elemente sie sich konzentrierte, gab es manchmal auch Verbände, in denen sowohl Viehzucht als auch Ackerbau in unterschiedlich starker Ausprägung betrieben wurde. Bisher wertete man die Veränderungen, die zur Landwirtschaft führten, als eine Art »Revolution«, die zunächst nur an wenigen Orten stattfand, um sich dann von dort aus in viele andere Regionen der Welt auszubreiten. Da die ältesten Belege für Ackerbau und Viehzucht aus Südwestasien stammen, sah man es auch als erwiesen an, dass beides von dort aus in das relativ nah gelegene Afrika gelangte. Inzwischen sind die Archäologen jedoch der Meinung, der Wechsel vom Sammeln zum Produzieren von Nahrung konnte in Afrika eigentlich nur als allmählicher Prozess vonstatten gegangen sein, der durch verschiedene Faktoren an unterschiedlichen Orten ausgelöst wurde. Wenngleich manche dieser Entwicklungen ursprünglich aus Südwestasien kamen, scheinen die in Afrika eingeführten Neuerungen jedoch durchaus ebenso bedeutend gewesen zu sein.

Der Übergang vom Sammeln der Nahrung zur Produktion nahm eine lange Zeit in Anspruch, da die genetische Modifikation bei der Domestizierung von Tieren und der Kultivierung von Pflanzen nur sehr langsam ablief. Es mussten sanftmütigere Tiere gezüchtet und Pflanzen angebaut werden, deren essbarer Anteil größer oder leichter zu ernten war. Tatsächlich ist der Beginn dieses Entwicklungsprozesses

4 Pastoralismus umfasst verschiedene Formen der Viehhaltung, wie beispielsweise Weidewirtschaft oder Wanderhirtentum (Anm. des Übersetzers).

schwierig zu definieren, denn die betroffenen Tiere und Pflanzen ähnelten anfangs ihren wilden Verwandten noch stark. Den genauen Zeitpunkt, zu dem die Landwirtschaft »erfunden« wurde, können wir deshalb nicht bestimmen, wohl aber den Höhepunkt einer ganzen Reihe sukzessiver Veränderungen, die jedoch von den daran beteiligten Menschen vermutlich gar nicht als solche wahrgenommen wurden. Die Ursprünge all jener Entwicklungen sind dementsprechend in den Verbesserungen zu suchen, die die Jäger und Sammler selbst an ihrer Wirtschaftsform vornahmen (vgl. S. 21 ff.). Welche Faktoren das Erzeugen von Nahrung auslösten, wurde lange diskutiert, vermutlich waren aber die vielschichtigen Reaktionen der damaligen Menschen auf einen Wechsel innerhalb der Umweltbedingungen von großer Bedeutung. So fanden beispielsweise in jenem Gebiet, das man heute als die Wüste Sahara kennt, einige der ersten Entwicklungen statt, als vor etwa 11.000 Jahren, nach einer langen trockenen Periode, ein kühleres und feuchteres Klima einsetzte. Daraus entstand eine Landschaft, die manchmal, wenn auch etwas überspitzt, als die »grüne Sahara« bezeichnet wird. Obwohl die günstigen klimatischen Verhältnisse bis vor ungefähr 4500 Jahren anhielten, gab es trotzdem zwischendurch immer wieder trockenere Perioden von unterschiedlich langer Dauer. Auf diese Art und Weise lockte und bestrafte die unbeständige Umwelt der Sahara abwechselnd die Menschen, die sie bewohnten. Waren die Voraussetzungen gut, drangen diejenigen Jäger und Sammler, die Steinwerkzeuge benutzten, in neue Gebiete vor, in denen sie jedoch angreifbar wurden, wenn sich die Lebensbedingungen dort wieder verschlechterten. Um ihr Überleben zu sichern, mussten sie viele verschiedene Anpassungsstrategien entwickeln, wie unter anderem die Jagd auf Wildrinder und das Sammeln wilder Grassamen. So überrascht es nicht, dass ausgerechnet mancherorts in der Sahara vermutlich die ersten wild lebenden Rinder domestiziert und einige Wildgräser kultiviert wurden.

Erste Anzeichen für einen solchen Wandel fanden sich an der Fundstelle von Nabta Playa in der östlichen Sahara, weit im Süden von Ägypten (Abb. S. 3). Hier lebten vor etwa 9000 Jahren Menschen, die Steinwerkzeuge verwendeten, domestizierte Rinder hielten und Keramik herstellten, obwohl sie immer noch jagten und Wildgräser sowie Früchte sammelten. Abfallgruben und Reste von Hütten deuten an diesem Ort auf eine möglicherweise nur saisonale, aber dennoch vergleichsweise kontinuierliche Besiedlung hin. Da die Umwelt dieser Zeit extrem karg war, wurde die unvermeidlich viel diskutierte These aufgestellt, dass die Rinder domestiziert gewesen sein mussten, weil sie ohne menschliche Fürsorge gar nicht hätten überleben können. Aus der Zeit vor 7000 Jahren fanden sich Belege für domestizierte Tiere im Wadi von Enneri Bardagué (Tschad), und 6000 Jahre alte Zeugnisse gab es in Uan Muhuggiag (Libyen), der Capeletti-Grotte (Algerien) und bei dem Berg Adrar Bous (Niger). Wegen dieser frühen Datierung ist eine Herkunft der domestizierten Rinder von außerhalb Afrikas kaum denkbar. Außerdem wird die These, in der Sahara eine derjenigen Regionen der Welt zu sehen, in denen Rinder zuerst domestiziert wurden, durch die Ergebnisse von DNA-Untersuchungen an Mitochondrien

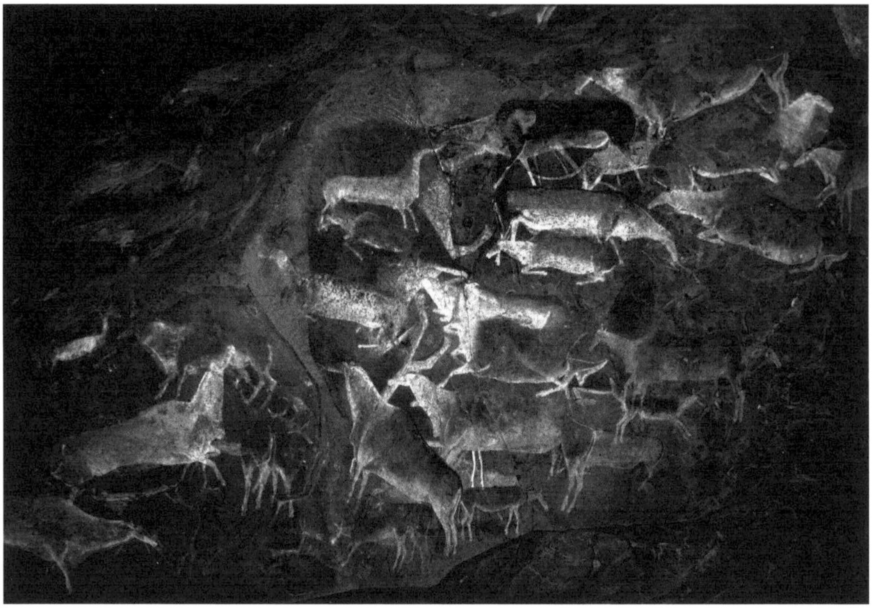

^
Farbige Felsmalerei mit einer Rinderherde. Eland-Höhle im südafrikanischen Naturpark Drakensberg.

gestützt. Bezeichnenderweise fand in den Randgebieten der Wüsten und Savannen im Westen und Süden die erstmalige Domestizierung von Rindern weit später statt als in der Sahara (Abb. S. 45). Als sich die Umweltbedingungen in der Sahara verschlechterten, wanderten einige Viehhirtenverbände weiter nach Süden in Gegenden, die während früherer Feuchtperioden von der Tsetsefliege verseucht worden waren und sich deshalb für Rinder und Menschen gleichermaßen als ungesund herausstellten.

Im Gegensatz zu Wildrindern gab es in der Sahara weder wild lebende Schafe noch Ziegen, die man hätte domestizieren können. Deshalb vermutet man, dass beide Tierarten ursprünglich aus Südwestasien stammten. In Nabta Playa und der Capeletti-Grotte gab es sie bereits vor ungefähr 7000 Jahren und in der Sahara wurden sie wahrscheinlich bald danach aufgrund ihrer Fähigkeit übernommen, auch trockene Klimabedingungen auszuhalten. Im weit entfernten Südwesten hielten vor etwa 3500 Jahren die Bewohner großer, teilweise aus Stein errichteter Siedlungen in der Region von Dhar Tichit (Mauretanien) sowohl Rinder als auch Ziegen. Außerdem bauten sie einheimische Perlhirse an, die zuvor bereits in der Sahara oder in ihren Randgebieten kultiviert worden war und von daher vermutlich die erste afrikanische Kulturgetreidepflanze überhaupt darstellte. Da die Befunde aus dem Dhar Tichit den ersten gesicherten Beleg für den Anbau von Feldfrüchten bietet, muss sich im Gebiet der Sahara die Kultivierung von Pflanzen in jedem Fall später entwickelt haben als der Pastoralismus. Vor etwa 2500 Jahren jedoch hatte sich auch hier der Ackerbau durchgesetzt, wie die Funde von Zinchecra (Libyen) zeigen, wo man in dieser Zeit die Weizenart Emmer, Gerste, Datteln, Wein und Feigen pflanzte und erntete.

Der Anbau von Weizen und Gerste verbreitete sich wohl vom unteren Niltal in Ägypten aus, in das diese Getreidesorten vor ungefähr 7000 Jahren aus Südwestasien eingeführt wurden. Aus derselben Region kamen auch domestizierte Tiere nach Ägypten, wo Pastoralismus und die Kultivierung von Pflanzen relativ plötzlich und ungefähr zur gleichen Zeit übernommen worden zu sein scheinen. So waren vor etwa 7000 Jahren die Bewohner des im Westen des Nildeltas gelegenen Dorfes Merimde, die Steinwerkzeuge und Keramik besaßen, in der Lage, sowohl Gerste, Emmer und Flachs zu kultivieren als auch domestizierte Rinder, Schafe, Ziegen, Schweine und Hunde zu halten. Etwa zum selben Zeitpunkt waren die Siedlungen der Fayyum-Senke in den Gebieten westlich des unteren Nils auf ähnliche Art und Weise organisiert. Die Region in und um das Niltal bildete den generellen Ausgangspunkt für die Entwicklung der vordynastischen Kulturen, die von einer ununterbrochenen Folge bäuerlicher Gemeinschaften geprägt waren. Die Menschen dieser Epoche verwendeten zunächst lediglich Steinwerkzeuge, nutzten dann aber auch allmählich Kupfer. Aus dieser Gesellschaft gingen vor etwa 5000 Jahren die ersten Dynastien des alten Ägypten hervor.

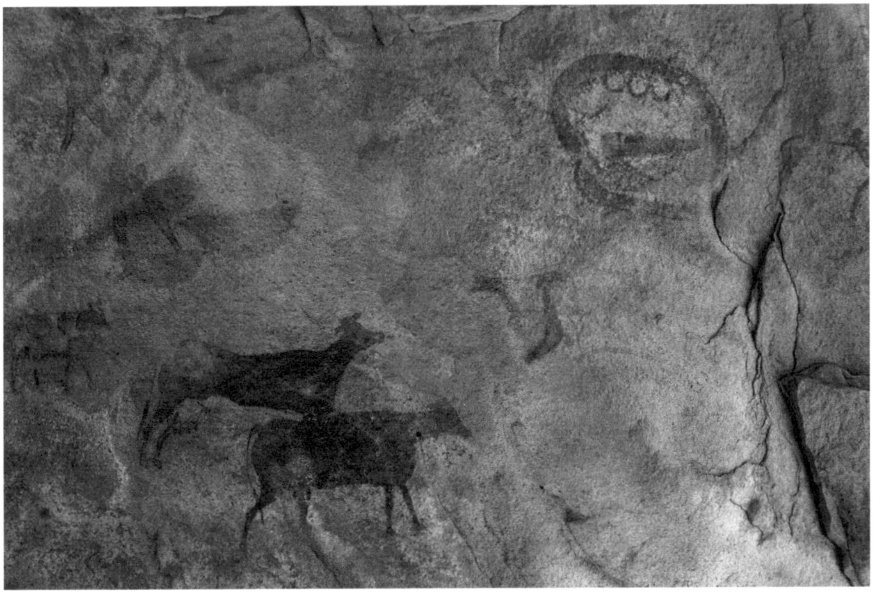

Felsbild, das offensichtlich domestizierte Rinder vor einer Behausung zeigt, Tassili-n-Ajjer.

Die Bewohner von al-Shahaynab (Sudan), das weit flussaufwärts am Nil liegt, domestizierten vor ungefähr 6000 Jahren Ziegen und Rinder, lebten aber weiterhin auch vom Fischfang. Sie benutzten Steinwerkzeuge und produzierten eine Keramik, die derjenigen ihrer jagenden und sammelnden Vorfahren aus dem Fundort Early Khartoum in derselben Region ähnelte. Etwa zur gleichen Zeit wie in al-Shahaynab hielt man im sudanesischen Kadero Rinder, Schafe und Ziegen, ging aber noch gelegentlich auf die Jagd oder zum Fischen. Angebaut und hier möglicherweise auch kultiviert wurden wilde Mohren-, Finger- und Rispenhirse (*Panicum*). Während vor ungefähr 5000 Jahren Bauern entlang des mittleren Nil bereits Weizen und Gerste kultiviert und Schafe, Ziegen sowie Rinder domestiziert hatten, finden sich erstaunlicherweise die ältesten Belege für die Kultivierung des *Sorghum*, der Mohrenhirse, erst vor etwa 2000 Jahren. Dennoch muss dieses in Afrika heimische Getreide hier bereits weit früher angebaut worden sein, denn in Saudi-Arabien und Indien, wo es ursprünglich nicht vorkam, war es schon vor ungefähr 4500 Jahren eine Kulturpflanze.

In der westafrikanischen Savanne entstand, ebenso wie in der Sahara, die Viehwirtschaft vor der Kultivierung von Pflanzen, wenn auch erst etwas später als in der Wüste. Rinderhirten, die zusätzlich Schafe oder Ziegen hielten, gab es vor etwa 4000 Jahren in Karkarichinkat (Mali), vor 3000 Jahren in Gajiganna nahe dem Tschad-See (Nigeria) und ein wenig später in Daima, das in derselben Region Nigerias liegt (zu Gajiganna und Daima vgl. S. 91 ff.). Die älteste belegte Kulturpflanze ist wieder die Perlhirse, die vor etwas mehr als 3000 Jahren in Birimi im nördlichen Ghana, vor etwa 3000 Jahren bei Ti-n-Akof sowie vor rund 2500 Jahren in Burkina Faso und Kursakata im Nordosten Nigerias angebaut wurde. Die wichtigsten Feldfrüchte der Savanne waren alle in Afrika heimische Getreide, wie die Perlhirse, der westafrikanische Reis und die Mohrenhirse (*Sorghum*). Allerdings ist, wie auch am mittleren Nil, das erste kultivierte *Sorghum*, von dem wir Kenntnis haben, nicht älter als 2000 Jahre und stammt von der Fundstelle Djenné-Djenno in Mali (vgl. S. 108 ff.). Der erste Beleg für die Kultivierung von westafrikanischem Reis wurde ebenfalls an diesem Ort gefunden und datiert etwa in dieselbe Zeit.

Im westafrikanischen Regenwald und seinen Randgebieten war die Situation vollständig anders. So waren die Vorraussetzungen für die Kultivierung von Getreide nicht günstig, und die Tsetsefliege, die sowohl die Haustiere als auch die Menschen mit der Schlafkrankheit (Trypanosomiasis) infizierte, verhinderte die Entwicklung der Viehwirtschaft. Obwohl manche Rinder und Ziegen lange genug im Wald gehalten wurden, um eine gewisse Resistenz gegen diese Infektion zu bilden, war die Kultivierung pflanzlicher Nahrung für einen recht langen Zeitraum von weit größerer Bedeutung. Hier scheinen insbesondere zwei afrikanische Sorten der Yamswurzel und die einheimische Ölpalme eine Hauptrolle gespielt zu haben. Trotzdem gibt es nur sehr wenige Zeugnisse für eine frühe Landwirtschaft. So entdeckte man in einer Siedlung bei Kintampo in Ghana Nüsse der Ölpalme und möglicherweise kultivierte Augenbohnen in einem Fundzusammenhang, der älter als 3000 Jahre ist. Zusätzlich gab es Hinweise darauf, dass Rinder und Schafe von Menschen gehalten wurden, die außerdem jagten und sammelten. Auch Belege aus Iwo-Eleru in Nigeria deuten auf eine Entwicklung hin, die in Richtung Nahrungsproduktion ging. An diesem Fundort gab es aus der Zeit vor mehr als 5000 Jahren Keramik und geschliffene Steinäxte. Ebenso wiesen einige der etwa 4500 Jahre alten Mikrolithen Sichelglanz an ihren Schnittkanten auf, was für die Verwendung dieser Steinartefakte in Werkzeugen spricht, die zum Schneiden pflanzlicher Materialien dienten. Auch die Benutzung von Reibsteinen wurde hier zunehmend gebräuchlicher. Weiter im Osten, bei Shum Laka in Kamerun, war bereits früher als vor 4000 Jahren Keramik im Gebrauch, zusammen mit teilweise polierten und retouchierten Steinartefakten, die Hacken ähnelten. Einige der hilfreichsten Belege stammen jedoch aus Nkang in Kamerun. Hier baute man vor mehr als 2000 Jahren Bananen an und hielt domestizierte Schafe und Ziegen parallel zur Jagd, dem Sammeln und dem Fischfang. Da Bananen in Afrika nicht heimisch sind, mussten sie über die ostafrikanische Küste aus Südostasien eingeführt werden. Die Nutzung von Bananen zu einem solch frühen Zeitpunkt im westafrikanischen Regenwald könnte durchaus bedeuten, dass die Kultivierung und Bewirtschaftung lokaler Pflanzen und Bäume sich bereits ebenso durchgesetzt hatte, wie es möglicherweise auch im weiter südlich gelegenen äquatorialen Regenwald der Fall war.

Auch wenn unser Wissen über die frühe Nahrungsgewinnung in Afrika noch immer lückenhaft ist, zeichnet sich für den Norden und Westen des Kontinents zumindest ein Grundgerüst ab. So entstand vermutlich aus den Strategien, die die Jäger und Sammler in der Sahara entwickelten, um den Anforderungen der sich verändernden Umwelt gewachsen zu sein, zuerst die Viehwirtschaft. Zunächst domestizierten die Menschen das in der Wüste heimische Wildrind, danach kultivierten sie einige Wildgräser, von denen die Perlhirse anscheinend das erste war. Ebenso übernahmen sie Schafe und Ziegen, die zuvor, vermutlich gleichzeitig wie Weizen und Gerste, aus Südwestasien in das Niltal eingeführt worden waren. Im Anschluss daran verbreiteten sich der Pastoralismus und die Landwirtschaft sowohl von der Sahara in die westafrikanische Savanne als auch vom unteren Nil stromaufwärts bis zum Mittellauf des Flusses. Im westafrikanischen Regenwald hingegen entwickelten sich, auf der Basis von Yamswurzeln und Ölpalmen sowie vergleichsweise wenigen domestizierten Tieren, andere Strategien der Nahrungsmittelproduktion. Zum Schluss sollte noch darauf hingewiesen werden, dass es in allen Teilen Afrikas die ersten Bauern waren, die die wohl grundlegendeste Veränderung im Dasein der Menschheit einleiteten, obwohl sie lediglich einfache Steinwerkzeuge besaßen.

# Nahrung erzeugen – Die Anpassung in Nordost- und Ostafrika

Aus dem vorherigen Kapitel geht hervor, auf welch vielfältige Art und Weise die ersten Bauern Nahrung produzierten, indem sie einige Pflanzen kultivierten und verschiedene Tiere domestizierten. Dieser Prozess vollzog sich in Ost- und Nordostafrika, wo es sowohl eingeführte Arten als auch solche gab, die in einigen Regionen heimisch, in anderen jedoch völlig unbekannt waren. Von daher entstanden, großflächig über den Kontinent verteilt, sehr differenzierte Formen der Anpassung. Zu den betroffenen Gebieten gehören die heutigen Staaten Äthiopien, Eritrea, Dschibouti, Somalia, Kenia und Uganda sowie einige Landstriche des Sudan und Tansanias. Dass es zur gleichen Zeit weiter im Süden noch Jäger und Sammler gab und gelegentlich einige frühe Bauerngemeinschaften existierten, die nach wie vor an der Jagd festhielten, erschwerte die Beurteilung der Gesamtsituation erheblich. Zusätzlich waren die jeweiligen Fundregionen im Hinblick auf die Entwicklung der Nahrungserzeugung uneinheitlich intensiv archäologisch untersucht worden. Deshalb ist es äußerst schwierig, ein allgemeingültiges Bild der Geschehnisse zu zeichnen, zumal sich gelegentlich die Interpretationen der vorhandenen Beweise als zweifelhaft herausstellen. Dennoch scheinen vor 6000 Jahren domestizierte Tiere, hauptsächlich Rinder, Schafe und Ziegen sowie kultivierter Weizen und Gerste von Norden und Westen in die entsprechenden Gegenden eingeführt worden zu sein. Auf dem äthiopischen Plateau kam eine lokal kultivierte Zwerghirse hinzu und weiter südlich baute man, bedingt durch ein anderes Umfeld, statt Weizen und Gerste Finger- und Mohrenhirse an. In großen Teilen des südlichen Ostafrika setzte sich jedoch wahrscheinlich der Pastoralismus als vorherrschende Wirtschaftform durch, obwohl die Tsetsefliege seine weitere Ausbreitung ebenso einschränkte, wie sie anfänglich sein Vordringen in die Gebiete südlich von Nordtansania verhindert hatte.

Hauptsächlich bedingt durch die beträchtliche Vielfalt verschiedenster Lebensräume in diesem Teil Afrikas, sind die Zusammenhänge im Einzelnen noch weit komplexer strukturiert. Da extreme Niveauunterschiede hier eine Landschaft prägen, in der einige Regionen unterhalb des Meeresspiegels liegen und andere in mehr als 2000 m Höhe, differieren auch die Niederschlagsmengen erheblich. Hier reicht das Spektrum von trockenen Wüstengebieten in Teilen Eritreas über halbtrockene Landstriche im nördlichen Kenia bis hin zu Orten mit tropischen Regenfällen in Äthiopien und Uganda. Sowohl die je nach Höhenlage variierenden Temperaturen und die jahreszeitlich bedingten Klimafaktoren als auch die Bodenbeschaffenheit gestalten die Situation insgesamt noch komplizierter. Alle diese Sachverhalte scheinen die Entscheidung, was zu welchem Zeitpunkt angebaut werden konnte, ebenso beeinflusst zu haben wie die Frage, wann während des Jahres die Viehherden in welcher Gegend geweidet werden sollten. Hinzu kamen langfristig sowohl klimatische

Schwankungen als auch eine komplexe Wechselwirkungen zwischen der Landwirtschaft und dem Jagen und Sammeln. Zusammengenommen ergeben die einzelnen Bestandteile ein Kaleidoskop von Subsistenzwirtschaften, über die uns die verfügbaren archäologischen Belege nur unzureichend oder bruchstückhaft informieren.

Ausgesprochen sinnträchtige aber zugleich entmutigende Zeugnisse all dieser Prozesse sind die Felsmalereien von Eritrea, Äthiopien und Somalia, in denen Herden offensichtlich domestizierter Rinder dargestellt werden. Die Problematik dieser Bilder besteht darin, dass sowohl ihre Interpretation als auch ihre zeitliche Zuordnung extrem schwierig ist. Da auf all diesen Malereien ausschließlich langhörnige, buckellose Rinder abgebildet werden, jedoch keine Buckelrinder oder Kamele, die man erst in den letzten 2000 Jahre in dieses Gebiet einführte, handelte es sich in diesen Fällen mit großer Wahrscheinlichkeit um Szenen aus der frühen Viehwirtschaft. Einen Hinweis auf die Zeit, in der sie möglicherweise entstanden, liefern Tierknochenfunde aus Asa Koma in Dschibouti, die das Vorhandensein domestizierter Rinder vor etwa 3500 Jahren belegen. Das Fundmaterial aus Laga Oda und vom Besaka-See in Äthiopien bestätigt die Haltung von Rindern, am Besaka-See während derselben Zeit sogar zusammen mit Schafen oder Ziegen. Vor mehr als 3500 Jahren gab es ebenfalls alle drei Tierarten in Gogoshiis Qabe (Somalia). Neueste Aufarbeitungen einer älteren Ausgrabung in Kwiha im nördlichen Äthiopien erbrachten, auch wenn die Datierung der Befunde erhebliche Fragen offen lässt, zumindest Anhaltspunkte dafür, dass Rinder auf dem äthiopischen Plateau schon vor ungefähr 5000 Jahren domestiziert waren. Betrachtet man die Verbreitung ihrer wilden Vorfahren, so scheint es, als ob Katzen, Esel und Perlhuhn zuerst im Osten Afrikas als Haustiere gehalten wurden. Die bereits erwähnten Buckelrinder, Kamele, Fettschwanzschafe, Hühner und Pferde wurden höchstwahrscheinlich im Zuge späterer Handelskontakte importiert.

Über die erste Kultivierung von Pflanzen können die archäologischen Untersuchungen noch weit weniger aufschlussreiche Informationen liefern. Zwar fand man in der Lalibela-Höhle (Äthiopien) Belege sowohl für kultivierte Gerste, Feldbohnen und Kichererbsen als auch für Rinder, Schafe oder Ziegen, jedoch erst für eine Zeit, die vor etwas mehr als 2000 Jahren beginnt. Aus der Periode vor etwa 1500 bis 2500 Jahren wurden an Fundplätzen bei Aksum im nördlichen Äthiopien (vgl. S. 74 ff.) Indizien für Gerste, Zwerghirse, mehrere Weizenarten, Finger- und Mohrenhirse, verschiedene Hülsenfrüchte, Öl- und Faserpflanzen, einschließlich Flachs und Baumwolle, sowie für unterschiedliche Frucht- und Gemüsesorten entdeckt. Die magere Ausbeute an Befunden aus älterer Zeit ist besonders für Äthiopien, aber auch für die gesamte Region erstaunlich, da es dort grundsätzlich eine Vielzahl von Kulturpflanzen gab. Der Grund dafür ist vermutlich die nur sehr begrenzt durchgeführte archäologische Forschungsarbeit, denn sowohl botanische als auch linguistische Zeugnisse sprechen durchaus für eine sehr lange Tradition der Nahrungsproduktion in Äthiopien. So baute man beispielsweise die eingeführten Getreidearten Weizen und Gerste über einen derart langen Zeitraum hinweg an, dass sich zahlreiche Varianten, die gelegentlich auf nur einen Ort beschränkt waren, entwickeln konnten. Zu diesen äthiopischen Kulturpflanzen gehören die Zwerghirse, die Ölpflanze *Noog Abyssinia*, die bananenartige Pflanze *Ensete*, deren Stiel und Wurzel essbar waren, sowie die Stimulantien Kaffee und Kat. All diese Gewächse waren ursprünglich in der Region heimisch und wurden vermutlich auch dort kultiviert, was jedoch nur langsam und über einen beträchtlichen Zeitraum hinweg vonstatten ging. Vor über 2000 Jahren wurde in Äthiopien auch der von Ochsen gezogene Pflug eingesetzt, den man wahrscheinlich schon recht früh zusammen mit der Kultivierung von Weizen und Gerste übernahm. Im Übrigen ist Äthiopien bis heute der am weitesten südlich gelegene Ort in Afrika, an dem die Benutzung dieses Geräts nachgewiesen werden konnte. Wie linguistische Zeugnisse belegen, begann sowohl der Anbau von Kulturgetreide als auch die Haltung domestizierter Tiere in Äthiopien bereits vor 6000 bis 7000 Jahren.

Archäologische Befunde aus dem weiter im Süden gelegenen nördlichen Kenia weisen auf eine ebenso frühe Einführung der Landwirtschaft in Nordostafrika hin, von wo aus sie wahrscheinlich nach Ostafrika gebracht wurde. So gab es beispielsweise vor etwa 4000 Jahren nahe dem Ostufer des Turkana-Sees in Dongodien domestizierte Schafe oder Ziegen sowie Rinder. Für die Menschen, die an diesem Ort lebten, Keramik herstellten und Steinwerkzeuge benutzten, waren sowohl der Fischfang als auch die Jagd nach wie vor wichtig. Noch weiter südlich, im Süden Kenias, belegen Funde aus Enkapune Ya Muto die Domestizierung von Ziegen in der Zeit vor ungefähr 3000 Jahren und möglicherweise früher. An anderen Fundorten in Zentral-, Süd- und Westkenia sowie im nördlichen Tansania existieren ebenfalls Zeugnisse für die Haltung von Rindern, Schafen und Ziegen vor etwa 2500 Jahren. Viele dieser Lagerplätze bieten nur sehr begrenzt archäologische Belege, da sie von nomadisierenden Hirten genutzt wurden, die Landwirtschaft nur in geringem Ausmaß oder überhaupt nicht betrieben. Weit bessere Kenntnisse haben wir hingegen von ihren Gräberfeldern aus einer anderen Zeit. In jedem Fall besaßen sie aber offensichtlich Steinwerkzeuge aus Obsidian, einem vulkanischen Glas, das sich ausgezeichnet zur Herstellung von Abschlägen mit rasiermesserscharfen Kanten eignete. Sie verfügten auch über Keramik sowie charakteristische Steinschalen und Stößel, die vermutlich für die Zubereitung von pflanzlicher Nahrung verwendet wurden (Abb. S. 51). Es scheint viele dieser Hirtengemeinschaften gegeben zu haben, deren Beziehungen zueinander häufig schwer zu fassen sind. Eine der Sippen, die auf der Westseite des Kenianischen Bruchgrabens lebten, erhielt von den Archäologen den Namen Elmenteitan. Berühmt wurden sie durch die außergewöhnlichen Funde, die man in der Njoro River-Höhle entdeckte und die aus der Zeit vor mehr als 3000 Jahren stammen. Hier fanden sich Hinweise auf die in Afrika ungewöhnliche Praxis, die Toten zu verbrennen. Andere Stammesgruppen, die ebenfalls Steinwerkzeuge, Keramik und Steinschalen verwendeten, begruben ihre Toten unter Steinhügeln oder in Felsspalten, ohne sie vorher einzuäschern. Insgesamt stimmt die archäologische Forschung mit den linguistischen Untersuchungen darin überein, dass alle diese Hirtenvölker von Norden her nach Kenia zugewandert waren.

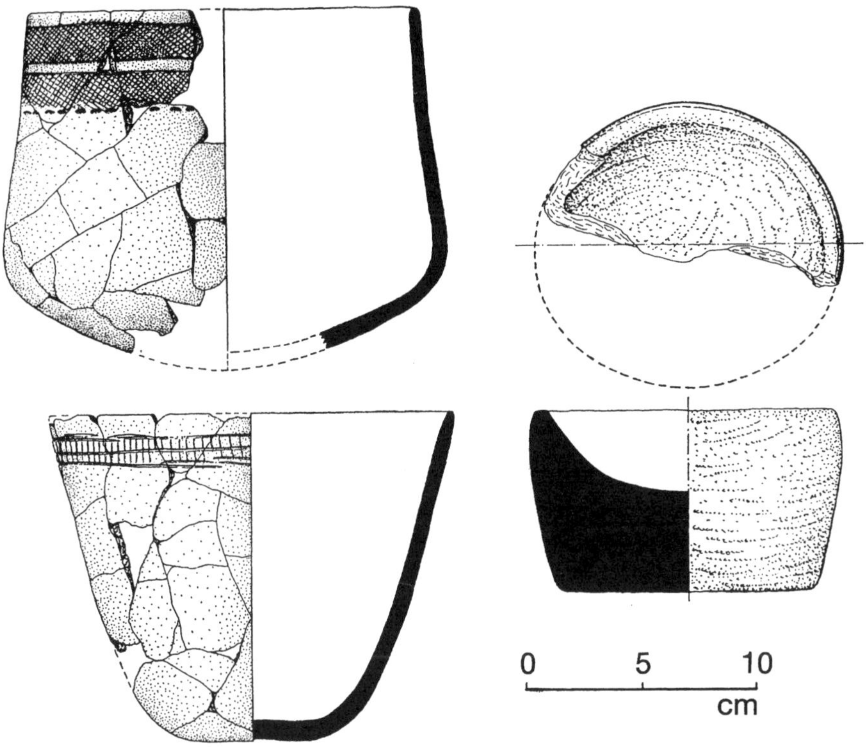


^
Zwei Keramikgefäße und eine Steinschale (rechts) aus Narosura, Kenia.

Nachdem sie Kenia erreicht hatten, trafen sie vermutlich auf die bereits dort lebenden Jäger und Sammler, die sie vielleicht auch mit pflanzlicher Nahrung vertraut machten. Wie es scheint, ergänzten viele der frühen Hirtenverbände selbst noch teilweise ihren Speisezettel mit der Jagd und dem Sammeln. Wie häufig sie sich auf diese Weise ernährten, variierte möglicherweise von einer Sippe zur anderen oder war abhängig von Jahreszeit und Lebensumfeld sowie von den saisonalen Klimabedingungen. Die spärliche Beweislage an den wichtigen Fundorten für pflanzliche Nahrung erschwert es erheblich, den tatsächlichen Anteil an Pflanzen in der Ernährung der Hirtenvölker zu ermitteln. Daraus ergibt sich zwangsläufig die Frage nach dem Ausmaß, in dem sie sowohl Land- als auch Viehwirtschaft betrieben. Bevor in den letzten Jahrhunderten der mittelamerikanische Mais eingeführt wurde, waren Finger- und Mohrenhirse wahrscheinlich, wie bereits seit mehreren Jahrtausenden, das Hauptnahrungsmittel im größten Teil Ostafrikas. Im Gegensatz dazu ging man jedoch bisher davon aus, dass die Mohrenhirse weiter nördlich, nämlich in der östlichen Sahara oder der angrenzenden Savanne, kultiviert wurde. Anders verhält es sich bei der Fingerhirse, deren Kultivierung im nördlichen Uganda sowohl von genetischen als auch linguistischen Untersuchungen gestützt wird. Trifft dies zu, dann war sie bereits seit langer Zeit Bestandteil der Landwirtschaft in Ostafrika.

Auf diese Art und Weise verfügten diejenigen Menschen, die als erste in Ostafrika Nahrung erzeugten, über zahlreiche verschiedene Möglichkeiten, ihre Existenz zu sichern. So verbanden sie den Pastoralismus mit dem Jagen und Sammeln beziehungsweise mit der Landwirtschaft oder kombinierten alle drei miteinander, wobei der relative Anteil eines jeden Elements unterschiedlich groß sein konnte. Das könnte auch das Überleben einiger Jäger- und Sammlergruppen in Ostafrika bis auf den heutigen Tag erklären, weil sie durch ihre Lebensform in der Lage waren, den reichen Wildtierbestand zu nutzen. Außerdem lässt es darauf schließen, dass die hoch spezialisierten Viehhirten Ostafrikas, wie die Massai in Kenia oder die Barabaig in Tansania, eine etwas spätere Entwicklungsstufe darstellen. Diese Völker passten sich vermutlich mit ihrer Spezialisierung, die durch die Einführung der Dürre gewöhnten, ursprünglich aus Südasien stammenden Buckelrinder erleichtert wurde, an die trockeneren Umweltbedingungen während der letzten 2000 Jahre an. Schließlich nahmen einige Hirtenverbände, wie der Stamm der Rendille aus dem nördlichen Kenia, sogar die Halbwüste in Besitz, indem sie statt der Rinder Kamele hielten und ebenso deren Milch nutzten. Das trockenere Klima erschloss den Hirten auch Gebiete, in denen sie früher wegen der Tsetsefliege nicht leben konnten. Dies scheint besonders im Süden der Fall gewesen zu sein, obwohl man lange Zeit glaubte, der Pastoralismus sei nicht über das nördliche Tansania hinausgekommen. Vermutlich entstanden vor etwa 2000 Jahren dank der klimatischen Veränderungen von der Tsetsefliege freie Korridore, durch die sich die Viehwirtschaft nach Süden hin ausbreiten konnte. So erreichten bald darauf auch domestizierte Schafe die südliche Spitze des Kontinents. Während ungefähr zur selben Zeit in Ost- und Zentralafrika viele Menschen bereits Eisenwerkzeuge besaßen, hatte sich auch der Ackerbau dort zu einer gut funktionierenden Wirtschaftform entwickelt, die durch das Roden von Waldgebieten gedieh und gleichzeitig die von der Tsetsefliege verseuchten Gebiete weiter reduzierte.

Über die frühe Landwirtschaft im äußersten Westen Kenias und in Uganda ist wenig bekannt, obwohl wahrscheinlich die Schöpfer der so genannten Kansyore-Ware ebenfalls Hirtenverbände waren. Bei den Gogo Falls, nahe der kenianischen Seite des Viktoria-Sees, lassen sich Fundstücke dieser Keramik, wenn auch mit Vorbehalt, auf älter als 3000 Jahre datieren. Dessen ungeachtet spricht die große Bedeutung, die die Landwirtschaft rund um den See sowie zwischen ihm und den Seen des westlichen Rift Valley in späterer Zeit bekommen sollte, für einen recht frühen Ursprung der Agrarwirtschaft. Insbesondere die Haltung von Rindern und die Kultivierung von Bananen könnte möglicherweise eine schon lange Tradition in dieser Region gehabt haben, denn die Rinder kamen vor ungefähr 4000 Jahren nach Nordkenia und die Bananen wurden vor mehr als 2000 Jahren von Südostasien nach Ostafrika eingeführt und danach quer über den Kontinent bis nach Kamerun gebracht.

Malerei mit langhörnigen, buckellosen Rindern und ihren Hirten, aus Dire Dawa, Äthiopien.

Die Menschen, die in Nordost- und Ostafrika als erste Ackerbau betrieben, passten sich auf die unterschiedlichste Weise an die äußerst verschiedenartigen Umweltbedingungen an. So wurde eingeführtes Getreide durch eine Vielzahl lokaler Kulturpflanzen ergänzt oder ersetzt und die Haltung nicht heimischer Tiere in unterschiedlichem Ausmaß mit dem Jagen und Sammeln, der Agrarwirtschaft oder mit beiden kombiniert. Da es in vielen Gegenden häufig nur sehr lückenhafte und in anderen sogar überhaupt keine archäologischen Befunde gibt, ist es schwierig, jede vonstatten gegangene Entwicklung innerhalb der Nahrungsbeschaffung und der Kultur zu rekonstruieren. Es ist jedoch offensichtlich irreführend, wenn man die Menschen der damaligen Zeit fein säuberlich getrennt als Jäger und Sammlergemeinschaften, Hirtenvölker oder Bauern einstuft. Die frühen Landwirtschaftsformen in diesem Teil Afrikas belegen ausgesprochen wirkungsvoll, dass all diese Subsistenzwirtschaften ausschließlich Strategien waren, die entwickelt wurden, um sich kontinuierlich anzupassen. Die Umweltbedingungen, insbesondere die Niederschlagsmengen, die je nach Gebiet und Epoche unterschiedlich waren, beeinflussten und veränderten den Stand der steten Adaption jeder einzelnen Volksgruppe in starkem Maß. Kurz – es ging immer nur um Anpassung.

# Die Macht des Metalls – Die Ursprünge der afrikanischen Eisenverarbeitung

Die meisten Volksgruppen in Afrika gingen von der Herstellung und dem Gebrauch von Stein- beziehungsweise Knochenwerkzeugen direkt über zur Produktion und Verwendung von Eisengerätschaften. Eine Übergangszeit, in der man, wie in Europa und Asien, Werkzeuge aus Kupfer und Bronze produzierte und benutzte, gab es auf dem größten Teil des afrikanischen Kontinents anscheinend nicht. Deshalb nahmen die Archäologen lange an, dass das Wissen um die Eisenverhüttung und das Schmieden erst zu einem relativ späten Zeitpunkt aus dem Mittelmeerraum nach Afrika gelangte. Wie jedoch verschiedene Ausgrabungsergebnisse belegen, ist die afrikanische Eisenverarbeitung nicht nur älter, als man bisher annahm, sondern wurde vermutlich auch in Afrika selbst entwickelt. Auch wenn es für diese Feststellung noch keine hinreichenden Beweise gibt, hatte die Einführung von Eisen offensichtlich langfristige Auswirkungen von großer Tragweite, denn mit diesem Metall ließen sich effizientere Werkzeuge und wirksamere Waffen herstellen. Auf kurze Sicht gesehen jedoch scheint die Übernahme der neuen Gerätschaften eher langsam und in unterschiedlicher Intensität vonstatten gegangen zu sein, da sie zum einen abhängig von der Verfügbarkeit war, zum andern vom Grad des Festhaltens an kulturellen Traditionen. Dennoch veränderte die Eisentechnologie letztendlich das Gesicht des gesamten Kontinents. Vor mehr als 2500 Jahren wurde sie zuerst in West- und Zentralafrika eingeführt, um schließlich vor ungefähr 1500 Jahren auch in Teilen des südlichen Afrika angewendet zu werden.

Die im vorkolonialen Afrika eingesetzte Methode der Eisenverhüttung war kein einfacher Prozess. Wenn Eisen bei der extrem hohen Temperatur von 1540° C geschmolzen wird, entsteht daraus Gusseisen, das zu spröde ist, als dass es von einem Schmied weiter verarbeitet werden könnte. Erst als vor etwas mehr als 500 Jahren die Europäer Hochöfen entwickelten, erhielt das Gusseisen in der westlichen Welt eine größere Bedeutung, im Gegensatz zu China, wo es bereits 2000 Jahre zuvor hergestellt wurde. Das bevorzugte Produkt in Afrika und für lange Zeit auch in Europa war das Schmiedeeisen, weil es sich problemlos schmieden, biegen und in zahlreiche Formen ziehen ließ. Man gewann es, indem man es in einem Rennofen bei Temperaturen von 1150° bis zu 1200° C schmolz (Abb. S. 55). Dazu benötigte man eine Mischung aus Eisenoxiderz und Holzkohle, die in einem häufig recht kleinen Schmelzofen erhitzt wurde. Von Hand bediente Blasebälge pressten die Luft durch eine oder mehrere seitlich in die Wände eingelassene Tonröhren in den Ofen hinein. Um die gewünschte Temperatur zu erreichen, war es nicht nur entscheidend, dass man den Anteil an Kohlendioxid niedrig hielt, sondern auch so viel Kohlenmonoxid wie möglich produzierte. Dadurch wurde dem Eisenoxiderz der Sauerstoff entzogen (Reduktion) und es schmolz zur so genannten Luppe, einem wie ein Schwamm aussehendes Stück Eisenmetall, das mit Schlacke vermengt war. Um Schmiedeeisen zu erhalten, musste man die Luppe immer wieder »ausheizen« und schmieden, damit die Schlacke entfernt werden konnte. Das Hauptproblem bei der Eisenschmelze stellte die Luft dar, die in den Rennofen geblasen werden musste, um das Feuerungsmaterial zu verbrennen und damit die gewünschte Temperatur zu erreichen. Führte man jedoch zuviel Sauerstoff zu, wurde die Reduktion unterbrochen oder sogar umgekehrt, wobei das Eisenerz erneut oxidierte.

Für dieses Verfahren war bereits in der Anfangszeit sowohl Wissen als auch Erfahrung notwendig. Da aber in der Periode zuvor die Metallurgie in großen Teilen Afrikas völlig unbekannt gewesen zu sein schien, waren die Archäologen lange Zeit davon überzeugt, dass die Kenntnisse über die Eisentechnologie von außerhalb auf den Kontinent gekommen sein mussten. Man vermutete, erstmals sei Metall vor mehr als 3000 Jahren auf dem Gebiet der heutigen Türkei geschmolzen worden. Von dort aus könnte sich die Eisenverarbeitung vor fast 3000 Jahren bis nach Westeuropa verbreitet haben und nur wenig später auch in das nördliche Afrika sowie nach Ägypten gelangt sein. Anscheinend wurde die Technologie dann den Nil aufwärts weitergegeben und erreichte schließlich, vor etwa 2500 Jahren, Meroë im Sudan. Weil die dort entdeckten riesigen Hügel aus Eisenschlacke für eine große Bedeutung der hier ansässigen Eisenindustrie sprachen, lag die Schlussfolgerung nahe, in Meroë den Ausgangspunkt für die weitere Verbreitung des technologischen Grundlagenwissens

^
Anfeuern eines Rennofens für die Eisenschmelze, Madi, Demokratische Republik Kongo.

in das übrige Afrika zu sehen. Vor rund 30 Jahren jedoch musste diese Vorstellung aufgegeben werden, denn in Taruga, im Inneren Nigerias, wurden mehrere, für die Eisenschmelze benutzte Rennöfen ausgegraben, die mindestens 2500 Jahre alt waren. Damit waren sie wenigstens ebenso alt wie die ersten Eisenbefunde aus Meroë und sicherlich älter als die frühesten Öfen einer deutlich anderen Bauart, die man dort fand. Aufgrund dieser neuen Informationen suchten die Archäologen nach einem anderen Ort, von dem aus das Wissen um die Eisenverarbeitung ebenso gut weitergegeben worden sein konnte. Die besten Voraussetzungen dafür bot das an der Nordküste Afrikas im heutigen Tunesien gelegene Karthago. Von dieser Stadt wusste man, dass sie vor etwa 2800 Jahren von dem Volk der Phönizier, das zu diesem Zeitpunkt bereits Eisen herstellte und benutzte, gegründet wurde (vgl. S. 95 ff.). Ungelöst bleibt hierbei jedoch die Frage, wie die Sachkenntnisse der Phönizier zu einer Zeit durch die Sahara gelangen konnten, in der die Kommunikationsmöglichkeiten durch die Wüste bestenfalls als begrenzt zu bezeichnen sind. Außerdem liegen keine direkten archäologischen Belege für eine Eisenverhüttung in Karthago selbst vor, mit denen die erforschten afrikanischen Befunde verglichen werden könnten. Überdies kamen im Laufe der Zeit immer mehr Zeugnisse in den tropischen Regionen Afrikas ans Licht, die man für ebenso alt oder sogar älter einschätzte als die Gründung Karthagos. Damit wurde diese Verbreitungstheorie zunehmend zweifelhaft.

Da aus Metall gefertigte Objekte in den meisten tropischen Böden extrem schnell erodieren und von ihnen oftmals nur wenig mehr als eine rostige Verfärbung bleibt, ist die Anzahl archäologischer Belege für die frühe Eisenverarbeitung in Afrika vergleichsweise niedrig. Die Wandungen der Rennöfen und die Blasebalgröhren hingegen bestanden für gewöhnlich aus Lehm, der durch die Befeuerung des Ofens gebrannt wurde, und deshalb oftmals, wenn auch nur fragmentarisch, erhalten blieb. Im Verlauf der Ausgrabungen fand man in den Schmelzöfen häufig noch Rückstände von Holzkohle, die man mit Hilfe der Radiokarbon-Methode datieren konnte, und einige Schlacken, die über die seinerzeit gebräuchlichen Herstellungstechniken Auskunft gaben. Gelegentlich entdeckte man auch Anhäufungen von Eisenerz in der Nähe freigelegter Öfen oder isolierte Funde von Schlacke, die ebenso auf eine Verhüttung hinweisen, selbst wenn die Überreste eines dazugehörigen Ofens nicht lokalisierbar sind. Die Rennöfen, die an dem bereits erwähnten Fundort Taruga (Nigeria) sowie in Do Dimi (Niger) und Otumbi in Gabun (vgl. Abb. S. 3) ausgegraben wurden, sind älter als 2500 Jahre. Fundmaterial aus derselben Zeit oder sogar früher stammt aus Kamerun, der Zentralafrikanischen Republik und dem Kongo. An mehreren Plätzen in Ruanda und Burundi datieren die archäologischen Belege für eine Eisenverhüttung sogar in die Zeit vor mehr als 3000 Jahren, wenngleich die Zuverlässigkeit einiger dieser Daten noch zu prüfen ist. Wie die Fundsituation insgesamt mittlerweile eindeutig beweist, gab es die Eisenverhüttung in West- und Zentralafrika bereits vor etwa 2500 Jahren. Diese zeitliche Einstufung lässt es kaum glaubhaft erscheinen, dass sich die Technologie ursprünglich außerhalb des Kontinents entwickelt haben sollte. Weit naheliegender ist es hingegen, sie als eine einheimische Entwicklung anzusehen.

Die These einer eigenständig in Afrika entstandenen Eisenverarbeitung wird zusätzlich durch die Indizien aus der am Viktoria-See gelegenen Kemondo Bay (nordwestliches Tansania) gestützt, die für die dortige Verhüttung von Eisen sprechen. Von den Eisengießern dieses Ortes wurde sogar angenommen, sie seien vor mehr als 2000 Jahren bereits in der Lage gewesen, ein einzigartiges einstufiges Verfahren anzuwenden, mit dem sie in ihren Rennöfen Stahl anstelle von Eisenluppe produzieren konnten. Dieser als »direkte Stahlverhüttung« bezeichnete Prozess, mit dem sowohl Gusseisen als auch Stahl hergestellt wurde, benötigte höhere Temperaturen, als man sie normalerweise in einem Rennofen erzeugen kann. Wie bisher vermutet, wurde die erforderliche Hitze erzielt, indem man längere Blasebalgröhren einsetzte, die tief in den Schmelzofen hineinreichten, so dass sich die eingeblasene Luft bereits stark erwärmt hatte, wenn sie auf das Erz und die Holzkohle innerhalb des Ofenraums traf. Das Vorhandensein einer solch einzigartigen Technik bewertete man als eindeutiges Zeugnis für eine einheimisch-afrikanische Entwicklung der Eisenverhüttung. Diese vermeintlichen Belege stießen sowohl aus verfahrenstechnischen Gründen auf Kritik, als auch, weil die direkte Stahlverhüttung durchaus nicht nur in Afrika bekannt war, sondern nahezu gleichzeitig auch in Europa. Wie mittlerweile vermutet wird, konnte auch die in das Ofeninnere eingeblasene Luft durch die längeren Röhren nicht ausreichend vorerhitzt werden. Wenngleich die Befunde aus der Kemondo Bay nicht unbedingt den Beweis für die Eisenverhüttung als eigenständige afrikanische Erfindung erbrachten, so sind sie doch ein weiteres Beispiel für eine frühe Verarbeitung und Produktion von Eisen auf einem offenbar sehr hoch entwickelten Niveau.

Auch die Annahme, die Metallurgie sei vor der Einführung des Eisens im größten Teil Afrikas unbekannt gewesen, sollte einer erneuten Überprüfung unterzogen werden. Im Ägypten des Altertums wurde vor mehr als 5000 Jahren bereits Kupfer hergestellt und verwendet und vor ungefähr 3500 bis 4000 Jahren Bronze eingeführt. Obwohl dementsprechend vor etwa 3500 Jahren von den Menschen entlang dem mittleren Nil, ebenso wie möglicherweise fast zur selben Zeit auf dem äthiopischen Plateau, Kupfer verarbeitet wurde, scheint es in anderen Teilen des Kontinents nicht früher als Eisen benutzt worden zu sein. Funde von Schmelzöfen, Schlacken und Artefakten belegen, dass man Kupfer in Akjoujt (westliches Mauretanien) und in Agadez (Niger) vor etwa 2500 bis 3000 Jahren verhüttete, also nahezu gleichzeitig mit der frühesten Eisenverarbeitung in Afrika. Weiteres Fundmaterial aus Khatt Lemaiteg (Mauretanien) und Agadez, das jedoch bislang noch als zweifelhaft angesehen wird, wies man einer noch früheren Periode zu. Gleichwohl wurde bezüglich einer frühen Kupferverhüttung im tropischen Afrika vermutlich noch nicht das letzte Wort gesprochen, denn es könnte durchaus noch entscheidende Beweise geben, die nur bisher noch nicht entdeckt wurden.

Interessanterweise enthielt das Kupfererz in Mauretanien einen sehr hohen Eisenanteil, was vermutlich die Verhüttung des Kupfers erleichterte. Da sich während des Schmelzvorgangs vielleicht einige Eisentröpfchen oder Eisenschlacken bildeten, entwickelte sich die afrikanische Eisenverhüttung möglicherweise aus einer zufälligen Entdeckung bei der einheimischen Kupferproduktion. Ein vergleichbarer Anstoß könnte die seit vor etwa 6000 Jahren entlang dem mittleren und unteren Nil praktizierte Technik gewesen sein, bei der man gemahlenes Eisenerz verwendete, um die Oberfläche einer bestimmten Keramikware mit einem farbigen Überzug zu versehen. Durch einen kontrollierten Brand erhielt man hier Gefäße, die sich während einer sauerstoffreichen Brennphase an manchen Stellen rot färbten und an anderen, wenn die Sauerstoffzufuhr gedrosselt wurde, schwarz. Während dieses Vorgangs erreichten die Temperaturen wahrscheinlich nahezu dieselbe Höhe, wie sie für die Reduktion von Eisenerz in einem Rennofen notwendig waren. Durch diese Erfahrungen könnten die Menschen in Afrika ebenfalls zufällig auf die Eisenschmelze gestoßen sein. Ein weiterer wichtiger Faktor wäre möglicherweise auch, dass verschiedene Sorten von Eisenerz in vielen Regionen des Kontinents weitestgehend verfügbar waren. Von daher gab es mit Sicherheit zahlreiche andere Gelegenheiten, bei denen man das große Potential, das im Eisen steckt, erkannte. Auch wenn wir zur Zeit noch nicht sicher bestimmen können, wie die afrikanische Eisenverarbeitung ursprünglich entstand, muss die Möglichkeit der Entwicklung auf dem Kontinent selbst in jedem Fall ernsthaft in Betracht gezogen werden.

Wenngleich die Forschung einen Großteil ihrer Aufmerksamkeit der Frage nach dem Ursprung der afrikanischen Eisenverarbeitung widmete, sollte zusätzlich untersucht werden, auf welche Weise und in welchem Ausmaß sie sich auf die afrikanische Gesellschaft auswirkte. Allein der Besitz von Werkzeugen aus Eisen versetzte die Menschen mit Sicherheit sehr viel besser in die Lage, ihre Umgebung zu verändern, denn mit solchen Geräten wurde es zweifellos einfacher, Getreide zu kultivieren, Holz zu bearbeiten, Häuser zu bauen, Löcher zu bohren und der gleichen Dinge mehr. Außerdem konnte man sich weit leichter vor wilden Tieren oder angriffslustigen Nachbarn schützen. Diese Veränderungen traten jedoch nicht schlagartig ein, da Eisen anfänglich noch sehr rar war – eine Situation, die sich in einigen Gegenden vermutlich über einen geraumen Zeitraum hinweg nicht änderte. So wurde in Daima (Nordostnigeria) Eisen erstmals rund 500 Jahre später verwendet als in dem weniger als 900 km entfernten Taruga. Selbst wenn Eisen ohne weiteres verfügbar war, bedeutete dies aber nicht, dass die Menschen es auch wirklich nutzten. So gebrauchten beispielsweise die Bewohner von Aksum, die bereits seit langer Zeit gute metallurgische Kenntnisse besaßen, noch vor weniger als 2000 Jahren speziell für die Bearbeitung von Elfenbein und Holz weiterhin Steinartefakte. Armut, das Festhalten an Traditionen, Aberglaube, ja sogar bestimmte Vorlieben und viele andere Gründe konnten ausschlaggebend dafür sein, wenn die Menschen weiterhin technologisch veraltete Werkzeuge verwendeten. Deshalb ist es nicht verwunderlich, dass das Wissen um die Eisenverhüttung einige Jahrhunderte benötigte, um in den Süden Afrikas zu gelangen, dessen äußerste Grenzen es erst vor etwa 1500 Jahren erreichte.

Als die afrikanischen Völker begannen, Eisen zu verwenden, vollzog sich die wohl wichtigste technologische Veränderung, die jemals auf dem Kontinent stattfand. Wenngleich die Herkunft der Eisenverarbeitung noch immer unsicher ist und sich der Einfluss des Eisens sowohl regional als auch zeitlich unterschiedlich auswirkte, gestaltete dieses Metall Afrika für immer um. Es bot nicht nur denjenigen, die es zu nutzen verstanden, einen technischen Vorteil, sondern verlieh ihnen auch die wirtschaftliche, rituelle und politische Vorherrschaft. Hierin lag die eigentliche Macht des Metalls, durch die das Leben der Menschen in Afrika unwiederbringlich verändert wurde.

# Das alte Ägypten – 3000 Jahre schöpferische Leistungen

Im Nordosten des afrikanischen Kontinents erblühte entlang der Flussufer des unteren Nil eine der ältesten städtischen Zivilisationen der Welt und eine der erfolgreichsten in Afrika. Das Reich der ägyptischen Pharaonen, das vor etwa 5000 bis 2000 Jahren existierte, bestand vermutlich länger als jeder andere Staat in der Geschichte der Menschheit. Aber auch in der Kunst, der Architektur, der Technik und den Wissenschaften waren seine Leistungen herausragend. Da sich auf dem afrikanischen Kontinent erstmals im Ägypten des Altertums eine komplexe Gesellschaftsstruktur herausbildete, ist es von besonderer Bedeutung, zu untersuchen, wie es zu einem solchen Erfolg kommen konnte. Glücklicherweise bewahrte das trockene Klima Ägyptens eine außerordentliche Vielfalt an archäologischen und inschriftlichen Funden, die reichhaltige Informationen über diese antike Kultur bereithalten. Die Wurzeln des ägyptischen Staates lassen sich bis in die bäuerlichen Gemeinschaften zurückverfolgen, die vor etwa 6500 bis 5000 Jahren entlang dem unteren Nil lebten (vgl. S. 45 ff.). So bildeten vor ungefähr 5500 Jahren die großen Siedlungen in Hierakonpolis und an anderen Orten im Süden Ägyptens den Ausgangspunkt für die folgenden sozialen und politischen Entwicklung (Abb. S. 61).

Ebenso wie das moderne bestand auch das antike Ägypten hauptsächlich aus Wüsten. In den meisten Regionen des Landes fiel nur wenig Regen und in manchen überhaupt keiner. Doch durch Ägypten floss der Nil, einer der längsten Flüsse der Welt, der sich aus den Wassern der äthiopischen Berge und Äquatorialafrikas speiste. Der Nil überflutete normalerweise regelmäßig einmal im Jahr einen schmalen Landstreifen auf beiden Uferseiten und die angrenzenden, tiefer gelegenen Gebiete. Dabei bewässerte er nicht nur den Boden, er ließ zusätzlich eine Schicht aus fruchtbarem Schlamm auf dem Land zurück. Nachdem die Überschwemmung zurückgegangen war, baute man jedes Jahr Getreide, wie Weizen und Gerste, sowie Gemüsepflanzen in großen Mengen auf dem bewässerten Land an, das beiderseits des Flusses und im Delta lag, wo der Nil ins Mittelmeer mündete. Zusätzlich zog man stattliche Schaf- und Ziegenherden auf und züchtete Rinder und Schweine. Die Fruchtbarkeit Ägyptens war (und ist es noch immer) ein Geschenk des Nils, und der Nil seinerseits die Gabe Afrikas an Ägypten. Ohne den Nil bestünde das Land nur aus Wüste, doch durch den Fluss gab es eine üppige, sogar große Überschüsse erzielende landwirtschaftliche Produktion, die das dicht bevölkerte, komplex strukturierte Reich ernährte. All die in Ägypten lebenden Beamten, Priester, Handwerker, Künstler, Schreiber, Soldaten und Kaufleute wurden von den zahlreichen Bauern des Reiches mit Nahrung versorgt. Der Nil diente ebenso als Transportweg, der von einem Ende dieses langen, schmalen Landes bis zum anderen reichte. Da der Wind zumeist von Norden her wehte und der Nil nach Süden floss, segelten nach Süden

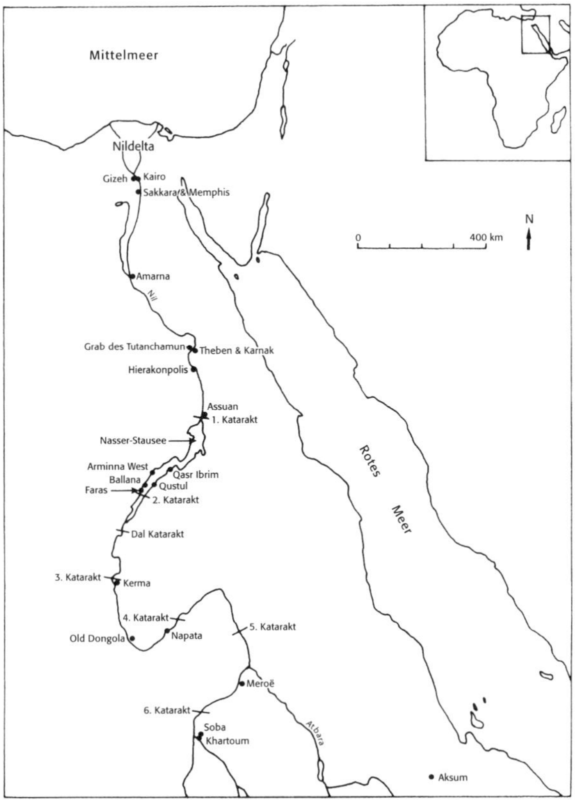


Fundorte im Ägypten des Altertums und in Nubien.

fahrende Schiffe mit dem Wind und ließen sich flussabwärts mit der Strömung treiben oder ruderten. Auf diese Weise beförderte man ebenso problemlos alle Arten sperriger Handelsgüter und schwerer Rohmaterialien, wie man Nachrichten zwischen den verschiedenen Siedlungen und Städten versenden konnte.

Ägypten war, dank der in den meisten Jahren reichlich und oft sogar im Überfluss vorhandenen Nahrung, ein Land der Üppigkeit. Außerdem besaß es ein gutes Transportsystem, das eine effiziente Verteilung der Ressourcen ermöglichte. Meist so nahe, dass man sie sogar von den Ufern des Nils direkt sehen konnte, lag zu beiden Seiten jenseits des schmalen besiedelten Gebiets die Wüste, die dieses reiche Land vor dem Rest der Welt abschottete. Zusätzlich schützten im Norden das Mittelmeer und im Süden die felsigen Nilkatarakte für lange Zeit Ägypten vor Gefahren, die aus diesen Richtungen kommen konnten. Im Laufe der Zeit bauten die Ägypter zahlreiche Handelskontakte sowohl zu ihren im Süden am Nil beheimateten Nachbarn als auch zu den Völkern Palästinas und Syriens auf. Deshalb schätzten sie, angesichts der geschützten Lage ihres Reiches und ihrer landwirtschaftlichen Produktivität, die sie dem Nil verdankten, ihr Land als das beste der Welt ein und vermieden deshalb, wenn irgend möglich, auch jeden Wandel. Aus diesem Grund waren sie ein konservatives Volk, dessen Staat jedoch trotz allem im weiteren Verlauf der Jahrhunderte erheblichen Veränderungen unterworfen war.

Über das antike Ägypten herrschte während seiner gesamten Geschichte meistens ein Pharao als absoluter Monarch. Er wurde als die Inkarnation des Sonnengottes Re angesehen, der das himmlische Pendant zu Osiris, dem Gott der Toten, war. Damit besaß der Pharao sowohl die weltliche als auch die sakrale Herrschaft. Außerdem war es seine zentrale Aufgabe, seine Macht zu erhalten und zu vergrößern, um den Fortbestand des ägyptischen Reiches zu gewährleisten. Vor etwa 5000 Jahren einten die Pharaonen die vielen verschiedenen Volksgruppen Ägyptens und trugen in der darauffolgenden Zeit nicht nur Sorge für den Zusammenhalt der ägyptischen Gesellschaft, sondern auch für die Einhaltung der geltenden Rechtsordnung. Normalerweise verfügten die Pharaonen über eine uneingeschränkte Macht, die jedoch besonders während jener Epochen, die von den Historikern als die »Erste«, »Zweite« und »Dritte Zwischenzeit« bezeichnet werden, deutlich abnahm. Da einige Pharaonen regelrecht als Götter verehrt wurden, errichtete man ihnen nach ihrem Tod, wenn sie, wie man glaubte, wieder zu einem Teil des Gottes Re wurden, von dem sie gekommen waren, mit einem gewaltigen Arbeits- und Kostenaufwand eine ihnen angemessene Grabstätte. Deshalb ließen sich einige der frühen Pharaonen in riesigen Steinpyramiden begraben, die heute noch in Gizeh und Sakkara in der Nähe von Kairo stehen (Abb. S. 63). Die größte in Gizeh gelegene Pyramide bestand aus mehr als zwei Millionen Steinblöcken, von denen einige rund 15 Tonnen wogen. Trotz dieser Materialmengen wurde sie präzise in exakt festgelegten Abmessungen gebaut. Die späteren Pharaonen setzte man in einer Reihe von unterirdischen Grabkammern bei, die in den felsigen Untergrund eingetieft waren. Diese Begräbnisstätten zeichneten sich durch ihre zahlreichen Beigaben von eindrucksvollen persönlichen Besitztümern aus. Zu dieser Kategorie gehörte auch das Grab des Pharaos Tutanchamun, das vor ungefähr 80 Jahren entdeckt wurde und Weltruhm erlangte. Die Pharaonen hatten für die Ägypter eine solch große Bedeutung, dass ihre Dynastien und Regierungszeiten den Rahmen für die Geschichtsschreibung bildeten. Die lange Zeitspanne, die vor etwa 5000 Jahren begann und vor ungefähr 2000 Jahren endete, wird in einzelne Epochen untergliedert: die Frühdynastische Zeit, das Alte Reich, das Mittlere und Neue Reich sowie die Spätdynastische Zeit. Jeweils auf das Ende des Alten, Mittleren und Neuen Reiches folgten die drei so genannten Zwischenzeiten, auf die bereits hingewiesen wurde. Mit dieser chronologischen Abfolge von Herrschern steht uns der längste und ausführlichste historische Bericht zur Verfügung, den es auf dem afrikanischen Kontinent gibt.

In ihren Regierungsgeschäften wurden die Pharaonen von einem großen Beamtenstab unterstützt, der sich unter anderem um die Eintreibung der Steuern, die Planung und den Bau von Bewässerungskanälen und -gräben, die Aufrechterhaltung der öffentlichen Ordnung, die Organisation der Armee und die Überwachung der religiösen Zeremonien kümmerte. Diese staatlichen Behörden, die derart differenzierte Aufgabenbereiche zu bewältigen hatten, konnten nur existieren, weil es relativ viele Menschen gab, die des Lesens und Schreibens mächtig sowie mit der Arithmetik vertraut waren. Einer der Gründe dafür, dass das ägyptische Reich über einen solch langen Zeitraum hinweg erfolgreich bestand, war die Erfindung eines Schriftsystems, das auf ihre ureigensten Bedürfnisse zugeschnitten war. Anfänglich verwendete man eine Art Bilderschrift, die auch später noch für zeremonielle Zwecke benutzt wurde. Die einzelnen Symbole, die man als Hieroglyphen bezeichnet, stehen hierbei stellvertretend für den Lautwert eines bestimmten Begriffs. Für die alltäglichen Belange schufen sie hingegen Schnellschriften, wie das Hieratische und das jüngere Demotisch. Da die Ägypter mit ihrer Schrift Fakten niederlegen konnten, waren sie nicht nur in der Lage, eine komplexe Regierungsstruktur aufzubauen, sondern auch bemerkenswerte Leistungen auf dem Gebiet der Wissenschaft und Literatur zu vollbringen. Hilfreich in diesem Zusammenhang war ebenfalls die

Die Pyramiden von Gizeh.

^
Die Malerei aus der 21. Dynastie stellt den thronenden Totenrichter Osiris zusammen mit Isis, Horus und der »Großen Fresserin« dar, die das Herz des Toten vertilgt. Theben, Ägypten.

Produktion einer Art von Papier, das aus Papyrus, einer entlang der Flussufer des Nil und im Nildelta wachsenden Schilfpflanze, hergestellt wurde. Eine große Menge dieser Papyrusdokumente, auf denen die Schrift noch lesbar ist, blieben durch das trockene Klima Ägyptens erhalten. Sie belegen, wie reichhaltig sowohl die Prosaliteratur als auch die Dichtung der Ägypter war, dokumentieren aber auch, welch umfassende Kenntnisse sie besonders in der Astronomie und der Medizin besaßen. So errechneten sie beispielsweise einen auf dem Sonnenlauf basierenden Jahreskalender mit 365 Tagen, verwendeten für die Heilung von Knochenbrüchen Schienen und Gipsverbände und waren imstande, offene Wunden zu vernähen. Zusätzliche Informationen über die Gesellschaftsstruktur, hauptsächlich aber über ihre Geschichte und Religion liefern zahlreiche an den Wänden von Gebäuden und Gräbern angebrachte Inschriften.

Die zentrale Rolle, welche die Religion im Alltag spielte, trug in vergleichbarer Weise zum dauerhaften Bestand des ägyptischen Staates bei, weil sie den sozialen und politischen Zusammenhalt förderte. Die Ägypter verehrten zahllose verschiedene Gottheiten, von denen Re, Amun, Horus, Osiris und Isis nur die wichtigsten waren (Abb. oben). Außerdem hatten sie sehr vielschichtige religiöse Vorstellungen, die zusätzlich im Lauf der Zeit starken Veränderungen unterworfen waren. Hinzu kam, dass sich auch die religiösen Bräuche der einfachen Menschen häufig von der offiziellen Staatsreligion unterschieden. Dennoch war die strikte Befolgung kultischer Regeln für die Ägypter lebenswichtig, denn die Götter schenkten ihnen den Nil, die jährlichen Überschwemmungen und die daraus erwachsenden reichen landwirtschaftlichen Erträge. Wollte man also Jahre mit einem niedrigen Wasserstand oder mit katastrophalen Überflutungen verhindern, mussten die Götter in angemessener Weise verehrt werden. Deshalb unternahm man beträchtliche Anstrengungen und betrieb einen erheblichen Aufwand beim Bau der Tempel, die häufig, wie diejenigen in Karnak nahe der Stadt Theben, enorme Ausmaße hatten, von großer Schönheit waren und eine eindrucksvolle Technologie aufwiesen. Da die meisten Tempel aus Stein errichtet wurden, entwickelten sich die Ägypter zu Experten für speziell diese Bauweise. Viele dieser Steingebäude stehen noch heute und demonstrieren damit, wie groß die architektonischen und künstlerischen Fachkenntnisse der Ägypter waren. Außerdem informieren uns die zahlreichen Reliefdarstellungen, die an ihren Wänden angebracht waren, und die Skulpturen, die auf den Tempelarealen erhalten blieben, über den Alltag und die Religion im ägyptischen Reich.

Neben Stein verwendete man ebenso Lehmziegel für die Errichtung von Bauwerken. Während in Städten, wie Memphis, Theben und Amarna, Paläste, Wohnhäuser und andere Gebäude standen, gab es in den zahlreichen Siedlungen und Dörfern hingegen nur bescheidene Hütten. Die monumentalen Sakralbauten hingegen, denen man, ebenso wie der Konstruktion der Grabmale, anscheinend sehr viel mehr Aufmerksamkeit widmete, erforderten einen immensen Arbeitseinsatz und verschlangen erhebliche Kosten. Aber nicht nur für die Gräber der Pharaonen und ihrer hohen Beamten wurde der größtmögliche Aufwand betrieben, sondern auch, wenngleich auf einem weniger ehrgeizigen Niveau, für die Grabstätten der einfachen Bevölkerung. Da die Ägypter ihrer religiösen Überzeugung nach an ein Leben nach dem Tod glaubten, musste der Verstorbene bei der Bestattung mit all jenen Dingen ausgestattet werden, die er für den Aufenthalt im Jenseits benötigte. Deshalb gab man den Toten, entsprechend ihren finanziellen Möglichkeiten, Möbel, Kleidung, den erforderlichen Bedarf an Speisen und Getränken sowie Modelle mit, in denen alltägliche Lebenssituationen nachgestellt waren. Da aus demselben Grund der Körper ebenfalls bewahrt werden musste, unterzogen die Ägypter den Leichnam einer speziellen chemischen Behandlung und umwickelten ihn sorgfältig mit Bandagen. Aufgrund der Konservierung blieben diese Mumien bis heute erhalten und bieten dadurch der modernen Forschung die Chance, Krankheiten und körperliche Schädigungen, unter denen die Ägypter litten, zu untersuchen. Manchmal gelingt es sogar, eine einzelne Person, die vor mehr als 3000 Jahren starb, zu identifizieren, wie es bei dem bedeutenden Pharao Ramses II. der Fall war. Weil die Ägypter an ein Leben nach dem Tod glaubten, lieferten die Beigaben und die fast immer in ihren Grabstätten vorhandenen Wandmalereien überaus reiches, wenn auch häufig etwas idealisiertes Informationsmaterial über ihr Leben und ihren Glauben.

Zusammenfassend kann festgestellt werden, dass für die beispiellose Kontinuität der antiken ägyptischen Nation mehrere Faktoren verantwortlich waren. So gab es zum einen die überreichliche landwirtschaftliche Produktion, die für gewöhnlich durch das Nilhochwasser hervorgerufen wurde, zum anderen die zentralisierte Verwaltung unter der Herrschaft der meisten Pharaonen. Hinzu kam die große Anzahl schriftkundiger Regierungsbeamter, die dominierende Rolle der Religion im Ägypten des Altertums und die ununterbrochene Aufrechterhaltung der sozialen Ordnung. Sowohl diese Sachverhalte als auch ähnliche Umstände führten zu einer über einen extrem langen Zeitraum bestehenden, einzigartigen Kultur, die während der machtvollen Perioden des Reiches in den sozialen und wirtschaftlichen Bereichen stabil blieb, nach Phasen des politischen Zusammenbruchs aber durchaus auch in der Lage war, sich wieder zu regenerieren. Wenngleich der Erfolg dieses Systems beeindruckend ist, führte er letztendlich möglicherweise auch zum Niedergang Ägyptens, denn die konservative Grundhaltung, die ihn ursprünglich ermöglichte, erschwerte auf der anderen Seite notwendige soziale und politische Veränderungen. Das wiederum trug erheblich dazu bei, das Reich in Perioden der Schwäche zusätzlich zu destabilisieren. Sein Selbstbewusstsein verleitete Ägypten zu abenteuerlichen Eroberungszügen weit über seine schützenden Grenzen hinaus und konfrontierte dort seine noch immer auf Bronzewaffen vertrauenden Streitmächte mit einem durch Eisenwaffen weit überlegenen Feind. Als das Überangebot an Getreide zu regionalen Machtkämpfen führte, verlor das dadurch geschwächte Ägypten seine Unabhängigkeit zuerst an die Griechen und dann an die Römer, die im östlichen Mittelmeerraum mittlerweile die Oberherrschaft erlangt hatten. Nachdem die Ausbreitung sowohl des Christentums als auch des Islam und der Zustrom von Einwanderern aus Arabien und anderen Ländern die altägyptische Gesellschaft weiter verändert hatten, geriet die Welt der Pharaonen fast völlig in Vergessenheit. Erst vor etwa zwei Jahrhunderten wurde sie von Forschern wiederentdeckt, die nicht nur herausfanden, wie man die alten ägyptischen Dokumente entziffern konnte, sondern auch das Leben der Ägypter vor 5000 bis vor 2000 Jahren anhand der Ruinen von Gräbern, Tempeln und anderen Bauten sowie der unzähligen Objekte aus dieser Zeit rekonstruierten.

# Nubien – Treffpunkt verschiedenster Völker

Trotz seiner für Afrika außergewöhnlichen Entwicklungsgeschichte, scheint das alte Ägypten den Rest des afrikanischen Kontinents nur relativ wenig beeinflusst zu haben, denn die grenzenlose Weite der Sahara im Westen und die harten Umweltbedingungen der im Osten liegenden Gebiete isolierten Ägypten weitgehend. Dennoch gab es eine Region Afrikas, mit der die ägyptischen Pharaonen und ihre Nachfolger regelmäßigen Kontakt pflegten und deren einheimische Bevölkerung aufgrund dieser Beziehung eine ganz eigene und typische Kultur hervorbrachte. Bei diesem Land handelte es sich um Nubien, das südlich von Ägypten beiderseits des Nil lag und sich von Assuan im Süden des modernen ägyptischen Staats bis in etwa nach Khartoum, der Hauptstadt des heutigen Sudan, erstreckte.

Nubien ist das Land der Nilkatarakte, einer Reihe felsiger Flusspassagen, die, wenn überhaupt, dann nur unter großen Schwierigkeiten schiffbar sind. Wie in Ägypten, ist die Möglichkeit der Besiedlung auch hier an vielen Stellen auf einen schmalen Landstrich entlang beider Flussufer beschränkt. Tiefer im Süden jedoch weicht die angrenzende Wüste einer Steppenlandschaft, in der Schaf-, Ziegen- oder Rinderherden wenigstens während der kurzen Regenzeit und für wenige Wochen danach weiden können. Weil außerdem in einigen Perioden in der Vergangenheit das Klima weniger trocken als heute war, hat die Besiedlung dieser Region eine lange Tradition. Zusätzlich besaß Nubien reichlich Rohstoffe, wie Gold, diverse Mineralien, Elfenbein, Duftsubstanzen und weitere tropische Produkte, ebenso wie auch Sklaven, die das Land bereits vor mehr als 4000 Jahren für die alten Ägypter attraktiv machte.

Zunächst als Händler, dann als Eroberer und für einige Zeit auch als Kolonialherren übten die Ägypter auf Nubien einen beträchtlichen Einfluss aus, der jedoch nach Süden hin immer schwächer wurde. Wenngleich es auch Phasen gab, in denen Ägypten sich wegen innerer Schwierigkeiten weniger oder überhaupt nicht in Nubien engagierte, entstanden in einigen Teilen des Landes ägyptische Kolonien. Die Ruinen von Tempeln und anderen Bauten im ägyptischen Stil weit südlich der Einflusssphäre Ägyptens zeugen von einer offensichtlich beträchtlichen Wechselbeziehung zwischen den Ägyptern und der einheimischen Bevölkerung Nubiens, die ihrerseits ihre eigenen Städte und Herrschaftssysteme entwickelte (Abb. S. 68).

Die älteste Stadt Nubiens ist Kerma, das heute im nördlichen Sudan liegt. Am östlichen Ufer des Nil begann hier vor ungefähr 3500 Jahren eine beachtliche städtische Ansiedlung heranzuwachsen, deren Bewohner Bronzewerkzeuge benutzten, domestizierte Tiere hielten, Getreide kultivierten und von den intensiven Handelsverbindungen zu Ägypten profitierten. Da es in ihren Städten Häuser verschiedener Größe gab, scheinen in dieser Gesellschaft durchaus auch Menschen gelebt zu haben, die wohlhabender und mächtiger waren als ihre Mitbürger. Ein geräumiger, kreisförmiger Bau

^
Der aus meroïtischer Zeit stammende Löwentempel von Naga orientiert sich in jeder Beziehung an ägyptischen Vorbildern.

inmitten des Ortes diente vermutlich als Versammlungsplatz für die Anführer ihrer Gemeinschaft oder als Audienzsaal für den Regenten. Die Ruinen mehrerer gewaltiger Lehmziegelbauten weisen darauf hin, dass auch die Religion der Nubier großen Einfluss besaß. Kerma war von einer Befestigungsmauer umgeben, in deren Nähe zahlreiche Grabhügel gefunden wurden. Da in einigen der größeren Grabstätten offensichtlich hochgestellte Persönlichkeiten mit Hunderten von geopferten Menschen zusammen beigesetzt wurden, regierte ein König allem Anschein nach die Einwohner der Stadt. Vermutlich erstreckte sich die Macht dieses Königs über Kerma hinaus auf weite Teile des Umlandes, wo man vergleichbare Fundorte entdeckte. Deshalb liegt es nahe, Kerma tatsächlich als eines der ältesten Königreiche Afrikas anzusehen.

Kerma wurde schließlich von den Ägyptern übernommen, mit denen es zuvor so erfolgreich Handel getrieben hatte. Ähnliche Machtwechsel vollzogen sich in der darauffolgenden Zeit auch andernorts am südlichen Nil, zuerst in Napata und danach in dem noch weiter im Süden gelegenen Meroë. Mit dem Namen Napata bezeichnet man eine ganze Gruppe von Fundorten, an denen man sowohl Siedlungen als auch Grabanlagen entdeckte, die etwas weniger als 3000 Jahren alt sind. Da in diesem Gebiet der Einfluss Ägyptens ausnehmend stark war, errichteten die dortigen Einwohner kleinformatige Pyramiden und Tempel im ägyptischen Stil und verwendeten ägyptische Hieroglyphen in ihren Inschriften. Gleichwohl war Napata das Zentrum eines heranwachsenden afrikanischen Königreichs, das später unter dem Namen Kusch bekannt und so mächtig werden sollte, dass seine Könige für ungefähr 100 Jahre als Pharaonen sogar über Ägypten herrschten.

Vor etwas mehr als 2000 Jahren verlagerte sich die Hauptstadt von Kusch nach Meroë, das sich am Ostufer des Nils zu einer Stadt von beachtlicher Bedeutung entwickelt hatte. Zu dieser Zeit besaßen die nubischen Bewohner Meroës eine eigenständige Kultur, die weniger von der ägyptischen Lebensweise geprägt war. Sie errichteten ihre Bauten in einem für sie typischen Stil, übten ihre eigene Religion aus und erfanden ihr eigenes Schriftsystem. Ihre Wirtschaft beruhte auf der Viehhaltung und dem Anbau von Getreide, und sie verwendeten Werkzeuge und Waffen aus Eisen. Große Schlackehalden bei Meroë und an anderen Orten weisen darauf hin, wie wichtig die Eisenverhüttung in diesem Land war. Außerdem fertigten sie eine dünnwandige Keramikware, stellten Textilien sowohl aus Baumwolle als auch aus Wolle her, beherrschten eine ganze Reihe verschiedener Handwerke und schufen ihren eigenen, typischen Kunststil. Letztlich sind es jedoch ihre großartigen Bauwerke aus Stein, gebrannten oder luftgetrockneten Ziegeln, mit denen sie die eindrucksvollsten Zeugnisse ihrer Kultur hinterließen. Über 2000 Jahre sind die Reste einiger ihrer Tempel und Grabmale sowie die Ruinen von Palästen und Wohnhäusern, die bei Ausgrabungen sowohl in Meroë als auch an anderen Orten innerhalb des großen meroïtischen Reiches entdeckt wurden.

Das meroïtische Reich, das nicht nur über das Niltal, sondern auch über Teile der Savanne und die Randgebiete der Wüste herrschte, wurde von einem König regiert. Seine Königin hatte ebenfalls umfangreiche Machtbefugnisse, gelegentlich

Die Pyramiden von Meroë auf einer kolorierten Lithographie von 1825.

Ländliche Alltagsszene in Nubien. Ausschnitt aus einer Ritzzeichnung auf einer meroïtischen Bronzeschale aus Karanog im südlichen Ägypten.

regierten aber auch Frauen allein in ihrem eigenen Namen. In einigen Inschriften, die man fand, wurden die Namen der meroïtischen Herrscher aufgeführt. Obgleich man die Sprache Meroës bislang noch nicht vollständig versteht, geht aus diesen Dokumenten hervor, dass die Könige nicht nur unumschränkte Macht besaßen, sondern auch als Götter verehrt wurden. Der Herrscher lebte in einer ausgedehnten, von einer Mauer umgeschlossenen Palastanlage an zentraler Stelle der Stadt Meroë. Bestattet wurde er mit seiner Familie, ebenso wie auch andere hochgestellte Personen, weiterhin unter kleinen Pyramiden, die denen der Ägypter zwar durchaus nachempfunden waren, sich aber sowohl in Größe als auch von der Form her von ihren Vorbildern unterschieden (Abb. S. 69). Die Bevölkerung Meroës bestand in der Hauptsache jedoch weniger aus wohlhabenden Menschen, wie die Grabstätten, Städte und Ortschaften belegen, sondern in der Mehrzahl aus hart arbeitenden Bauern, Hirten, Handwerkern und Gewerbetreibenden (Abb. oben).

Während Nubien im Süden bis tief ins Herz des tropischen Afrikas reichte, grenzte es im Norden direkt an Ägypten, das während der griechischen und römischen Vorherrschaft über den östlichen Mittelmeerraum immer mehr zu einem Teil dessen wurde, was sich als der Mittelpunkte des Weltgeschehens herauskristallisieren sollte. Da seit jeher die Verkehrsverbindungen zwischen den Mittelmeerküsten Nordafrikas und dem Rest des Kontinents quer durch die Sahara problematisch waren, bot sich eher der bequemere Weg über Nubien an, um die griechische und römische Gesellschaft mit allem zu versorgen, was Afrika zu bieten hatte. Dazu gehörten Gold, Elfenbein, Sklaven, Parfüm, lebende Wildtiere oder ihre Felle, Straußeneier und -federn, Ebenholz, Halbedelsteine und andere exotische Waren. Auf weiten Strecken war der Transport zu Wasser über den Nil möglich, an den Stellen jedoch, an denen die Katarakte eine Weiterfahrt verhinderten oder schwierig machten, baute man Landwege aus, mit denen man zusätzlich zeitraubende Flussbiegungen abkürzen konnte. Für die Beförderung auf dem Landweg wurden anfänglich anscheinend Esel verwendet, im Laufe der Zeit aber ersetzte man sie vermutlich durch Kamele, die als Transporttiere eigentlich erst sehr viel später wichtig wurden.

Während einige Wissenschaftler Nubien als das »Tor zu Afrika« bezeichneten, war es aus afrikanischer Sicht eher das Tor nach Europa und Südwestasien.

Aus diesem Grund war offensichtlich der Handel für das meroïtische Reich nicht nur von größter Bedeutung, sondern wahrscheinlich auch die Hauptquelle für den Wohlstand des Landes beziehungsweise den Reichtum seiner Herrscher und deren Zulieferer. Im Tausch für die afrikanischen Rohstoffe und Gebrauchswaren, die nach Norden geliefert wurden, kamen viele verschiedene handwerkliche Produkte und Luxusgüter in den Süden. Ausgegraben wurden in den meroïtischen Fundorten fein ausgearbeitete Metallgegenstände und Gläser, dass aber ebenso ägyptischer Wein, vermutlich auch Olivenöl und Honig, in großen Mengen importiert wurden, ist sehr wahrscheinlich. Den vielleicht bemerkenswertesten Beweis für die wichtige Rolle, die der Handel spielte, liefert der sorgfältig aus Bronze hergestellte Kopf des Kaisers Augustus aus einer römischen Werkstatt, der innerhalb der Stadt Meroë gefunden wurde. Bezeichnenderweise verschwand vor etwas mehr als 1500 Jahren das meroïtische Reich zum selben Zeitpunkt, als in der weiter nördlich gelegenen spätrömischen Welt wirtschaftliche und politische Krisen zu einem Niedergang des Handels führten. In etwa gleichzeitig verlagerte sich, durch den Aufbau der Schifffahrtsrouten entlang der Küste des Roten Meeres, der Handel mit den Ländern im Inneren Afrikas von Nubien auf das in der äthiopischen Hochebene beheimatete Reich von Aksum (vgl. S. 74 ff.).

^
Urbanes Leben in Nubien. Die Ruinen der Stadt Qasr Ibrim in Südägypten sind heute nahezu vollständig vom Wasser des Nasser-Stausees umgeben.

Nach dem Niedergang des meroïtischen Reiches wurde Nubien von anderen bedeutenden Volksgruppen beherrscht, deren Regenten und Stammesführer sich in Ballana und Qustul (nördliches Nubien) in reich ausgestatteten Gräbern bestatten ließen. Als vor etwa 1500 Jahren das Christentum diese Region erreichte, entstanden mehrere christliche Fürstentümer, von denen Makuria und Alwa die wichtigsten waren. Während Meroë anscheinend aufgegeben wurde, gründete man andernorts Siedlungen und Städte mit Kirchen und Kathedralen. Eine davon ist die im Norden Nubiens am nördlichen Nilufer gelegene Ortschaft Arminna West, die ausgegraben und untersucht wurde. In derselben Region gibt es bei Faras eine andere Stadt mit einer Kathedrale, auf deren mit leuchtenden Farben bemalten Wänden sowohl christliche Themen, wie Christus und die Madonna mit dem Kind, abgebildet waren, als auch Darstellungen von nubischen Königen, Bischöfen und hohen Würdenträgern.

Die Stadt Qasr Ibrim im südlichen Ägypten war jedoch der ergiebigste und informativste Fundort (Abb. S. 71). Ursprünglich lag sie hoch über dem östlichen Nilufer auf einem Felsenhügel, der durch den Bau des Assuan-Staudamms mittlerweile nur noch eine Insel am Rande des Nasser-Stausees ist. Da Qasr Ibrim von der Napata-Zeit, vor ungefähr 2500 Jahren, bis vor etwa 200 Jahren durchgängig besiedelt war, gewährt es einen wertvollen Einblick in das Leben des nördlichen Nubien während dieser langen Zeitspanne. Das liegt vor allem an der Lage des Fundortes in einer Region Nubiens, in der es eigentlich nie regnet. Das trockene Klima bewahrte organische Substanzen, wie beispielsweise Holz, Kleidung, Korbwaren, Korn, Seile und Papier, die normalerweise die Zeiten nicht unbeschadet überstanden hätten. Im Verlauf seiner langen Existenz war Qasr Ibrim zu verschiedenen Epochen eine bedeutende Festung, die sogar kurzzeitig von den Römern als südlichster Stützpunkt in Afrika übernommen wurde. Über Jahrhunderte hinweg blühte es als Zentrum des Handels und des Handwerks, und zeitweilig war es sogar eine christliche Wallfahrtsstätte mit einer großen Kathedrale.

Auch weiter südlich des im Norden Nubiens gelegenen Qasr Ibrim gab es während der christlichen Perioden florierende Städte. In Old Dongola, der Hauptstadt des Königreichs Makuria, das heute zum Sudan gehört, müssen zumindest einige Bürger besonders wohlhabend gewesen sein, denn in einem der Wohnhäuser fand man ein mit einer Warmwasserleitung und gemalten Dekorationen ausgestattetes, beheiztes Badezimmer und in einem anderen Fragmente von Toilettensitzen aus Keramik. Sogar im tiefen Süden Nubiens, in Soba, der Hauptstadt des Königreichs Alwa, nahe der heutigen Stadt Khartoum, lassen sich palastartige Bauten und Kirchen belegen.

Vor etwa 500 Jahren, als die christliche Religion allmählich durch den Islam verdrängt wurde und immer mehr arabische Völker in die Region zuwanderten, veränderte sich Nubien noch gravierender. Bedingt durch diese Ereignisse vollzog sich erneut ein Wandel sowohl in der Kultur als auch in der politischen Struktur. Umbrüche dieser Art waren jedoch nur eine Fortsetzung dessen, was während der nubischen Geschichte schon seit vielen Jahrhunderten mehrfach stattgefunden hatte. Seit jeher war das Land ein Treffpunkt für verschiedene Völker, an dem sich die Ureinwohner mit jenen mischten, die kamen, um zu handeln, zu erobern, zu missionieren oder sich niederzulassen. All diese Geschehnisse spiegeln sich in den Inschriften und Manuskripten wider, die man in Qasr Ibrim entdeckte, wo viele durch das trockene Klima bewahrt blieben. Dass sie in ägyptischen Hieroglyphen, Demotisch, Meroïtisch, Altnubisch, Latein, Griechisch, Koptisch, Arabisch oder Türkisch abgefasst waren, belegt eindeutig die verschiedenen Einflüsse, die entlang dem Niltal in diesen Teil Afrikas gelangten.

# Aksum – Handelsmetropole auf der äthiopischen Hochebene

Vor fast 2000 Jahren lag auf der äthiopischen Hochebene im nordöstlichen Afrika eine blühende Metropole, die die Hauptstadt eines mächtigen Staates war. Sowohl die Stadt als auch das Land wurden Aksum genannt und von einem König regiert. Neben einer wohlhabenden Oberschicht gehörten zu seinen Untertanen Priester, Schreiber, Kaufleute, zahlreiche Handwerker, Soldaten, Bauern, Arbeiter und möglicherweise Sklaven. Im Königreich Aksum hatten sich mehrere urbane Zentren gebildet, in denen es Steinbauten in einem charakteristischen Baustil und einzigartige öffentliche Monumente gab. Die hoch entwickelte Kultur dieser Gesellschaft besaß ein eigenes Schriftsystem und prägte Münzen in Gold, Silber und Bronze. Sie verfügte über weitreichende Handelsinteressen sowohl in Übersee als auch innerhalb Afrikas und spielte eine wichtige Rolle in der internationalen Politik. Aksum war auch eines der ersten Länder der Welt, das den christlichen Glauben annahm. Da das Reich für rund 500 Jahre gedieh, um dann, wie es scheint, sang- und klanglos zu verschwinden, stellt sich die Frage, was zunächst seinen bemerkenswerten Aufschwung bewirkte und dann zu seinem Untergang führte.

Das Gebiet, über das Aksum herrschte und das heute zu den Staaten Äthiopien und Eritrea gehört, liegt im nordöstlichen Teil der äthiopischen Hochebene auf 2000 m oder mehr über dem Meeresspiegel. Mit seinem allgemein günstigen Klima, den je nach Höhenlage variierenden Umweltbedingungen und fruchtbaren Böden in einigen Regionen, konnte man hier eine ertragreiche Landwirtschaft betreiben, zumal sich Ackerbau und Viehzucht in dieser Gegend schon vor einigen Jahrtausenden entwickelt hatten. Während in jenen Zeiten die Felder mit eingeführtem Weizen und Gerste sowie mit der hier kultivierten Zwerghirse und anderen Pflanzen bestellt wurden, basierte die Viehhaltung auf zahlreichen Rindern, Schafen und Ziegen. Die Bauern von Aksum bewässerten ihre in Terrassen angelegten Äcker und bearbeiteten sie mit dem von Ochsen gezogenen Pflug, der bis heute im tropischen Afrika als einziges Ackerbaugerät benutzt wird. Außerdem verwendete man für den Transport in dem häufig unwegsamen Gelände Esel und Maulesel. Damit besaß Aksum eine solide wirtschaftliche Grundlage, mit der es so viel lagerungsfähigen Überschuss produzieren konnte, dass damit sowohl die Mitglieder der Regierung als auch diejenigen Bürger der Gesellschaft versorgt werden konnten, die nicht mit der Landwirtschaft beschäftigt waren.

Aksum zog jedoch noch aus anderen Vorteilen des Landes seinen Nutzen. So bot seine geographische Lage auf dem afrikanischen Kontinent den Zugriff auf zahlreiche unterschiedliche Rohstoffe, die an verschiedenen Orten zu finden waren. Im Westen und Nordwesten lagen die Länder am Nil in seiner Reichweite, im Süden und Südwesten die äquatorialen Gebiete und im Nord- beziehungsweise Südosten die

Typisch afrikanische Savannenlandschaft, in der die frühen Hominiden lebten.

Ein Blick in die Olduvai-Schlucht, in der zahlreiche von jüngeren Hominiden stammende Zeugnisse gefunden wurden.

Natürlicher Felsüberhang, ein sog. Abri, an der Falaise de Gobnangou (Burkina Faso), der vom Paläolithikum bis ins späte Neolithikum als Siedlungsplatz diente.

Ausgrabungen an dem steinzeitlichen Siedlungsplatz unter dem Abri an der Falaise de Gobnangou (Burkina Faso).

Wasserstelle, die vielleicht auch von den steinzeitlichen Menschen, die unter dem Abri an der Falaise de Gobnangou ihren Siedlungsplatz hatten, genutzt wurde.

Deutsche Archäologen bei einer Geländebegehung zur Überprüfung einer Satellitenbild-Prospektion im Wadi Howar (Sudan), in dem verwitterte Granitblöcke im Umkreis neolithischer Fundstellen liegen.

Deutsche Archäologen bei ihrer Arbeit an einem steinzeitlichen Siedlungsplatz im Wadi Howar (Sudan), an dem sich Reste von Feuerstellen, Steinwerkzeuge und Keramik fanden.

Internationales Team von Archäologen an einem Abri in der Savanne im nördlichen Togo, unter dem Siedlungsspuren und Felsbilder aus dem späten Neolithikum entdeckt wurden.

Neben der eingeritzten Darstellung eines Rindes auf einem Granitblock im Wadi Howar (Sudan) sind zwei vermutlich als Reibschalen genutzte Vertiefungen erhalten, in denen 2200–2300 Jahre alte Holzkohlenreste gefunden wurden.

Frauen bei der Getreideernte. Kopie nach einem etwa 4000 Jahre alten Felsbild aus dem Tassili-n-Ajjer, Alltagsszene aus der Rinderperiode.

Anbau der modernen Perlhirse in Uganda. Die wild wachsende Form dieses Getreides wurde erstmals in der Sahara kultiviert.

Rinderherde, Hirten und Bauern bei der täglichen Arbeit. Mit den weißen Kreisen rechts wurde die dazugehörige Siedlung angegeben. Kopie nach einem Felsbild der Rinderperiode aus dem Tassili-n-Ajjer.

Die fruchtbaren grünen Ebenen Äthiopiens boten bereits vor 6000 bis 7000 Jahren ideale Voraussetzungen für Ackerbau und Viehzucht.

An einigen Stellen am Ufer des Flusses Sanaga (Kamerun), an denen das Erdreich vom Wasser weggewaschen wird, erkennt man die Reste alter Siedlungsplätze, die der Regenwald längst überwuchert hatte.

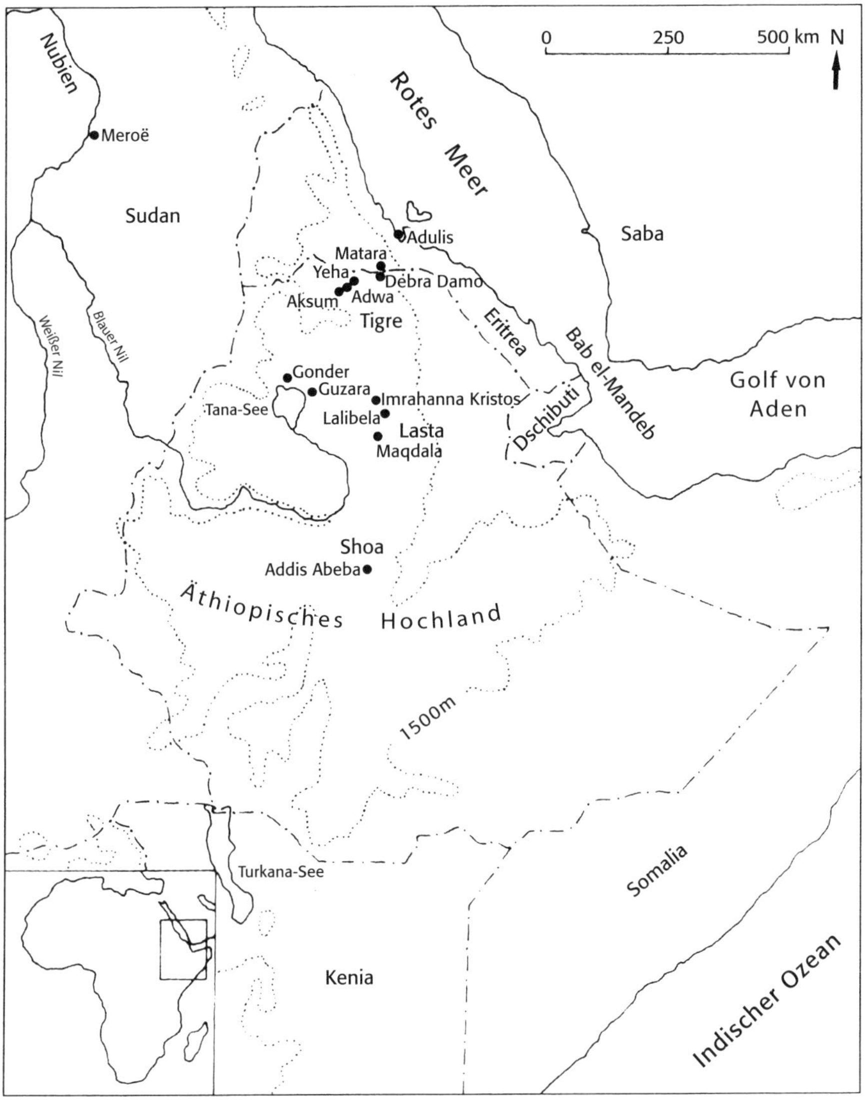


^
Fundorte und Geographie Äthiopiens zur Zeit von Aksum und während der christlichen Epochen, unter Angabe der neuzeitlichen politischen Grenzen.

küstennahen Ebenen am Roten Meer und dem Indischen Ozean (Abb. oben). Das Ausmaß, in dem Aksum die Ressourcen all dieser Regionen anzapfte, ist unbekannt, offensichtlich aber war es imstande, derart wichtige Güter, wie unter anderem Elfenbein, Gold, Parfüm, Tierhäute, Salz, Kupfer, Eisen und Sklaven aus einem weiten Umkreis einzuführen. Außerdem befand es sich in unmittelbarer Nähe zur

Meerenge von Bab el-Mandeb, die Afrika vom asiatischen Kontinent trennt. Da im heutigen Jemen und in Teilen Saudi-Arabiens, die beide jenseits dieser Meerenge liegen, Landschaft und Klima ähnlich sind wie in Aksum, spricht alles dafür, dass die Menschen beiderseits des Meeres über viele Jahrhunderte hinweg Kontakt miteinander hatten. Teilweise löste dieser Austausch vor 2000 bis 3000 Jahren, in der Periode, die von den Archäologen als »prä-aksumitisch« bezeichnet wird, die Entstehung der Kultur Aksums aus. Welcher Art diese Verbindung war, ist bislang ungeklärt, bezeichnenderweise jedoch bediente man sich im nordöstlichen Äthiopien in der ersten Zeit der Sprache und Schrift des Königreichs von Saba, das die Gebiete auf der anderen Seite des Roten Meeres beherrschte. Andere Anzeichen für einen Einfluss aus derselben Region sind während der prä-aksumitischen Periode in den Steinskulpturen, bei der Gestaltung von Gebäuden und in der Religion zu erkennen. Ebenso könnte auch der erste Anstoß zu einer Urbanisierung aus Saba gekommen sein. Am deutlichsten für diese These sprechen die Architekturfunde aus Yeha, wo es als äußerst bemerkenswertes Bauwerk eine noch immer bis zu einer Höhe von neun Metern aufragende Tempelruine gibt, die in wunderschöner Steinmetzarbeit ausgeführt ist. Erbaut wurde der Sakralbau vor ungefähr 2500 Jahren gleichzeitig mit dem Parthenon in Athen.

Vermutlich entstand die aksumitische Kultur aus der prä-aksumitischen, die Verbindung zwischen beiden während einer Übergangsphase vor etwa 2000 Jahren, in der sich Aksum auf einer entscheidenden Stufe der Entwicklung befand, ist jedoch noch nicht geklärt, weil die Befunde fehlen. Um die darauf folgenden Ereignisse zu rekonstruieren, muss sich die Forschung in der Hauptsache auf die Archäologie stützen, auch wenn sich in den antiken griechischen und römischen Schriftquellen bereits ein generelles Bild abzeichnet. Die mündlichen Überlieferungen Äthiopiens sind für diese frühe Zeit im Allgemeinen wenig hilfreich. Eine Ausnahme bildet möglicherweise die Geschichte der Königin von Saba, die zu König Salomon reiste und in der Folge den Begründer der äthiopischen Königsdynastie zur Welt brachte, denn sie kann als weiterer Hinweis auf die Bedeutung der Einflüsse von jenseits des Roten Meeres gedeutet werden. Ergänzend dazu gibt es eine Anzahl aksumitischer Steininschriften, die mit dem äthiopischen Alphabet in Ge'ez, der lokalen Sprache dieser Epoche, geschrieben wurden. Die in Ge'ez oder Griechisch beschrifteten aksumitischen Münzen liefern weitere Informationen über die Abfolge der aksumitischen Könige und ihrer Regierungszeiten. Letztendlich sind es aber nur die archäologischen Zeugnisse, die uns am meisten über das antike Aksum erzählen.

Die am besten erforschten Befunde stammen aus der Stadt Aksum selbst, da hier noch beachtliche Ruinen anstehen oder erst unlängst freigelegt wurden. Besonders interessant sind einige hohe, schmale Steine, in der archäologischen Fachsprache »Stelen« genannt, die vermutlich die Stellen kennzeichneten, an denen man bedeutende Persönlichkeiten bestattet hatte. In der Mehrzahl handelt es sich dabei um einfache Steine von einigen Metern Höhe, deren Oberfläche häufig rau belassen wurde. Im Zentrum von Aksum fand man jedoch eine Gruppe sehr viel größerer und

Die größte der noch aufrecht stehenden Stelen von Aksum, deren reliefierte Oberfläche ein neungeschossiges Gebäude darstellt. Das aus einem einzigen Stück gearbeitete Monument wiegt 150 t und ist 21 m hoch.

sorgfältig behauener Stelen, die wie mehrstöckige Gebäude mit Fenstern und einer Tür gestaltet sind. Von den ursprünglich sechs Monumenten hatten drei im wahrsten Sinn des Wortes monströse Abmessungen. Der einzige dieser Riesen, der noch heute

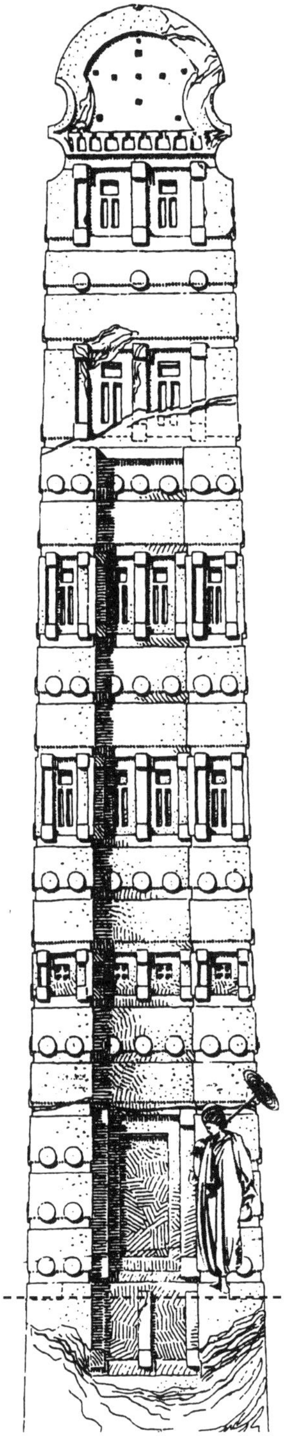

Aufrisszeichnung einer der Stelen von Aksum, angefertigt von einem Mitglied der deutschen Aksum-Expedition 1906.

aufrecht steht, wurde in einem Stück aus einem harten Stein herausgearbeitet. Er wiegt etwa 150 Tonnen, ragt 21 Meter in die Höhe und drei Meter in die Erde hinein (Abb. S. 77 und Abb. S. 78). Auf seiner Oberfläche sind neun Baugeschosse abgebildet. Die zwei anderen, noch größeren Monumente stürzten schon vor langer Zeit um. Da der höhere nahezu 33 Meter maß und ungefähr 500 Tonnen wog, vermutet man, dass er bereits beim Aufstellen umfiel. Diese so genannten Stockwerkstelen, die möglicherweise das am Grab aufgestellte Abbild jener Steingebäude waren, in denen die Herrscher und Mitglieder der Oberschicht zu Lebzeiten wohnten, scheinen vor ungefähr 1700 Jahren, kurz bevor Aksum zum Christentum übertrat, entstanden zu sein. Die Reste palastartiger Wohnhäuser dieser Art wurden sowohl in Aksum selbst als auch in der näheren Umgebung und in der Stadt Matara ausgegraben. Sie setzten sich aus mehreren Baukomplexen zusammen, die sich jeweils um einen rechteckigen Hof gruppierten, und besaßen auf soliden Grundmauern stehende und mit zwei oder drei Stockwerken ausgestattete Türme. Ihre Mauern errichtete man in der Hauptsache aus Bruchsteinen, die mit Lehm verbunden und in der für aksumitische Bauten typischen Weise mit Fachwerk verstärkt waren. Da es jedoch fraglich ist, ob diese Anlagen tatsächlich jemals mehrgeschossig angelegt waren, könnten die Stockwerkstelen durchaus die Vorstellung widergespiegelt haben, dass das Leben nach dem Tod keinerlei Einschränkungen unterliegt. Außerdem wurden sie vermutlich in der Absicht aufgestellt, Ehrfurcht und Bewunderung für den Verstorbenen hervorzurufen.

Jede dieser Stockwerkstelen war mit mehreren unterirdischen Gräbern verbunden. Zu den bedeutendsten Grabstätten gehören zum einen der von den Archäologen »Mausoleum« genannte Komplex aus einigen mit Stein aufgemauerten Kammern und zum anderen eine großräumige, in den Fels eingelassene Gruft, die heute »Brick Arches« heißt. Auch an anderen Stellen in Aksum und in seinem Umland gibt es sowohl aus Stein gemauerte als auch in den Fels geschlagene Grabstätten, von denen die meisten eindeutig der Bestattung hochgestellter Persönlichkeiten dienten und einige wenige mit großer Wahrscheinlichkeit dem Herrscherhaus vorbehalten waren. Andere Gräber, insbesondere diejenigen des »Stelenfelds von Gudit« im Südwesten von Aksum, scheinen für Menschen von niedrigerem Rang bestimmt gewesen zu sein, die jedoch oftmals wohlhabend genug waren, um sich zumindest die unverziert belassenen Steine als Grabmarkierung zu leisten. Aksum war demnach eindeutig eine Mehrklassengesellschaft mit einem König an der Spitze der gesellschaftlichen Pyramide und Bauern, Arbeitern und den möglicherweise existierenden Sklaven auf der untersten Stufe. Mittlerweile hat die archäologische Forschung begonnen, mit Ausgrabungen und Surveys auch das Leben der Menschen in der aksumitischen Unterschicht in Ansätzen zu untersuchen. Sie bewohnten, zumeist in Dörfern und kleinen Siedlungen auf dem Land, einfach gebaute und mit Stroh gedeckte Hütten aus Stein oder Lehm. Diese Menschen gaben der Gemeinschaft Aksums nicht nur ihre Arbeitskraft, sondern stellten auch, in Zeiten des Krieges, das Hauptkontingent der Soldaten.

In der Gesellschaft Aksums muss es wohl zwischen der Oberschicht und der arbeitenden Masse ebenso eine ganze Reihe Handwerker und Facharbeiter gegeben haben, denn die hoch entwickelte und vielfältige Kultur belegt eindeutig das Vorhandensein zahlreicher verschiedener Fertigkeiten und entscheidender technologischer Sachkenntnisse. So wurde Stein beispielsweise abgebaut, in großen Stücken transportiert, behauen und bearbeitet, um als Stelen aufgestellt, in großen Mengen beim Bauen verwendet und gelegentlich mit Inschriften versehen zu werden. Man errichtete Staudämme, legte Felder in Terrassen an und schuf Bewässerungssysteme. Die Fabrikation gebrannter Ziegel und ihre Verwendung zusammen mit Kalkmörtel hatte man genauso erlernt wie die Konstruktion von Bögen und Tonnengewölben aus diesen Materialien. Man war in der Lage, große Mengen häufig auch sehr qualitätsvoller Keramik ohne Töpferscheibe herzustellen, und besaß die metallurgische Kenntnis, um Gold, Silber, Kupfer, Bronze und Eisen zu verarbeiten. In diesem Bereich beherrschte man eine eindrucksvolle Reihe relevanter Technologieprozesse, zu denen die Verhüttung, das Schmieden, Verschweißen und Nieten ebenso gehörte wie die Produktion von Blechen, das Bohren, Lochen, Gießen und Polieren. Man war außerdem in der Lage zu doublieren, sowohl durch Einbrennen als auch durch Verdampfen von Quecksilber[5], zu emaillieren und Münzen zu prägen. Zusätzlich wurde auch Elfenbein geschnitzt oder mit großer Kunstfertigkeit auf einer Drechselbank gedreht, Leder bearbeitet und vermutlich auch Textilien hergestellt. Wein wurde aus Trauben gekeltert und Glasgegenstände aus wahrscheinlich importiertem Rohglas produziert.

Auch die Importe trugen in Aksum einen wesentlichen Anteil zum Lebensstandard besonders der reicheren Bürger bei. Seine Lage erlaubte es dem Königreich, wie bereits zuvor erläutert, in den Besitz einer Fülle von Rohstoffen aus entfernten Gegenden des inneren Afrikas zu gelangen. Ebenso ermöglichte sie die Teilnahme am Seehandel im Roten Meer, der bezeichnenderweise zur selben Zeit einen Aufschwung erlebte, als Aksum auf dem Höhepunkt seines Erfolgs war. Dadurch entwickelte sich der aksumitische Hafen Adulis, der nur acht Tagesstrecken von der Stadt Aksum entfernt lag, zu einem Umschlagplatz für zahlreiche Im- und Exporte. Der Grund dafür war, dass die Welt des Mittelmeers in der Spätklassik förmlich nach den exotischen Produkten aus dem Inneren des afrikanischen Kontinents hungerte und die Aksumiter ihrerseits einen bemerkenswerten Appetit nach den mediterranen Luxusgütern zu entfalten schienen. Anhand der verfügbaren archäologischen und historischen Quellen lässt sich eine Liste der ein- und ausgeführten Waren rekonstruieren. Aus Afrika kamen Elfenbein, Gold, Obsidian, Smaragde, Duftstoffe, das Horn von Nashörnern, Zähne und Häute von

---

5 Feuervergoldung (Anm. des Übersetzers).

Flusspferden, Schildpatt, Affen und andere lebende Tiere sowie Sklaven. Nach Afrika gingen Eisen und andere Metalle sowie aus diesen Materialien hergestellte Produkte, Artikel aus Keramik und Glas, Textilien und Kleidung, Wein und Zuckerrohr, Pflanzenöle, aromatische Substanzen und Gewürze. Der afrikanische Außenhandel beruhte, wie es typisch ist für die Geschichte des Kontinents, hauptsächlich auf dem Austausch von Rohstoffen, den von den Herstellern benötigten Zwischenprodukten und hochwertigen Gebrauchswaren.

Da sich Aksum für seine Geschäfte eine der weltweit wichtigsten Handelsrouten vom Mittelmeer zum Indischen Ozean nutzbar machte, wuchs sein Wohlstand beträchtlich. Aus dem Reichtum entstand Macht und politischer Einfluss, der zu manchen Zeiten über das Rote Meer hinweg bis zum jemenitischen Hochland und nach Westen hin sogar bis zum Niltal reichte. Als sich der Handel vom Nil zum Roten Meer verlagerte, trug das zusätzlich, wie es scheint, zum Niedergang von Meroë (vgl. S. 71) bei, weil dadurch die Rolle, die Aksum als Lieferant afrikanischer Güter für den Rest der Welt spielte, immer bedeutender wurde. Das in der Tat beeindruckende Ausmaß, das die überseeischen Kontakte des Königreichs angenommen hatten, lässt sich anhand der im Jemen und Indien gefundenen Goldmünzen aus Aksum sowie den im nordöstlichen Äthiopien entdeckten indischen Münzen ermessen. Während die aksumitische Goldwährung, die in Griechisch beschriftet war und deren Gewicht sich offenbar an den Standards des Oströmischen Reiches orientierte, offensichtlich ausschließlich für den internationalen Handel geprägt wurde, scheinen die Silber- und Bronzemünzen, da ihre Beischriften in Ge'ez abgefasst waren, in der Hauptsache für den inländischen Umlauf (Abb. unten) bestimmt gewesen zu sein.

Kupfermünze aus Aksum, geprägt unter König Ebana, der vor nahezu 1600 Jahren regierte. Im Mittelpunkt die Büste des Königs, umgeben von zwei Weizenähren.

Wann die Macht und der Reichtum Aksums zugrunde gingen, ist nicht genau festzulegen, am wahrscheinlichsten ist jedoch die Zeit vor etwas mehr als 1300 Jahren. Für den Zusammenbruch könnten zwei Faktoren ausschlaggebend gewesen sein. Ein Auslöser war möglicherweise die übermäßige Ausbeutung natürlicher Ressourcen, die zu einer Schädigung der Umwelt führte. Die daraus resultierende Verknappung von Nutzholz und die Erosion der Böden löste vermutlich in der Folge eine Verminderung der landwirtschaftlichen Produktivität aus. Der zweite Grund ist in der rasant wachsenden Kontrolle der islamischen Länder über den Handel im Roten Meer zu suchen. Bedingt dadurch verlor das christliche Aksum den Zugang zu seinen wichtigsten Märkten. Auch wenn der internationale Handel den Aufstieg Aksums nicht unmittelbar ausgelöst hatte, so trug er doch entscheidend zur Grundlage seines Wohlstands bei. Sein plötzliches Ende hingegen beschleunigte mit Sicherheit den möglicherweise bereits drohenden wirtschaftlichen und politischen Niedergang.

# Kirche und Staat – Überleben in Äthiopien

Das aksumitische Reich zerfiel und verschwand wahrscheinlich vor ungefähr 1300 bis 1000 Jahren von der Landkarte. Wie es scheint, führte sowohl der Verlust des Handels auf dem Roten Meer als auch die Umweltzerstörung in der Umgebung von Aksum dazu, dass sich die wirtschaftliche Grundlage der Gesellschaft veränderte. Die kontrollierte Nutzung des Ackerlandes wurde vermutlich wichtiger als die Beschaffung und der Austausch von Handelswaren. Dementsprechend verlagerte sich der äthiopische Regierungssitz nach Süden in Landstriche, in denen mehr Regen fiel. In dieser Gegend angekommen, wechselte er von da an immer wieder seinen Standort. Auch der Umfang des Hoheitsgebiets variierte stark von einer Periode zur nächsten. Dennoch existierte der äthiopische Staat weiter, was zum Teil an der gebirgigen Landschaft lag, die Angriffe von außen erschwerte, teilweise aber auch auf der Zusammensetzung der Gemeinschaft aus unterschiedlichen Kulturen beruhte. Der Hauptgrund jedoch war der unerschütterliche Glaube der Äthiopier an die von ihnen selbst geschaffene, individuelle Form des Christentums. Die äthiopische Kirche unterstützte die Regierung, und die Regierung wiederum die Kirche. Unabhängig davon, welchen Weg das Schicksal einschlug, diese Allianz zwischen Kirche und Staat sicherte den Bestand Äthiopiens bis auf den heutigen Tag. Bezeichnenderweise war Äthiopien eine der wenigen Regionen Afrikas, die niemals von den Europäern erfolgreich kolonisiert werden konnte.

Wie zuvor schon in Aksum (vgl. S. 74 ff.), war auch die Bevölkerung des christlichen Äthiopien zum Teil des Lesens und Schreibens kundig. Die ältesten, gut datierbaren Dokumente, die in Ge'ez geschrieben waren, sind nur etwa 700 Jahre alt. Obwohl sich die äthiopischen Texte für lange Zeit fast ausschließlich mit religiösen Belangen beschäftigen, existieren auch historische Aufzeichnungen, die jedoch oftmals weit später abgefasst wurden, als die Ereignisse stattfanden, von denen sie berichten. Gelegentlich waren sie zusätzlich von der jeweiligen politischen Situation gefärbt. Die im Gegensatz dazu reichlich vorhandenen mündlichen Überlieferungen sind häufig noch viel schwerer zu interpretieren. Dennoch ist es möglich, seit dem Untergang des aksumitischen Reiches eine Übersicht der äthiopischen Geschichte während der letzten 1000 Jahre zusammenzustellen. Wenngleich für die früheren Perioden das Bild noch ungenau ist, wird es immer deutlicher, je mehr man sich der Gegenwart nähert, da die Besuche von Fremden, die ihre Erlebnisse schriftlich festhielten, immer zahlreicher wurden. Zusammengenommen erzählen all diese Quellen von einer Zeit der Wirren, die auf den Niedergang von Aksum folgte und der Überlieferung nach von einer Königin namens Gudit ausgelöst wurde. Danach entstand im Zentrum des Bezirks von Lasta, fast 300 Kilometer südöstlich von Aksum, vor mindestens 900 Jahren die Herrscherdynastie von Zagwe.

Einige der Zagwe-Könige machten sich durch die Errichtung von Kirchen einen Namen. Der Legende nach soll Lalibela, der berühmteste unter ihnen, in dem nach ihm benannten Ort den Bau zahlreicher Felsenkirchen veranlasst haben. Vor ungefähr 700 Jahren verschob sich, nachdem die so genannte Salomonische Dynastie die Regierung übernommen hatte, das Zentrum der politischen Macht weiter nach Süden in das Gebiet der Shoa-Stämme. Dieser Dynastie, die ihre Herkunft auf König Salomon und die Königin von Saba zurückführt, entstammten die meisten Kaiser Äthiopiens bis in die jüngste Vergangenheit hinein. Menilek, der Sohn der legendären Begründer des salomonischen Königshauses, brachte die Bundeslade nach Aksum, wo sie, wie man sagt, noch immer aufbewahrt wird. Vorrangiges Ziel während dieses langen Zeitabschnitts war der Erhalt des Reiches angesichts einer Vielzahl von Bedrohungen, zu denen die Angriffe islamischer Armeen und die Konversion zum römisch-katholischen Glauben ebenso gehörten wie die Zuwanderung von Hirtenvölkern aus dem Süden, der innere Zerfall und die Eroberungen und Invasionen der Italiener.

Es ist bemerkenswert, dass gerade diese Epoche der äthiopischen Geschichte nur unzureichend archäologisch untersucht wurde und die Ausgräber ihre Aufmerksamkeit in erster Linie den früheren Zeitabschnitten, wie beispielsweise Aksum (vgl. S. 74 ff.), widmeten. Einer der Gründe dafür ist das halbnomadische Leben, das viele Könige des christlichen Äthiopien, hauptsächlich vor ungefähr 500 Jahren, führten. Ihre Regierungssitze waren riesige, als »wandernde Hauptstädte« bezeichnete Zeltlager, die gelegentlich bis zu 100.000 Menschen beherbergen konnten. Eine solche Zeltstadt blieb nur für wenige Monate oder Jahre an einem Ort, um dann zu einem neuen Platz weiterzuziehen. In ihr fanden nicht nur der königliche Hof und die Armee des Herrschers Platz, sondern unter anderem auch Regierungs- und Kirchenbeamte, Kaufleute, Händler und Diener, ganz zu schweigen von der immensen Anzahl an Mauleseln, Pferden und anderen Tieren. Da Mensch und Tier die vor Ort verfügbare Nahrung, das Brennholz und andere Versorgungsgüter ziemlich schnell aufbrauchten, hatten die Bewohner gar keine andere Wahl, als den Standort zu wechseln. Diese Mobilität scheint eine notwendige Strategie gewesen zu sein, um solch gigantische Ansiedlungen in einer Region versorgen zu können, deren Ressourcen häufig nur sehr spärlich bemessen und in der Transportmittel nur begrenzt verfügbar waren. Außerdem war es zweifellos eine effiziente Methode, das weitläufige und unwegsame Terrain der äthiopischen Hochebene zu kontrollieren. So musste der König lediglich, um ungehorsame Untertanen in ihre Schranken zu weisen, die königliche Hauptstadt in die von den Rebellen bewohnte Region verlegen. Reichte das allein nicht aus, war die königliche Armee bereits zur Stelle, um das Problem zu beheben.

Im Verlaufe der letzten 500 Jahre begann man jedoch, die wandernden Königstädte durch feste zu ersetzen, die ihrerseits aber auch nicht sehr lange genutzt wurden, da jeder Kaiser bemüht war, den Regierungssitz seines Vorgänger nicht zu übernehmen, sondern sich einen eigenen zu schaffen. Sogar Gonder, das vor ungefähr 350 Jahren zu einer etwas beständigeren Residenz wurde, bewohnte der Herrscher mit seinem Gefolge oft nur während der Regenzeit. Die restlichen Monate des Jahres verbrachte er größtenteils mit Feldzügen, bei denen er den Zusammenhalt des Reiches zu sichern gedachte. Dennoch existierte Äthiopien vor ungefähr 200 Jahren als einheitlicher Staat nicht mehr. Auch während seiner späteren Wiedervereinigung wurde die Hauptstadt immer wieder verlegt, bis man schließlich vor etwas mehr als einem Jahrhundert Addis Abeba als Sitz der Regierung auswählte. Es ist kein Wunder, dass die Archäologen, bedingt durch ständig wechselnde oder häufig nur für eine kurze Zeitspanne feste Residenzen, entmutigt von Ausgrabungen absahen. Nichtsdestoweniger stellt das christliche Äthiopien eines der wichtigsten, archäologisch unerschlossenen Forschungsgebiete Afrikas dar. Da die Einwohnerzahl der häufig nur kurzzeitig bestehenden, bedeutenderen Städte meist geradezu gigantisch war, müssten ihre wesentlichen kulturellen Hinterlassenschaften noch auffindbar sein, zumal in vielen Fällen sowohl ihre Lage als auch der Zeitpunkt ihrer Besiedlung, wenn auch nur ungefähr, bekannt ist. Zumindest könnten diese Fundorte eine Chronologie liefern, anhand derer man eine archäologische Dokumentation der letzten 1000 Jahre und mehr zu erstellen in der Lage wäre.

Für den Augenblick beschränken sich die materiellen Zeugnisse des christlichen Äthiopien auf die erhalten gebliebenen Bauten oder Ruinen sowie solche Objekte, die auch ohne Ausgrabung zugänglich sind. Davon gibt es tatsächlich noch eine ganze Menge, wobei die wichtigsten aus dem Sakralbereich stammen. In der Hauptsache handelt es sich dabei um Kirchen und Klöster, die der äthiopischen Orthodoxen Kirche angehören. Diese Glaubensgemeinschaft ist der Koptischen Kirche Ägyptens verwandt, die bis heute ihr Oberhaupt stellt. Einer der ersten christlichen Sakralbauten war vermutlich die ursprünglich in aksumitischer Zeit gegründete Maryam Tsion Kathedrale in Aksum, deren erhaltene Bausubstanz jedoch nur etwa 450 Jahre alt ist. Aksum war anscheinend eine der wenigen Orte Äthiopiens, die permanent während der gesamten christlichen Ära besiedelt war. Mit der Zeit wurde sie für die äthiopischen Christen zu einer heiligen Stadt, in der sich jeder Kaiser, der dazu imstande war, krönen ließ. Die älteste Kirche, die die Zeiten vollständig überdauerte und in der Region Tigre liegt, ist wahrscheinlich Debra Damo. Das Gebäude scheint in etwa 1000 Jahre alt zu sein und ist Teil eines Klosters, das hoch oben auf einem flachen Berggipfel thront. Da an allen Seiten steilwandige Klippen senkrecht in die Tiefe abfallen, ist die Anlage ausschließlich über ein Seil zugänglich. Die Kirche weist Konstruktionsmerkmale auf, die für aksumitische Bauten aus früherer Zeit typisch waren und über viele Jahrhunderte hinweg für zahlreiche äthiopische Kirche gültig blieben. Dennoch finden sich gelegentlich Strukturen und Ausgestaltungen, die an die sakrale Architektur Syriens und Nubiens erinnern, zu denen das christliche Äthiopien bereits früh Kontakt hatte.

Zu den beachtenswerteren Kirchen gehört auch Imrahanna Kristos im Bezirk Lasta, die man vor fast 900 Jahren im Inneren einer Höhle erbaute. Auch wenn man gelegentlich Kirchen an Orten dieser Art errichtete, waren diejenigen weit häufiger, die man direkt aus den Felsen herausschlug. Bei vielen der insgesamt noch etwa 200 in Äthiopien erhaltenen Gotteshäuser scheint es, als wären sie in einer künstlich angelegten Höhlen konstruiert worden, in einigen Fällen handelte es sich aber eher um natürliche Felskavernen, die man im Zuge der Baumaßnahmen erweiterte. Es war also durchaus nicht ungewöhnlich, Höhlen zu sakralen Orten umzugestalten. Obgleich alle Felsenkirchen zeitlich nur schwer einzuordnen sind, ist vermutlich bei einigen ein sehr hohes Alter anzunehmen. Bei dem am weitesten entwickelten Typus wurde der Baukörper innen und außen aus einer gewachsenen Felsinsel herausgearbeitet, die man geschaffen hatte, indem man den Berg rundherum abtrug. In diese Kategorie gehören auch die zwölf berühmtesten Felsenkirchen Äthiopiens in Lalibela. Sie wurden der Überlieferung nach vor fast 800 Jahren von König Lalibela in Auftrag gegeben. Da vermutlich jedoch die Realisierung des gesamten Projekts weit mehr Zeit in Anspruch nahm, als seine Regierung andauerte, stellte man es wahrscheinlich unter seiner Ägide lediglich in der heute bestehenden Form fertig. Medhane Alem, die größte dieser Kirchen, misst 33,5 auf 23,5 m und ist 11 m hoch. Ein eindrucksvolles Beispiel für das handwerkliche Können der Erbauer ist die Ghiorghis Kirche (Abb. S. 87), deren Grundriss in Form eines Kreuzes gestaltet wurde. Insgesamt liefern die Kirchen des christlichen Äthiopien, sowohl die gemauerten als auch die aus dem Fels herausgearbeiteten, die aussagekräftigsten Informationen über die Gesellschaft, die sie schuf. Jedoch nicht nur, weil sie den wichtigsten Stabilisierungsfaktor des Staates darstellten, sondern auch wegen der durch sie erhaltenen Dokumente, Bücher, Bilder, religiösen Symbole und Traditionen, die ohne sie möglicherweise verloren wären.

Vor ungefähr 450 Jahren verlagerte sich das politische Zentrum Äthiopiens erneut, dieses Mal in die Nähe des Tana-Sees, aus dem der Blaue Nil entspringt. In dieser Region, die besonders fruchtbar ist und ein angenehmes Klima hat, begann sich die Tendenz zu einer ortsfesten Hauptstadt mehr und mehr abzuzeichnen. Obwohl innerhalb dieses Gebiets noch fast ein weiteres Jahrhundert lang immer wieder Ortswechsel vorgenommen wurden, richtete man sich nördlich des Sees in Gonder ein, das für mehr als 200 Jahre Residenz bleiben sollte. Bedingt durch die größere Siedlungsbeständigkeit entstand in einigen der kurzlebigen Regierungssitze und in Gonder selbst eine Reihe eindrucksvoller, mit Kalkmörtel verfugter Steingebäude. Obwohl sie als Paläste dienten, wurden sie ursprünglich, in einigen Fällen sogar von den Indern oder Spaniern, als Burgen errichtet. Dennoch hatten sie ein einzigartig äthiopisches Aussehen. Die älteste von ihnen, die bei Guzara auf einem Hügel liegt, ist eine rechteckige, 18 auf 12 m messende, zweigeschossige Anlage mit runden Türmen an den beiden nördlichen Ecken und einem quadratischen an der südöstlichen. Der letztgenannte Turm, der ursprünglich 15 m hoch war und vermutlich vier Stockwerke besaß, ist im Laufe der Zeit eingestürzt.

Die Errichtung von Gebäuden dieser Art wurde in der Stadt Gonder allgemein üblich. Da viele Herrscher, wie es scheint, ein eigenes Kastell besitzen wollten, entstanden insgesamt sechs von ihnen in einem großen ummauerten Areal, auf

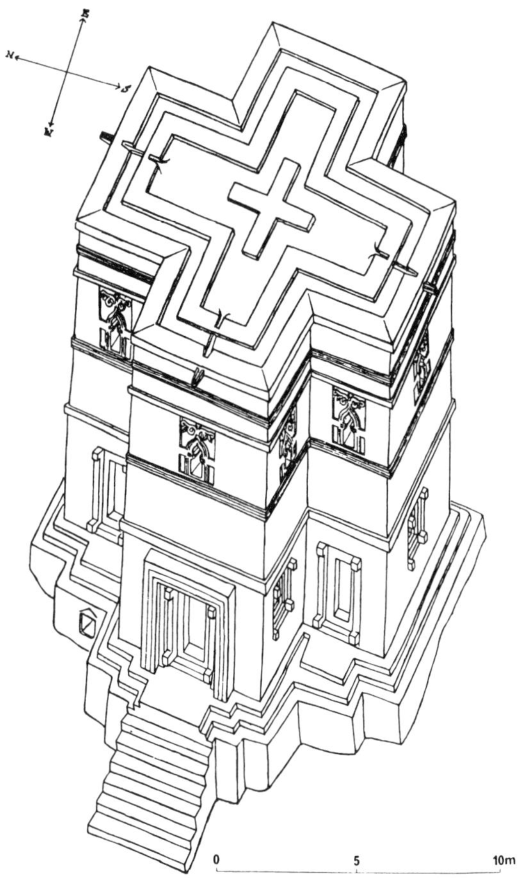


Die dem Heiligen Georg geweihte Ghiorghis Felsenkirche in Lalibela, Äthiopien. Ihr gesamter Baukörper besteht aus einem riesigen Felsbrocken, der zuvor an allen Seiten aus dem Berg herausgearbeitet wurde.

dem sich zusätzlich mehrere Kirchen und auch andere Gebäude befanden. Die älteste und bedeutendste der Burgen von Gonder ließ Kaiser Fasiladas vor ungefähr 350 Jahren erbauen. Sie ist ein zweistöckiges, quadratisches Bauwerk von ungefähr 25 m Seitenlänge, mit konischen Eckbastionen und einem quadratischen Turm von 32 m Höhe. Die Vorliebe für derartige Festungen hatte sich vermutlich deshalb entwickelt, weil zur selben Zeit Schusswaffen eingeführt wurden. Da die äthiopischen Herrscher ebenso um die Sicherheit ihrer Seele bemüht waren, wie für die ihres Körpers, gab es in Gonder nicht weniger als 44 Kirchen. Mehrere im Rahmen ihrer Bautätigkeiten entstandene Brücken rund um den Tana-See waren ein wichtiger Beitrag zu den Verkehrswegen.

Über das christliche Äthiopien wurde dank seiner dokumentierten Geschichte und der mündlichen Überlieferungen mehr bekannt als durch die archäologische Forschung, obwohl hinreichend materielle Hinterlassenschaften existieren, die ein großes Potential für zukünftige archäologische Untersuchungen bieten. So berichten die aufgemauerten oder aus dem Fels gemeißelten Kirchen ebenso wie die königlichen Burgen anschaulich vom erfolgreichen Überleben Äthiopiens. Eine weitere Informationsquelle könnten sowohl die vielen umfangreichen Siedlungsplätze sein, die bislang noch nicht erforscht wurden, als auch die enormen wandernden Hauptstädte aus früherer Zeit, die mit Sicherheit wahrnehmbare Spuren in der Landschaft hinterließen. Gleichermaßen konnten die erstaunlichen Kirchen von Lalibela wohl kaum ohne eine große Arbeiterschaft entstanden sein, die irgendwo in der Nähe gelebt haben muss. Auch die jüngere Vergangenheit hält interessante Hinweise bereit, wie beispielsweise die Festung von Maqdala, die Kaiser Téwodros II. vor fast 150 Jahren erfolglos gegen die britische Armee verteidigte, oder das Schlachtfeld von Adwa, auf dem die Soldaten von Menilek II. vor etwas mehr als einem Jahrhundert die italienischen Invasionstruppen schlugen. So betrachtet, gibt es unzählige Möglichkeiten, anhand derer die Archäologie neues Licht in die bemerkenswerte Geschichte Äthiopiens bringen könnte.

# Chancen und Widrigkeiten – Die Geschichte des Tschad-Sees

Der Tschad-See, nördlich des Äquators das größte afrikanische Binnengewässer, liegt südlich der Wüste Sahara in einem der trockensten Savannengebiete des westlichen Afrika (Abb. unten). Ohne die an seinem südlichen Ende mündenden Flüsse, die ihm Wasser aus Gegenden mit größeren Regenfällen zuführen, würde es ihn überhaupt nicht geben. Das deutlich periodische Klima dieser Region ist in eine relativ kurze Regen- und eine lange, ständig heißer werdende Trockenzeit eingeteilt. Prinzipiell

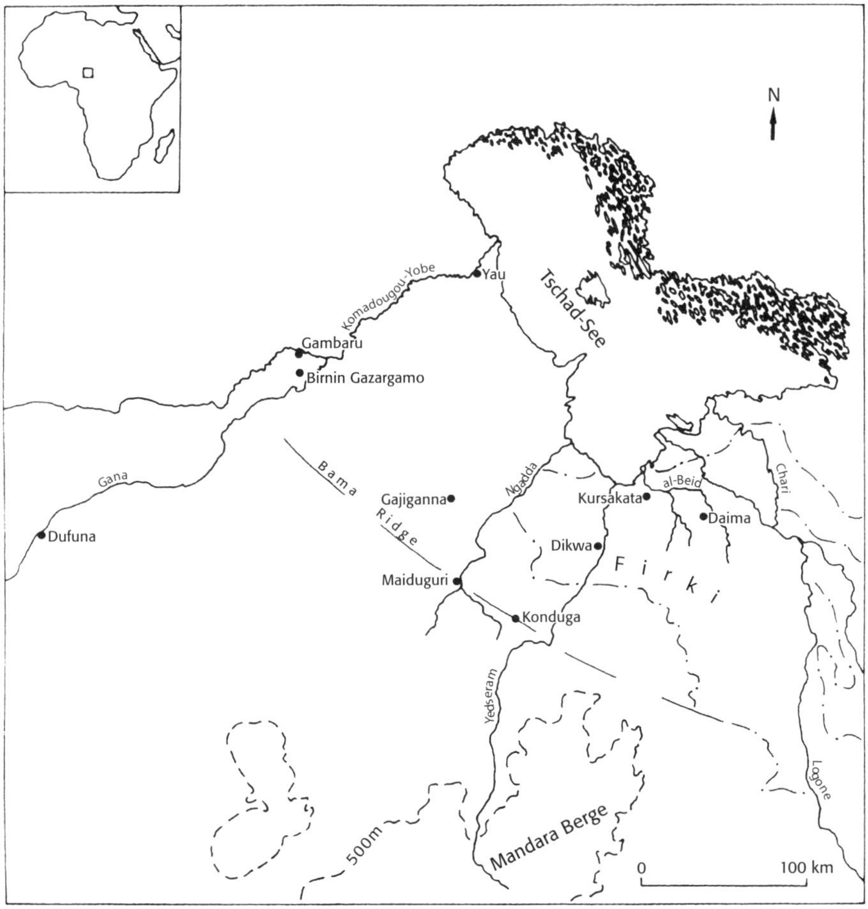


^
Wichtige Fundstellen und Gebiete im nigerianischen Teil der Region um den Tschad-See.

sind die im Süden fallenden Niederschläge ausreichend, nach Norden zu nehmen sie aber stark ab, bis sie nur noch minimal sind. Aus diesen Gründen stellte das Gebiet rund um den See, das heute unter den Ländern Nigeria, Kamerun, Tschad und Niger aufgeteilt ist, seit jeher eine beträchtliche Herausforderung für die Menschen dar, die hier siedelten. Einerseits bot es zwar Weideland für die Viehbestände, Ackerland für die Getreidekultivierung und reiche Fischgründe, andererseits wirkten jedoch die extremen Umweltbedingungen auch wieder abschreckend. So gab es sowohl Dürre als auch Überschwemmungen, Hitze und, je nach Jahreszeit, Mangel an Wasser oder Futter, um die Tiere zu ernähren. Zusätzlich erschwerten die klimatischen Schwankungen den Menschen, sich an die Umgebung anzupassen. Deshalb wurde die Bevölkerung der Region am Tschad-See mit einem sich zeitlich und räumlich fortwährend verändernden, komplexen Wechselspiel konfrontiert, in dem Chancen und Widrigkeiten einander permanent ablösten. Indem die Menschen ihre Lebensweise auf diese Bedingungen abstimmten, schrieben sie eine bemerkenswerte Geschichte, die vor wenigstens 8000 Jahren begann und deren einzelne Ereignisse von der Forschung noch immer, hauptsächlich anhand der archäologischen Belege aus Borno im äußersten Nordosten Nigerias, zusammengetragen werden.

Die größte Unwägbarkeit des Tschad-Sees besteht jedoch in seiner permanenten Veränderung. So trocknete er vor ungefähr 20.000 bis 12.000 Jahren während einer ariden Klimaphase vollständig aus und es bildeten sich Sanddünen in seiner Umgebung. Dann wurde das Wetter wieder feuchter und der See füllte sich erneut. Vor ungefähr 6500 Jahren war er zu einem riesigen Binnenmeer angewachsen, dessen Wasserspiegel 40 m höher als heute lag. Wenn in der Folgezeit weniger Regen fiel, was in ungewöhnlichem Ausmaß vor etwa 4000 Jahren geschah, dann sank auch das Niveau des Sees wieder. Die Lage wurde dadurch noch zusätzlich erschwert, dass die meisten Phasen nur über einen mittelmäßig langen, relativ kurzen oder gar minimalen Zeitpunkt hinweg andauerten. So gab es beispielsweise Plätze in der Nähe des Sees, die innerhalb der letzten 50 Jahre eine Zeit lang unter der Wasseroberfläche lagen, zwei Jahrzehnte später wieder trocken fielen und nach weiteren 20 Jahren erneut überflutet wurden. Ob Hitze während der Trockenperioden oder saisonale Überschwemmungen, die in vielen Gebieten auf die kurze Regenzeit folgten, die Menschen aus der Umgebung des Tschad-Sees mussten sich immer wieder von neuem Situationen anpassen, in denen sie und ihr Vieh entweder zu wenig Wasser oder zu viel davon hatten.

Im äußersten Norden Nigerias fand man bei Dufuna als ältestes archäologisches Zeugnis in dieser Gegend, ein etwa 8000 Jahre altes Boot. Es war 8,4 m lang, wie ein Einbaum gearbeitet und lag in fünf Metern Tiefe in Grundwasser führenden Sedimenten begraben. Dieser Fund ist der früheste Beleg für den Bootsbau in Afrika und einer der ältesten auf der gesamten Welt. Man entdeckte zwar keine Artefakte im näheren Umkreis, es muss aber Menschen gehört haben, die Steinwerkzeuge verwendeten und vermutlich in den Lagunen des weit ausufernden Tschad-Sees angelten, jagten und sammelten. In jedem Fall spricht das Boot für einen hohen Grad der Anpassungsfähigkeit und Mobilität der ältesten bekannten Bewohner dieser Region. Der nächste Hinweis auf die Menschen, die sich dort aufhielten, ist ungefähr 1000 Jahre jünger. Zu jener Zeit lebten sie auf Strandwällen, die durch den hohen Wasserstand des Sees entstanden waren und ihn im Südwesten gegen die von Flüssen gespeisten Lagunen abgrenzten. Der im Bama Ridge gelegene Fundort Konduga, war vermutlich von Jägern und Sammlern besiedelt, die Steinwerkzeuge verwendeten und eine Keramik herstellten, die auf ähnliche Weise verziert war, wie die etwas ältere Ware aus der Sahara. Da man hier keinerlei Tierknochen und nur sehr spärliche kulturelle Belege fand, ist es schwierig, sich eine gesicherte Vorstellung über die Lebensweise der Bewohner zu machen. Gleichwohl scheint die Uferböschung, auf der die Fundstelle von Konduga lag, eine Landbrücke gebildet zu haben, die sowohl zum See als auch zu den Lagunen Zugang bot. Als der Wasserspiegel in der Folgezeit um etwa 20 m fiel, breitete sich die Siedlung weiter aus bis über den ehemaligen Seeboden.

Weitere Belege für Ansiedlungen dieser Art gibt es an rund 120 Fundorten, die über ein ehemaliges Delta zwischen der südwestlichen Spitze des Tschad-Sees und dem Bama Ridge verteilt sind. Der bekannteste davon ist Gajiganna, der in etwa auf die Zeit vor 3800 bis 2800 Jahren datiert. Während dieser Periode wurde die dortige Landschaft von flachen, sandigen Erhebungen und lehmigen Senken geprägt, in denen das Wasser häufig über das ganze Jahr hinweg stand. Die Menschen von Gajiganna lebten in Dörfern, vermutlich in Hütten aus Flechtwerk und Lehmputz, und hielten Rinder, Ziegen und Schafe. Sie ernährten sich von Fisch, Wasservögeln, Land- und Süßwasserschnecken sowie einigen kleineren Landsäugetieren. Anfänglich sammelten sie auch wilde Grassamen sowie Früchte und begannen später Perlhirse zu kultivieren. Ihre technologischen Fähigkeiten beruhten auf der Herstellung von Steinwerkzeugen. Typische Artefakte waren retuschierte Pfeilspitzen, die denen aus der Sahara vergleichbar sind, geschliffene Steinäxte und zahlreiche Reibsteine, die vielleicht für die Zubereitung pflanzlicher Nahrung dienten. Da es in der Umgebung des Sees keine Steine gab, konnten sie ihren Bedarf nur in beträchtlich weit entfernten Gegenden decken. Dieser Umstand förderte schließlich die Fertigung und den Gebrauch einer Reihe knöcherner Geräte, wie beispielsweise von Widerhaken bewehrten Harpunen. Sorgfältig geglättete, mit eingedrückten Matten- und Kammstrichmustern dekorierte Keramik wurde ebenso hergestellt wie kleine Tonfigurinen, die sowohl Menschen als auch Tiere darstellten. Die Toten wurden innerhalb der Ansiedlung ohne irgendwelche Grabbeigaben bestattet.

Die Befunde von Gajiganna sprechen für die Annahme, dass die Region zu dieser Zeit für eine Besiedlung weit attraktiver war als in der darauf folgenden Periode, als das Klima wieder trockener wurde und der Tschad-See erneut austrocknete. Als Folge dieser Veränderungen gab man den Platz in Gajiganna auf, im Süden des Sees erschlossen sich jedoch stattdessen für eine Besiedlung neue, weitläufige Gebiete, die von den heutigen Bewohnern »*Firki*« genannt werden. Früher von ausgedehnten Lagunen überschwemmt, bestand diese Region mittlerweile aus baumlosen und von schwarzem Ton bedeckten Ebenen, die während der Trockenzeit knochenhart und in der kurzen Regenperiode überflutet wurden. Da der Ton die Feuchtigkeit auch bei trockenem Klima lang hielt, bargen diese Ebenen ein beträchtliches Potential, das die Haltung domestizierter Tiere und die Kultivierung von Getreide ermöglichte. Dennoch gab es nur relativ wenige Stellen, an denen man Dörfer oberhalb des saisonalen Überflutungsniveaus errichten konnte. Diese Plätze, die vermutlich in einer früheren Trockenperiode die Kämme von Sanddünen waren und nun aus den jüngeren Tonablagerungen herausragten, zeichneten sich dadurch aus, dass sie etwas höher lagen. Da man sich zu dem Zeitpunkt, als die *Firki* entstanden, beim Bau der Dörfer auf diese Gebiete beschränkte, wuchsen durch die kontinuierliche Besiedlung, die in einigen Fällen seit vor etwa 3000 Jahren bis heute andauerte, große, aus Kulturschutt aufgehäufte Hügel, die ein ausführliches Protokoll über die Lebensweise in dieser Region liefern.

Viele dieser Siedlungshügel, von denen mehrere bereits untersucht wurden, liegen entlang der südlichen Spitze des Tschad-Sees, vom nordöstlichen Nigeria über das nördliche Kamerun bis hinein in den Tschad. Der bemerkenswerteste dieser Fundorte ist Daima, wo ein riesiger Grabungsschnitt durch die zu elf Metern angewachsenen Schichten angelegt wurde. Vor fast 3000 Jahren wurde dieser Ort erstmals besiedelt und vor weniger als 500 Jahren endgültig verlassen. Die ersten Dorfbewohner hielten Rinder und Ziegen, jagten aber auch und fischten. Da man in Kursakata, einem anderen Siedlungshügel in derselben Region, Nachweise für das Sammeln wilder Grassamen und die Kultivierung von Perlhirse fand, ist anzunehmen, dass man dies auch auf die Menschen von Daima übertragen kann. Sie verwendeten zwar geschliffene Steinäxte und Reibsteine, weil aber der Stein von weit her herangeschafft werden musste, fertigten sie viele ihrer Werkzeuge und Waffen aus Knochen, unter anderem auch mit Widerhaken bewehrte Harpunen. Die Keramik, die sie herstellten, war sorgfältig geglättet und oftmals mit Abdruckmustern verziert, die man mit Kämmen, Matten und geflochtenen Seilen (Rouletttechnik) erzeugte. Außerdem schufen sie kleine Tonfigürchen, die anfänglich in der Regel Rinder, später aber auch Menschen darstellten. Ihre Häuser waren wahrscheinlich luftige, aus Holz und Gras erbaute Hütten, die im Lauf der Zeit durch Gebäude aus Lehm oder Flechtwerk und Lehmputz ersetzt wurden. Einige der späteren Wohnbauten waren mit Fußböden ausgestattet, die aus hochkant verlegten Keramikscherben bestanden. Die Toten, von denen einer an den Folgen der noch in seinem Körper steckenden knöchernen Harpune starb, bestattete man innerhalb der Siedlung.

Während der langen Zeitspanne, die Daima besiedelt war, wurde vor etwa 2000 Jahren auch Eisen eingeführt. Da etwas später ebenso Schmuckgegenstände aus einer Kupferlegierung, Glas und Karneolperlen verwendet wurden, kann man davon ausgehen, dass man bereits intensivere Handelskontakte zur Außenwelt geknüpft hatte. Auch in der Keramikdekoration ging ein Wandel vonstatten. So wurden sowohl neue Verzierungstypen in Rouletttechnik geschaffen als auch, während der späten Siedlungsperioden, Roulettmuster eingekerbt. Aus dieser Periode stammen auch einige Gefäße von enormer Größe, die möglicherweise zum Bierbrauen verwendet wurden. Zu einem späteren Zeitpunkt übernahm man außerdem die Kultivierung von Mohrenhirse, und in der Viehhaltung erlangten Ziegen eine größere Bedeutung. In den jüngsten Schichten entdeckte man schließlich die für Afrika typischen gefassten Stielpfeifen, die aufkamen, nachdem vor ungefähr 400 Jahren der aus Amerika kommende Tabak Afrika erreichte. Bis zu diesem Zeitpunkt schienen sich die einzelnen Siedlungen des *Firki* mittlerweile zu Ortschaften mit städtischem Charakter entwickelt und zu frühen Kleinstaaten zusammengeschlossen zu haben.

Als vor rund 400 Jahren das islamische Reich von Borno, wie schriftliche Quellen berichten, seinen Herrschaftsbereich in dieses Gebiet ausweitete, wurden viele der Städte allerdings aufgegeben. Mit der Wanderung des Volkes der Kanuri und der Shuwa-Araber in das frühere Territorium des Kotoko-Stammes, veränderte sich mit der Zeit auch die Bevölkerungsstruktur der Tonebenen. Die wirtschaftliche Grundlage der Region, die hauptsächlich im Anbau von Mohrenhirse sowie in der Rinder- und Ziegenhaltung bestand, blieb hingegen im Wesentlichen erhalten. Wie es scheint, war die Übernahme der *Firki* durch das Reich von Borno zumindest teilweise eine Folge des stetig trockener werdenden Klimas im Norden des Tschad-Sees, wo vor etwa 500 bis 200 Jahren Birnin Gazargamo, die Residenz des Reiches, im Tal des Flusses Yobe lag. Ausgrabungen in dieser Stadt und auf einem Siedlungshügel bei Yau, der vor ungefähr 1000 bis 500 Jahren bewohnt war, förderten ähnliche Keramikwaren zutage, wie es sie im *Firki* ausschließlich während der letzten Jahrhunderte gegeben hatte. Typische Verzierungen auf einigen dieser Gefäße waren sowohl ein Knotenmuster in Rouletttechnik als auch tief in den roten Überzug eingeschnittene Ornamente.

Das Borno-Reich, in dem sich vermutlich mehrere verschiedene Völker, zu denen auch die Kanuri gehörten, zusammenschlossen, geht zurück auf einen führenden Stamm, der aus dem östlich des Tschad-Sees gelegenen Kanem vor etwa 600 Jahren abwanderte, weil sich dort möglicherweise die Umweltbedingungen verschlechterten. Sie brachten ihre Erfahrung im Transsaharahandel mit, über den sie vermutlich auch den Einsatz von Pferden kennen gelernt hatten, der ihnen in Borno die militärische Überlegenheit gegenüber ihren südlichen Nachbarn verschaffte. Wahrscheinlich bedingt durch ihre Handelskontakte hatten sie bereits den islamischen Glauben angenommen. Vor ungefähr 400 Jahren brachte der sich hauptsächlich um Sklaven drehende Handel mit Nordafrika Borno weiteren Nutzen. So erlernten die Menschen von Borno die Herstellung und Verwendung gebrannter Ziegel, wie an Bauwerken in Birnin Gazargamo und Gambaru im Yobe-Tal erkennbar. Außerdem kamen sie in den Besitz von Schusswaffen und eigneten sich in begrenztem Maß die Fähigkeit zu lesen und zu schreiben an. Borno wurde, nachdem es seinen Herrschaftsbereich bis in die Gebiete westlich und südlich des Tschad-Sees ausgedehnt hatte, zu einem mächtigen Reich, das bis vor etwa 100 Jahren bestand. Zerstört wurde es von Rabeh, einem abenteuerlustigen Heerführer aus dem Sudan, der das am Rande der *Firki* gelegene Dikwa zu seiner Residenz machte. Er unterlag seinerseits den expandierenden Streitkräften der europäischen Kolonialmächte Großbritannien, Deutschland und Frankreich, die sich in der strategisch wichtigen Region der *Firki* gegenüberstanden.

Das war die Geschichte des Tschad-Sees – ein Bericht über Menschen, die lernten, mit dem See zu leben und sich seiner diffizilen Umweltbedingungen anzupassen, einschließlich der sowohl lang- als auch kurzfristigen klimatisch bedingten Wandlungen, für die er so anfällig war. Der beste Beweis für die hoch entwickelte Fähigkeit des Menschen zur Anpassung an die Chancen und Widrigkeiten dieser Gegend, ist möglicherweise der Anbau der *masakwa* genannten, speziellen Trockenzeit-Mohrenhirse in den schwarzen Tonebenen im Süden des Sees. Ausgesät auf höher gelegenen Feldern während der Überschwemmungen in der Regenzeit, wurden die Sämlinge, nachdem die Regenfälle aufgehört und sich die Fluten zurückgezogen hatten, in den feuchtigkeitsgetränkten Ton umgesetzt. Das Getreide gedieh dank des im Ton gespeicherten Wassers prächtig und konnte schließlich, etwa vier Monate nach dem Ende der Regenperiode, geerntet werden. Besonders diese Anpassungsleistung zeigt auf eindrucksvolle Weise, wie Menschen sogar angesichts einer misslichen Lage erfolgreich überleben können. Diese Erkenntnis ist vielleicht die Lehre, die wir aus der Geschichte der Menschen am Tschad-See ziehen können – eine Geschichte, die im Übrigen vor den archäologischen Forschungen der letzten 40 Jahre nicht hätte geschrieben werden können.

Die Menschen am Tschad-See lernten, sich den sich immer wieder verändernden Umweltbedingungen anzupassen.

# Dem Mittelmeer zugewandt – Nordafrika in der karthagischen, griechischen und römischen Zeit

Nordafrika war für lange Zeit eine vom Rest des afrikanischen Kontinents isolierte Welt. Zwischen der Wüste Sahara und dem Mittelmeer eingeschlossen, orientierte es sich unvermeidlich mehr nach Norden als nach Süden. Im Osten war der fruchtbare Küstenlandstrich extrem schmal, weil die Wüste dort stellenweise direkt an das Meer heranreichte. Nach Westen hin verbreiterte er sich jedoch zu kultivierbaren Ebenen, die durch Berge von der Wüste abgeschottet waren. Klimatisch gehört Nordafrika zum Mittelmeer, sowohl mit seinen heißen, trockenen Sommern als auch den milden Wintern, in denen zumeist nur sehr begrenzt Niederschläge fallen. Kulturell war diese Region stets ein Treffpunkt der Menschen aus der Levante, Griechenland, Rom und Nordafrika. Weil sich all diese Völker gegenseitig beeinflussten, spielte sie sowohl in der europäischen als auch in der afrikanischen Geschichte eine Rolle. Das Bindeglied zwischen ihnen war das Mittelmeer, auf dem sich Händler und Auswanderer relativ einfach bewegen konnten, das aber auch häufig zum Brennpunkt kriegerischer Auseinandersetzungen wurde. Als vor etwa 2800 bis 1300 Jahren in Nordafrika mehrere seewärts orientierte koloniale Ansiedlungen entstanden, führte das zu einer komplexen Wechselwirkung zwischen den Kolonisten und der einheimischen Bevölkerung, durch die sich landestypische, des Lesens und Schreibens kundige Gemeinschaften herausbildeten. Gegen Ende dieser Epoche hatte sich dort das Christentum ausgebreitet, das aber nach der Eroberung der Region durch die arabischen Völker vom Islam abgelöst wurde (vgl. S. 102 ff.).

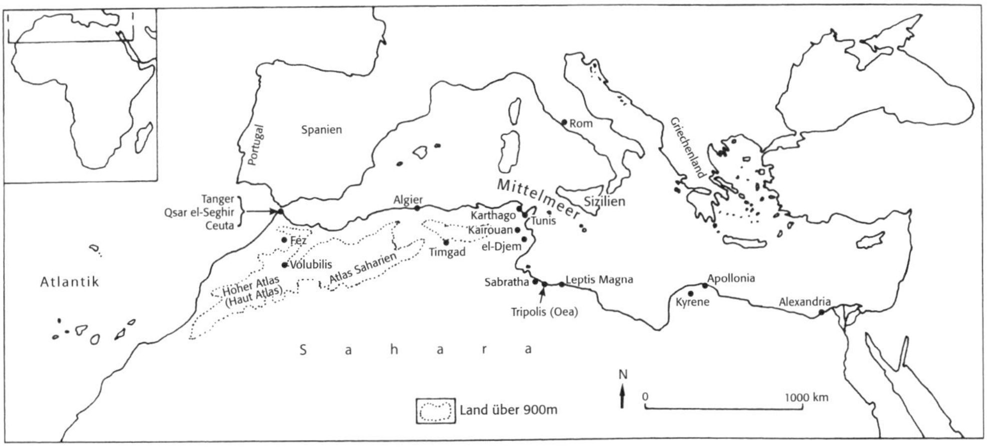


^
Karthagische, griechische, römische und islamische Fundorte in Nordafrika.

Die ersten Ausländer, für die Nordafrika zur Heimat wurde, waren phönizische Seeleute aus den Städten an der Küste des heutigen Libanon am östlichen Ende des Mittelmeeres. Vor dem Hintergrund ihrer außergewöhnlichen Sachkenntnis im Schiffsbau und der Navigation schufen sie im gesamten Mittelmeerraum mit der Zeit Handelsrouten und gründeten Handelskolonien an den Küsten bis ins weit entfernte Südwestspanien jenseits der Straße von Gibraltar. Einige dieser Neugründungen lagen im Westen des heutigen Libyen, in Tunesien, Algerien und Marokko, sowohl am Atlantik als auch an der Mittelmeerküste. Bezeichnenderweise entstand an der schmalsten Stelle des Mittelmeers zwischen dem heutigen Tunesien und Sizilien die Kolonialstadt Karthago, die zu einer Metropole heranwuchs und große Teile des westlichen Nordafrika beherrschte. Neben den weitreichenden Handelsverbindungen entwickelte sich hier eine höchst erfolgreiche Agrarwirtschaft. Angebaut wurde in der Hauptsache Olivenöl, Wein, Honig und Datteln, aber auch verschiedene Früchte. Die Überschusserträge einiger dieser Produkte wurden außerdem exportiert. Mit dem durch den Handel geschaffenen Reichtum wuchs auch die politische Macht Karthagos über das westliche und zentrale Mittelmeer, bis es sowohl auf dem Meer als auch an Land zu Konfrontationen mit dem römischen Imperium kam, das in diesem Teil der Welt ebenfalls seine Interessen verfolgte. Daraus entstanden die länger als ein Jahrhundert währenden drei Punischen Kriege. Sie endeten vor fast 2150 Jahren mit der Eroberung der karthagischen Herrschaftsgebiete durch die Römer und der Zerstörung der Stadt Karthago, die später von ihren neuen Herren wieder aufbaut wurde.

Wegen der Zerstörung und dem anschließenden Wiederaufbau erwiesen sich die Ausgrabungen in der punischen Stadt Karthago als schwierig. In der letzten Phase ihrer mehr als sechshundertjährigen Geschichte wurde sie offensichtlich sehr sorgfältig geplant, denn ihre Verkehrswege bestanden aus einem Netz sich rechtwinklig kreuzender Straßen, an denen mehrstöckige Steinhäuser standen. In den Wohnquartieren gab es auch Läden und Werkstätten, und die einzelnen Gebäude waren mit Zisternen, Frischwasserleitungen, Sickergruben, Abwasserrohren und sanitären Anlagen ausgestattet. Weitere Informationen über das Leben in punischer Zeit lieferten Gräber, in denen die Archäologen auch einige Kinder bestattet fanden. Sie gehörten möglicherweise zu jenen rituellen Opfern, von denen in schriftlichen Quellen berichtet wird. Im Hinblick auf die Rolle, die Karthago sowohl im Seehandel als auch als Seemacht spielte, ist vermutlich die archäologische Untersuchung seiner zwei miteinander verbundenen Häfen am interessantesten. Vom Meer vollständig umgeben und nur durch einen schmalen Kanal erreichbar, diente in der jüngsten Bauphase der äußere Bereich als Handels- und der innere als Kriegshafen. Im Zentrum des militärisch genutzten Gebiets stand auf einer Insel ein steinerner Rundbau mit überdachten Hallen. In seinem Inneren fanden mindestens 30 Kriegsschiffe Platz und im Rund des Hafenbeckens konnten bis zu 140 andere vor Anker liegen.

Die karthagische Besiedlung reichte im Osten nicht bis in das heutige Westlibyen hinein, denn diesen Teil der afrikanischen Mittelmeerküste kolonisierten die Grie-

Blick auf die Ruinen von Kyrene (Libyen), das von den Griechen als Kolonie gegründet wurde.

chen vor mehr als 2600 Jahren. Sie wählten die südlich ihres Heimatlandes gelegene und später »Kyrenaika« genannte Region, die von Griechenland aus leicht auf dem Seeweg zu erreichen war. Da die Umweltbedingungen vorteilhafter im Vergleich zu den Küsten im Osten und im Westen waren, wurde hier sowohl eine landwirtschaftliche als auch urbane Erschließung möglich. Die Kolonie exportierte Silphion, eine einheimische, stark riechende und inzwischen ausgerottete Pflanze, die man in Griechenland und Rom zu kulinarischen und medizinischen Zwecken verwendete[6]. Andere Ausfuhrgüter waren edle Pferde, Getreide, Früchte und sogar Rosen. Einige der frühen Ansiedlungen wuchsen schließlich zu großen Zentren heran, von denen die Hafenstadt Apollonia und Kyrene die bedeutendsten waren (Abb. oben). Kyrene besaß zwar schöne öffentliche Bauten, erreichte aber nie die Berühmtheit Alexandrias, einer anderen griechischen Stadt am westlichen Ende des Nildeltas. Die Kolonisten der Kyrenaika pflegten stets intensiven Kontakt zum griechischen Mutterland in ihrem Norden, ihre Beziehungen zu den punischen Kolonien im Westen hingegen wurden durch die ungünstigen Bedingungen, die sie sowohl zu Land als

6 Die genaue Herkunft des Silphions ist bis heute nicht geklärt. Ausgerottet wurde die in Rom sehr begehrte Pflanze bereits vor etwa 1900 Jahren (Anm. des Übersetzers).

auch auf See erwarteten, eingeschränkt. Selbst als vor ungefähr 2000 Jahren die Kyrenaika von den Römern erobert wurde, bewahrten die meisten Einwohner der kyrenaikischen Städte ihre griechische Sprache und Kultur.

Den größten Einfluss auf die Region hatte die Ausweitung der römischen Herrschaft auf Nordafrika und Ägypten, als vor etwas mehr als 2000 Jahren die nördlichen Randgebiete des afrikanischen Kontinents zum südlichen Saum des Römischen Reiches wurden. Für vier Jahrhunderte oder mehr wurde Nordafrika dadurch Teil eines riesigen Gebiets, in dem eine nahezu einheitliche politische Struktur, ähnliche wirtschaftliche und soziale Einrichtungen sowie eine vergleichbare Kultur vorherrschten. Außerdem besaß das Reich mit dem Lateinischen offiziell sogar eine allgemeingültige Landessprache. Während dieser Epoche, aus der reiche archäologische Befunde, besonders über das städtische Leben, und schriftliche Quellen überliefert sind, erlebte

Statuen im Bühnenhaus des großen Amphitheaters in den Ruinen von Leptis Magna (Libyen).

der größte Teil Nordafrikas eine Blütezeit. Die drei wichtigsten römischen Städte, Leptis Magna, Sabratha und Oea, lagen im Westen des modernen Staats Libyen. Während Oea von der neuzeitlichen Stadt Tripolis überbaut wurde, blieben von den beiden anderen Orten bis heute umfangreiche Steinruinen von Gebäuden erhalten, die teilweise zum Besten gehören, was die Architektur des Römischen Reiches zu bieten hatte. In Leptis Magna, das größer war als Sabratha, gab es eindrucksvolle Verwaltungsgebäude, mehrere kolossale Triumphbögen, verschiedene Tempel, christliche Kirchen, kostspielige öffentliche Bäder und Latrinen, ein Gymnasion, ein Theater und ein Amphitheater sowie ein Hippodrom, in dem Streitwagenrennen ausgetragen wurden, zwei Foren, einen Markt sowie Hafenanlagen mit Lagerhallen und einen Leuchtturm (Abb. S. 98). Die Stadtplanung von Leptis Magna mit ihren zumeist rechtwinklig aufeinander treffenden, gepflasterten Straßen und einem unterirdischen Rohrleitungssystem, das die Bewohner aus einem rund 20 km entfernten Reservoir mit Wasser versorgte, hatte man gründlich und sorgfältig durchdacht. Einige Privathäuser, in denen man höchst dekorative Mosaikfußböden fand, waren ursprünglich außergewöhnlich schön ausgestattet.

Verantwortlich für den offensichtlichen Reichtum von Leptis Magna und seiner beiden Nachbarstädte war vermutlich eine äußerst effektive Landwirtschaft, deren Erträge größtenteils nach Rom und in andere Städte des Imperiums exportiert wurden. Das wahrscheinlich bedeutendste Handelsprodukt war Olivenöl, das in den riesigen Olivenhainen der Umgebung gewonnen wurde, aber sowohl Getreide als auch das als große Delikatesse geltende Garum, eine Soße, die aus den Innereien gesalzener Fische hergestellt wurde, spielten eine wichtige Rolle. Ebenfalls für den Export erwarb man von den Wüstennomaden, die südlich des von den Römern kontrollierten Gebiets lebten, Gold, Edelsteine, Elfenbein, Sklaven und zahlreiche wilde Tiere für die Arenen der Amphitheater Roms und anderer Städte. Obwohl der Handel mit Innerafrika zu dieser Zeit wahrscheinlich weit weniger ins Gewicht fiel als später, ist die Vielfalt der in den unterschiedlichsten Regionen lebend gefangenen Wildtiere, die Rom erreichten, erstaunlich. So sind beispielsweise Elefanten, Löwen, Leoparden, Flusspferde, Nashörner, Giraffen und sogar Zebras belegt.

Während der römischen Zeit war insgesamt das wichtigste Element der Ökonomie Nordafrikas die Landwirtschaft, die sowohl zahlreiche Metropolen, Kleinstädte, ländliche Siedlungen, Landgüter und Bauernhöfe versorgte, als auch einen gewaltigen Überschuss für den Export produzierte. In einer Region, die im nördlichen Teil des heutigen Tunesien liegt, wurden die meisten Erträge erzielt. Dadurch, dass auf riesigen Flächen im Südwesten der wiederaufgebauten Stadt Karthago in großen Mengen Weizen anpflanzt wurde, nahmen die von hier ausgehenden Getreidelieferungen nach Rom und in andere Gebiete Nordafrikas im Laufe der Zeit an Bedeutung zu. Zusätzlich stellte man überall in der Kolonie Olivenöl, Wein und andere Agrarprodukte her. Von daher entstand ein beträchtlicher Teil des Wohlstands auf den großen agrarwirtschaftlichen Landgütern, deren Eigentümer häufig nicht selbst dort lebten, sondern den Betrieb von Sklaven führen ließen. Für diesen

Reichtum gibt es in den Städten, wie beispielsweise in el-Djem (Tunesien), zahlreiche archäologische Belege. So war das große Amphitheater für 30.000 Menschen ausgelegt. In den Privathäusern el-Djems wurden zahlreiche Mosaiken aufgedeckt, in denen sowohl Szenen aus der Mythologie als auch aus dem täglichen Leben anschaulich dargestellt werden. Noch bezeichnender für diesen Überfluss ist die luxuriöse, mehrsitzige Latrine in den so genannten Seethermen von Sabratha, die ständig mit fließendem Wasser gespült wurde. Derartige Einrichtungen benötigten eine hoch entwickelte Infrastruktur, für deren Bereitstellung die Römer offensichtlich beträchtliche Wegstrecken überwanden, weil in dem oft heißen und trockenen Klima Nordafrikas speziell die Wasserversorgung wichtig war. So wurde beispielsweise Karthago in römischer Zeit aus etwa 80 km Entfernung mit Wasser beliefert, das über ein Aquädukt und streckenweise sogar durch unterirdische Leitungen floss. Während dieser Epoche wurden vermutlich auch Entwürfe für die Wasserregulierung der ländlichen Gebiete erstellt und Bewässerungssysteme entwickelt, obwohl dieser Technologie zumindest teilweise auf vorrömische Errungenschaften zurückzuführen ist. Zusätzlich bauten die Römer über Tausende von Kilometern hinweg auch Brücken und Straßen.

Ohne die notwendige Sicherheit, die die römische Armee im Allgemeinen und die nordafrikanische »Legio III Augusta« im Besonderen gewährleistete, wäre ein fortschrittliches Wachstum dieser Art nicht möglich gewesen. Die Soldaten dieser Legion hielten die Ordnung bei der einheimischen Bevölkerung aufrecht und verhinderten Übergriffe der Wüstennomaden. Als Ausgangspunkt für diese Aktionen dienten ihnen Zeltlager und Militärstädte, in die sich häufig, ebenso wie auf die in der Nähe gelegenen Bauernhöfe, Veteranen der Armee aus allen möglichen Gegenden des Imperiums im Alter zurückzogen. Für den Bau von Straßen, Brücken, Wasserversorgungssystemen und sogar der städtischen Abwasserleitungen war ebenfalls die Armee verantwortlich. Timgad, im Osten des heutigen Algerien, ist wohl die eindrucksvollste und am besten erhaltene Soldatenstadt aus dieser Zeit. Sie wurde mit militärischer Präzision in einem rechteckigen Raster errichtet, an dem sich Straßen und Gebäude orientierten. Um die durch die Wüste verlaufende lange Grenze zu schützen und nomadisierende Hirten leichter besteuern und kontrollieren zu können, baute und bemannte die Armee auch eine Reihe von Forts, Außenposten und Verteidigungsgräben. Da es regelmäßig zu inneren Revolten und Angriffen einheimischer Volksstämme von jenseits der Grenze kam, war die Bewältigung der militärischen Aufgaben nicht immer leicht. In einigen Gebieten mussten deshalb sogar die Bauernhöfe befestigt werden.

Aber wie römisch war Nordafrika unter der römischen Vorherrschaft wirklich? Auf den ersten Blick wirkt es jedenfalls stark romanisiert. Immerhin wurde Septimius Severus, einer der berühmtesten römischen Kaiser, in Leptis Magna geboren und sprach anscheinend Latein mit punischem Akzent. Auch viele andere aus Nordafrika stammende Männer stiegen im Laufe der über Jahrhunderte währenden römischen Dominanz zu bekannten Persönlichkeiten auf. Zu ihnen gehörte der Soldat Lollius

Urbicus, der es zum Gouverneur der Provinz Britannien brachte, der Schriftsteller Lucius Apuleius, dessen Buch *Der goldene Esel* noch immer gelesen wird, und der Heilige Augustinus, der als Bischof des frühen Christentums mit seinen Schriften großen Einfluss auf die spätere Kirche ausüben sollte. Andere Afrikaner, wie der Vasallenkönig Juba II., der die römische Stadt Volubilis im westlichen Marokko gründete, übernahmen die römische Kultur vollständig. Dennoch blieb das römische Nordafrika eine Kolonie, in der eine relativ kleine, Rom treu ergebene Elite über die einheimischen Völker herrschte, die eigentlich die Mehrheit der Bevölkerung stellten. Während die Sprachen und Kulturen der Punier, Libyer und Berber überlebten, wurden viele der kultivierten römischen Städte aufgegeben, als die wirtschaftliche und politische Kontrolle Roms nachließ. Nach etwa 400 Jahren hatte sich der Charakter Nordafrikas völlig verändert. Das Christentum wurde zur offiziellen Religion und das römische Herrschaftsgebiet verkleinerte sich. Obwohl es der kolonialen Obrigkeit gelang, die Invasion der Vandalen aus Europa zu überstehen, unterlag sie in der Folge sowohl den Angriffen der Araber als auch der Islamisierung. Bezeichnenderweise drangen die Römer, bedingt durch ihre Fixierung auf den Mittelmeerraum, nur selten über die von ihnen bewohnten nördlichen Randgebiete hinaus tiefer in den afrikanischen Kontinent vor. Das alles sollten die Araber, die die Wüsten kannten und verstanden, ändern.

# Qsar el-Seghir – Tor zu Europa und Afrika

Als vor ungefähr 1300 Jahren arabische Völker in Nordafrika einfielen und die einheimische Bevölkerung die Religion und Kultur der Eroberer übernahm, wurde die islamische Welt Südwestasiens um dieses Gebiet erweitert. Dennoch blieb Nordafrika Teil des Mittelmeerraumes, zu dem auch Südeuropa gehörte. Von Nordafrika aus wurde der Islam bis nach Europa weitergetragen, wo er im Süden der seit fast 800 Jahren bestehenden Staaten Spanien und Portugal herrschte. In den verschiedenen Regionen auf beiden Kontinenten blühten unterschiedliche Reiche und Dynastien auf, um dann wieder unterzugehen. Während dieser Zeit vollzogen sich bemerkenswerte kulturelle Entwicklungen, die sich durch prosperierende Klein- und Großstädte, einen florierenden Handel und den Drang nach Wissen auszeichneten. Die archäologische Erforschung dieser Epoche ist in den bedeutenden nordafrikanischen Zentren Fes, Tanger, Algier, Tunis, Kairo und Tripolis äußerst schwierig, weil sie seit jenen Tagen bis heute eine ununterbrochene Bebauung aufweisen. Im Gegensatz dazu war es jedoch möglich, eine kleine Stadt gründlich zu untersuchen, die vor mehr als 450 Jahren aufgegeben und nie wieder besiedelt wurde. Auch wenn dieser Ort nicht von großer Bedeutung war, spielte er trotzdem für einige Jahrhunderte in der Geschichte des westlichen Mittelmeers eine entscheidende Rolle. Er war unter mehreren verschiedene Namen bekannt; so nannten ihn die Portugiesen »Alcacer Ceguer« und die Araber zuletzt »Qsar el-Seghir«. An der engsten Stelle der Straße von Gibraltar gelegen, war er nur 22 km von der europäischen Küste entfernt. Während er anfänglich als Durchgangsstation für Menschen und Waren diente, wurde er später zuerst als Grenzfestung, dann als kolonialer Außenposten genutzt. Zuerst von muslimischen Nordafrikanern und dann von christlichen Portugiesen bewohnt, spiegelt seine Geschichte den Kontakt und den Austausch zwischen Afrika und Europa wider.

Qsar el-Seghir bestand während einer Zeit, für die aus diesem Teil Nordafrikas sowohl schriftliche als auch archäologische Zeugnisse überliefert sind. Die Ansiedlung wurde vermutlich vor etwa 1300 Jahren als Hafen gegründet, in dem sich die Streitkräfte für die Überfahrt zur europäischen Küste einschifften. Diese Aufgabe erfüllte sie bis vor etwa 700 Jahren, als sich die islamische Vormachtstellung im Süden Spaniens ihrem Ende näherte. Während aus der frühen Phase dieser Periode in Qsar el-Seghir nur wenige archäologische Befunde vorhanden sind, blieb aus den späteren Zeiten weit mehr erhalten, weil sich die ortsansässigen Herrscher in dieser Zeit intensiv um die Befestigung und den Ausbau des Ortes bemühten. Nachdem die Araber Spanien verloren hatten, änderte sich seine Funktion und er wurde für mehr als ein Jahrhundert zu einem Handelshafen, bis er, vermutlich aufgrund der Übernahme des nahe gelegenen Hafens von Ceuta durch die Portugiesen, am Ende einen wirtschaftlichen Niedergang erlebte. Dennoch musste die unmittelbare Nähe zur europäischen Küste Qsar el-Seghir einen Vorteil verschafft haben, wenngleich es von geringerer Bedeutung für die Ausfuhr afrikanischer Waren war als größere nordafrikanische Häfen. Außerdem stammten wahrscheinlich einige der Produkte, die von hier verschifft wurden, von jenseits der Sahara. Dazu gehörte sicherlich auch Gold aus Westafrika, für das es in Europa eine große Nachfrage gab.

Qsar el-Seghir war keine gewachsene, sondern eine geplante Stadt (Abb. unten). Ihr kreisförmiger Aufbau entstand entweder zufällig oder orientierte sich gezielt am Idealgrundriss islamischer Metropolen, nach dem angeblich das frühe Bagdad erbaut wurde. Das relativ kleine Areal von weniger als drei Hektar war von einer Befestigungsmauer aus Steinen und Ziegeln umgeben, die mit extrem viel Mörtel verbunden waren. Ihre Wandstärke betrug 1,8 und ihre Höhe acht Meter. Ausgestattet war diese Verteidigungsanlage mit insgesamt 29 vorgelagerten Rundtürmen, die auf ihre gesamte Länge verteilt waren, und drei befestigten Toren, durch die man in die Stadt gelangte. Errichtet in einem Gebiet, das ein für die Landwirtschaft günstiges Klima besaß, lag Qsar el-Seghir nahe der nördlich verlaufenden Küste und eines im Westen vorbeifließenden kleinen Flusses, der unweit ins Meer mündete. Das Stadtgebiet innerhalb der Mauer wurde von relativ breiten Straßen rechtwinklig gegliedert. Als wichtigste öffentliche Einrichtungen lag im Nordwesten die einzige Moschee der Gemeinde, in der Nähe der Stadtmitte gab es ein öffentliches Bad (Hammam) und

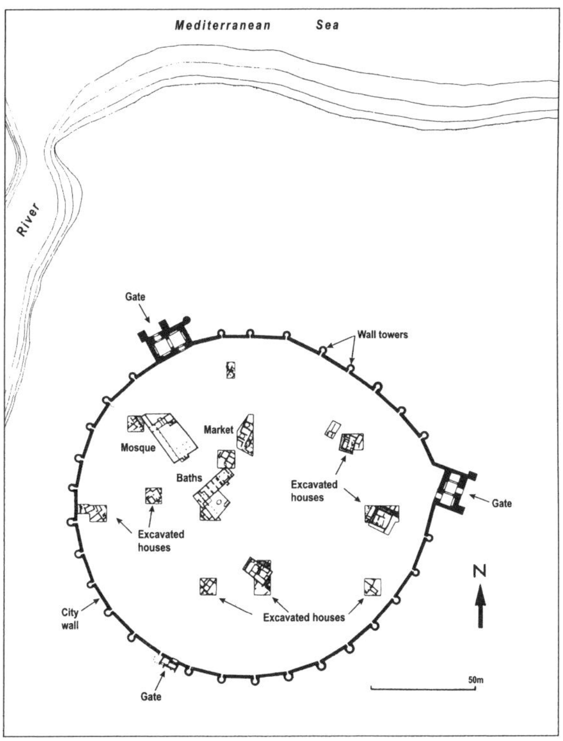


Gesamtplan der islamischen Stadt Qsar el-Seghir zu portugiesischer Zeit, entwickelt anhand der noch anstehenden Baustrukturen und der ausgegrabenen Architekturreste.

im Norden einen Markt (Bazar). Die Moschee war das Zentrum des religiösen Lebens, das Hammam, das sowohl eine kultische wie eine soziale Bedeutung hatte, trug zur allgemeinen Hygiene bei und im Bazar konnte man Lebensmittel und andere unentbehrliche Dinge kaufen. Alle drei aus Steinen und Ziegeln errichteten Baukomplexe waren sorgfältig geplant. Wie sich bei den Ausgrabungen herausstellte, war von allen Gebäuden das Hammam am besten erhalten. Ursprünglich war es ein eindrucksvoller Bau mit einem Umkleidebereich sowie jeweils einem Kalt-, Warm- und Heißbaderaum. Als Fußböden hatte man in dem gesamten Komplex Ziegel oder Fliesen verlegt. Direkt neben dem Heißbaderaum gab es eine Kammer mit einem Ofen, der die unter dem Boden des Heißbades zirkulierende Luft anheizte. Außerhalb des Hammams befand sich unmittelbar anschließend ein Brunnen, der das benötigte Wasser lieferte. Die gesamte Struktur dieser Anlage zeigt deutlich, wie viel die islamischen Gesellschaften von den älteren römischen Traditionen angenommen hatten.

Innerhalb der Stadtmauer war der größte Teil des restlichen Areals mit Häusern aus Stein und Ziegeln bedeckt, jedoch auch außerhalb gab es eine geringfügige Bebauung. Alle Gebäude hatten einen rechtwinkligen Grundriss, fensterlose Außenwände und einen einzigen Eingang von der Straße her, von dem aus man einen knickachsig angelegten Flur betrat. In jedem Wohnhaus waren die Räume zu einem zentralen Hof hin orientiert. Es gab Wohn- und Schlafzimmer, eine Küche, einen Lagerraum und eine Latrine, die sich in eine unterirdische Abflussleitung entleerte. Von da aus wurde das Abwasser in ein Kanalsystem geleitet, das mittig unter der angrenzenden Straße verlief und vermutlich in mehreren Sickergruben endete. Jedes Haus besaß auch einen Brunnen, aber für gewöhnlich keinen Herd, da man anscheinend auf mit Holzkohle gefüllten Feuerpfannen aus Keramik kochte. In der Hauptsache aß man Brot und Couscous, beides aus Weizen zubereitet, sowie Rind- und Hammelfleisch. Die Wände wurden verputzt und die Fußböden konnten aus Stampflehm oder, was häufiger vorkam, aus einer Art Estrich bestehen, der gelegentlich bemalt war. Auch eine Pflasterung aus Ziegeln beziehungsweise Fliesen war üblich. Gegen Ende der islamischen Zeit verwendete man für die Böden auch immer öfter dekorative farbige Kacheln. Viele Gebäude waren nur einstöckig, doch wurden auch einige mit einem zweiten Stockwerk ausgestattet, das man über eine Treppe im Inneren erreichte. Insgesamt legte man bei der Konstruktion der Wohnbauten in erster Linie Wert darauf, dass die Privatsphäre vor den Blicken Außenstehender geschützt wurde und ein grundlegender Komfort vorhanden war.

Diese Schlichtheit spiegelt sich auch in der Keramik und anderen Objekten wider, die man in den Häusern fand. Der größte Teil der Keramik wurde auf der Töpferscheibe hergestellt, war unverziert und manchmal an der Innenseite mit einer durchsichtigen Bleiglasur versehen, damit keine Flüssigkeit durch die Wandung verdunsten konnte. Wahrscheinlich wurden die meisten Gefäße in der Stadt selbst oder in der unmittelbaren Umgebung produziert, es wurde aber auch eine schmuckvollere Keramikware entdeckt, die man größtenteils aus anderen Städten in Nordafrika oder dem islamischen Spanien bezog. Für die Herstellung von Waffen, Werkzeugen und Nägeln wurde zwar Eisen verwendet, doch gab es davon anscheinend nicht sehr viel. Schmuck hingegen fertigte man aus Bronze oder Messing, das anschließend gelegentlich versilbert oder vergoldet wurde. Man verarbeitete ebenso Knochen und Elfenbein und benutzte Glasgefäße, wenn auch eher selten. Einige wenige islamische Gold-, Silber- und Kupfermünzen wurden gleichfalls gefunden. Betrachtet man sowohl die Wohnbauten als auch die in ihrem Inneren gefundenen Objekte, gewinnt man den Eindruck, dass einige Menschen durchaus wohlhabender waren als andere, sich ihr Reichtum jedoch in Grenzen hielt. Möglicherweise könnte das mit der von Muslimen häufig geübten Zurückhaltung zusammenhängen, sich selbst darzustellen, doch vermutlich lag es eher an der Größe und Struktur Qsar el-Seghirs, deren Bevölkerung aus Handwerkern und Händlern bestand und niemals mehr als 1200 bis 1300 Einwohner zählte.

Die islamische Besiedlung Qsar el-Seghirs endete vor 550 Jahren gewaltsam bei einem Angriff der portugiesischen Armee, weil die Stadtmauer gegen die Kanonen, mit denen die Eroberer bewaffnet waren, keinen Schutz mehr bot. Die Bewohner kapitulierten und man erlaubte ihnen den Abzug mitsamt all ihren Besitztümern. In »Alcacer Ceguer« umbenannt, wurde die Stadt Teil der portugiesischen Expansionspolitik in Nordwestafrika, der schließlich auch Tanger und mehrere andere Häfen entlang der Atlantikküste zum Opfer fielen. Von daher wurde sie zu einer Festungsstadt mit modernisierten Befestigungen, in der eine Garnison Soldaten stationiert war und die Bevölkerung überwiegend aus Männern bestand. Obwohl sie sich im Lauf der Zeit zu einer militärischen Ansiedlung mit nur wenigen zivilen Bewohnern und einer florierenden Wirtschaft entwickelte, besaß sie nie die volle Kontrolle über die umliegende Region. Schließlich gaben die Portugiesen, wegen der hohen Ausgaben für die Verteidigung der nordafrikanischen Besitzungen und der vergleichsweise größeren Rentabilität der weiter entfernten überseeischen Interessensgebiete, Nordafrika insgesamt auf. Deshalb verließen sie nach nur 92 Jahren Qsar el-Seghir, nachdem sie sowohl zahlreiche Gebäude als auch einige Befestigungen zerstört hatten, um einen Wiederaufbau zu verhindern. Zumindest in diesem Punkt waren sie erfolgreich, denn der Ort wurde tatsächlich nie wieder besiedelt.

Die portugiesische Stadt war vollständig anders strukturiert als die vorherige islamische (Abb. S. 106). Zwar behielt man den kreisförmigen Grundriss bei, reduzierte aber die Schutzmauern in der Höhe, verbreiterte sie an der Basis und umgab sie mit einem tiefen Wassergraben. Außerdem stattete man die Befestigungswälle mit fünf Bastionen aus, von denen drei die ehemaligen Stadttore umschlossen. Die dem Meer am nächsten gelegene wurde zu einer befestigten Zitadelle ausgebaut. Von hier aus legte man einen 110 m langen, überdachten Zugang zur Küste an, damit der Weg für anlandende Nachschublieferungen geschützt war. All diese Veränderungen wurden vorgenommen, um zum einen die Stadt besser gegen den Beschuss durch Kanonen zu rüsten und zum anderen Geschütze und Gewehre selbst besser gegen die Angreifer einsetzen zu können. Dank dieser Maßnahmen waren zwei Belagerungen

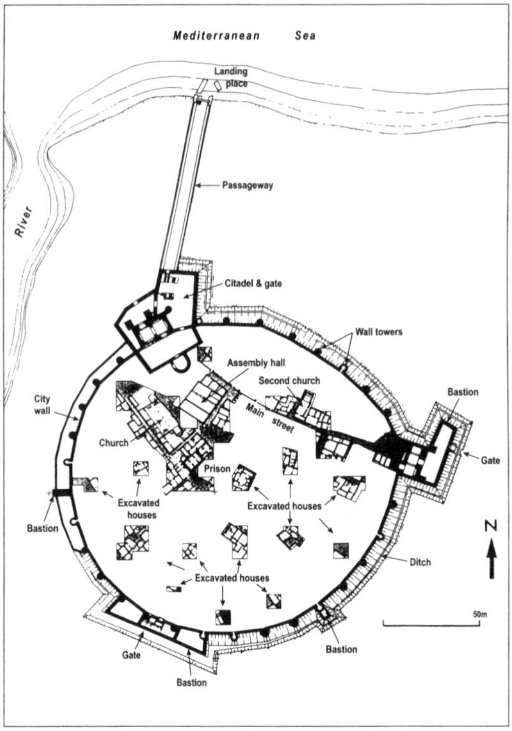


Plan von Qsar el-Seghir zu portugiesischer Zeit, entwickelt anhand der noch anstehenden und ausgegrabenen Mauern.

durch islamische Truppen tatsächlich erfolglos. Innerhalb der Mauern scheint das Straßennetz größtenteils so beibehalten worden zu sein, wie es war, doch an den Mündungen und Kreuzungen der Straßen, von denen die meisten mit Kopfsteinen gepflastert waren, gab es mittlerweile mehr offene Plätze. Auch die öffentlichen Bauten wurden umgestaltet. So wandelte man die Moschee noch am selben Tag, an dem die Portugiesen den Ort besetzten, in eine Kirche um, die dann aber in der folgenden Zeit vollständig erneuert wurde. Außerdem errichtete man eine zweite Kirche und ein weiteres großes Gebäude, das vermutlich als Versammlungshalle diente. Der alte Bazar wurde abgerissen und das Hammam in ein Gefängnis oder Arsenal umgewandelt. Für die Portugiesen war die kultische und soziale Bedeutung des öffentlichen Bades völlig ohne Belang, zumal ihnen ihre persönliche Sauberkeit weniger wichtig gewesen zu sein scheint als ihren islamischen Vorgängern.

Obwohl man durchaus in vielen Fällen die älteren Häuser wieder in Gebrauch nahm, unterschieden sich die Wohnbauten der Portugiesen grundsätzlich von denjenigen der Muslime. Der Grundriss der neuen Gebäude war für gewöhnlich linear aufgebaut. So lag unmittelbar hinter dem zumeist dekorativ ausgestalteten Eingang der größte Raum, von dem aus man in alle anderen gelangte, die mit zunehmender Entfernung vom Eingang eine immer privatere Funktion bekamen. Diejenigen Wohnhäuser, in denen auch zusätzlich Handel getrieben wurde, waren innen nicht so sorgfältig ausgestaltet wie die vorherigen muslimischen. Wenngleich man sie in der Hauptsache noch immer aus Stein errichtete, fehlten aber beispielsweise die Latrinen und Abwasserleitungen, so dass man vermutlich stattdessen Nachttöpfe benutzen musste. Da die öffentlichen Brunnen in der Stadt noch in Gebrauch waren, besaßen nur relativ wenige Gebäude ihren eigenen Brunnen. Gekocht wurde in den Haushalten anscheinend auf Herden und nicht mehr auf einer mit Holzkohle gefüllten Feuerpfanne. Die Hauptnahrungsmittel waren nahezu dieselben wie in islamischer Zeit, für gewöhnlich wurde jedoch mittlerweile Schweine- und Rindfleisch bevorzugt. Daneben verzehrte man zusätzlich große Mengen von Fisch sowie Schalentieren und trank Wein. Vermutlich aufgrund der wachsenden Bevölkerung, die inzwischen etwa 1000 Menschen zählte, wurden viele Wohnhäuser im Lauf der Zeit aufgeteilt. Obwohl auch in der Architektur Hinweise darauf existierten, dass es durchaus unterschiedliche Vermögensverhältnisse gab, sind die Keramik und andere in den Gebäuden entdeckte Objekte grundsätzlich viel aussagekräftiger.

Ganz offensichtlich verfügten die portugiesischen Bewohner von Qsar el-Seghir über mehr persönliche Besitztümer und waren stärker daran interessiert, ihren Wohlstand zu zeigen, als ihre Vorgänger. So war der größte Teil ihrer Keramik nicht mehr lokalen Ursprungs, sondern wurde von jenseits der Straße von Gibraltar importiert. Hauptsächlich handelte es sich dabei um glasiertes und häufig mit Dekor verziertem Tafelgeschirr, das aus Portugal, Spanien, Italien und Deutschland stammte, in Ausnahmefällen gehörte aber auch chinesisches Porzellan dazu. Überdies wurden auch die unterschiedlichsten Metallgegenstände, wie Waffen, Rüstungen und in erster Linie aus Eisen bestehende Werkzeuge sowie zahlreiche Schmuckstücke aus Bronze, Silber und Gold gefunden. Gefäße und Armbänder aus Glas waren allgemein gebräuchlich, und Münzen gab es weit zahlreicher als zu islamischer Zeit, wenngleich die meisten in Kupfer und nur wenige in Silber geschlagen waren. Insgesamt weisen die Befunde auf eine dreistufige Hierarchie hin, zu unterst eine große Anzahl von Menschen mit relativ bescheidenen Mitteln, in der Mitte eine kleine Gruppe, die nur unwesentlich wohlhabender war, und an der Spitze eine einzige Person, die reicher war als jeder andere. Der Aufbau dieser Gemeinschaft beschreibt die Struktur einer typischen militärischen Gesellschaft, in die man die Zivilisten nach und nach angemessen eingegliedert hatte.

Qsar el-Seghir war nur eine kleine Stadt und stand mit Sicherheit im Schatten vieler weit größerer Zentren im islamischen Nordafrika. Dennoch steht seine Geschichte bis zu einem gewissen Grad auch stellvertretend für deren Entwicklung. Durch seine einzigartige Position an der engsten Stelle der Straße von Gibraltar entstand ein überzeugender archäologischer Bericht über die wechselseitige Beziehung zweier Kulturen, dem islamischen Afrika und dem christlichen Europa. Zu diesem kulturellen Austausch konnte es nur kommen, weil Qsar el-Seghir nicht nur für die Afrikaner das Tor nach Europa war, sondern auch den Europäern einen Zugang nach Afrika gewährte. Als die Stadt schließlich in dieser Funktion keine Bedeutung mehr hatte, hörte sie auf zu existieren.

# Djenné-Djenno – Eine frühe Stadt am mittleren Niger

Im Verlauf der letzten 1000 Jahre wurde der Kontakt zwischen den nordafrikanischen Gebieten an der Mittelmeerküste und Westafrika immer von der Wüste Sahara behindert. Doch war der Weg durch die Wüste zwar beschwerlich, aber nicht unmöglich. Besonders das Vorkommen wichtiger Ressourcen, wie beispielsweise Gold, in den Gebieten südlich der Sahara war seit der Zeit vor etwas mehr als 1000 Jahren eine wirkungsvolle Triebfeder, mit Hilfe von Kamelen umfangreiche Warentransporte quer durch die Sahara zu bewerkstelligen. Ein darauf ausgerichteter Handel konnte sich aber nur entwickeln, weil es in Westafrika bereits Völker gab, die sowohl im Stande waren, Güter aus dem Landesinneren zu beschaffen, einzutauschen und zu befördern, als auch die Verteilung der zum Tausch angebotenen Handelswaren aus der Sahara und dem Mittelmeerraum zu bewältigen. Die aktivsten dieser Stammesgemeinschaften lebten in den Grenzgebieten zwischen Savanne und Wüste. Da sie hier in direktem Kontakt mit den Händlern aus dem Norden standen, konnten sie deren Geschäfte bis zu einem gewissen Grad beeinflussen und daraus ihren Vorteil ziehen. Eine dafür gut geeignete Region lag am mittleren Niger, der, aus dem Süden kommend, an dieser Stelle am Rand der Wüste entlang fließt, um sich dann wieder in einem großen Bogen nach Süden auszurichten (Abb. S. 109). Trotz der Nähe zur Wüste bot diese Gegend der relativ großen dort ansässigen Bevölkerung gute Existenzmöglichkeiten, obwohl sich die Umweltbedingungen aufgrund von Klimaschwankungen immer wieder veränderten. Deshalb entstanden und wuchsen während der letzten 1000 Jahre viele Orte und Städte an den Ufern des mittleren Niger, von denen einige so berühmt wurden wie beispielsweise Timbuktu und Gao. Etwa im selben Zeitraum vollzogen sich auch der Aufstieg und Fall einer Reihe von Königreichen, wie Ghana, Mali und Songhai, die die berühmtesten waren. Inzwischen erkannte man jedoch, dass die Ursprünge dieser Entwicklungen bereits mehr als 1000 Jahre weiter zurückreichen als bisher angenommen. Einige der wichtigsten Belege für diese These stammen aus Djenné-Djenno, nahe der heutigen Stadt Djenné (Abb. S. 111).

Djenné-Djenno liegt in einem Gebiet am mittleren Niger, das häufig als das Binnendelta dieses Flusses angesehen wird. Vor ungefähr 10.000 Jahren verlief der Niger noch nicht auf den Atlantischen Ozean zu, sondern speiste im Norden, wo heute Wüste ist, Seen und Sümpfe. Dabei bildete er aus seinen Flusssedimenten ein Delta. Daraus entwickelte sich eine von Flussläufen und Seen durchzogene, relativ fruchtbare Landschaft, die jedes Jahr während der Regenzeit großflächig überschwemmt wurde. Obwohl das Klima in dieser Region, die heute zum Süden des Staates Mali gehört, sowohl heiß als auch trocken war, und es nur eine kurze Regenperiode gab, strömten jährlich enorme Wassermengen flussabwärts aus den höher gelegenen, niederschlagsreicheren Gebieten des oberen Niger und brachten fruchtbaren Schlamm mit in die Ebene. Von daher war der mittlere Niger bereits seit langer Zeit für die Menschen als Besiedlungsraum interessant. Zum einen lieferte der Fluss, sowohl bei Niedrig- als auch bei Hochwasser, Fisch als die entscheidende Nahrungsgrundlage, zum andern ermöglichte er in den überfluteten Gebieten den Anbau von westafrikanischem Reis und auf höher angelegten Feldern mit sandigen Böden das Anpflanzen von heimischer Hirse. Zusätzlich konnte man auch eine große Zahl von Rindern, Ziegen und Schafen ernähren, indem man die unterschiedlich gearteten Landschaften der Umgebung zu verschiedenen Jahreszeiten jeweils anders ausbeutete. So wurde das Vieh nach den kurzen Regenzeiten in den Randgebieten

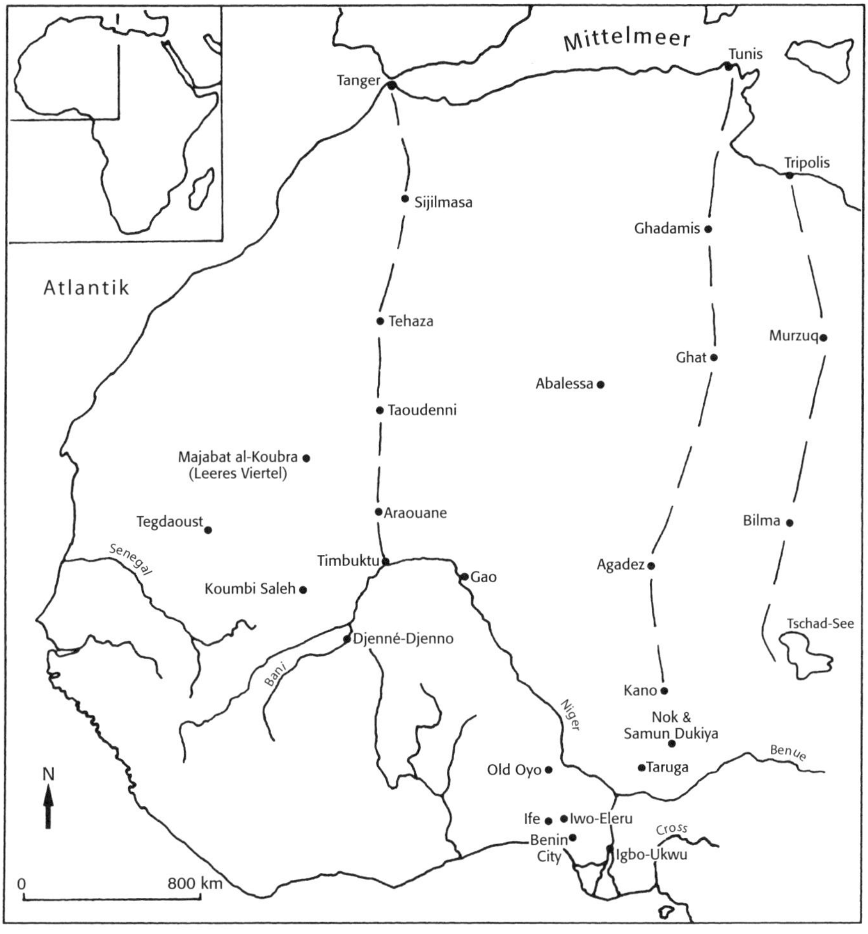


^
Wichtige Fundorte und historisch relevante Gebiete in West- und Nordwestafrika.

der Wüste geweidet und während der Trockenperioden mit Getreideresten und den Pflanzen, die an den Flussläufen und Lagunen wuchsen, gefüttert.

Dennoch war das Leben für die Bauern, Hirten und Fischer am mittleren Niger häufig unsicher, denn die Überschwemmung, die der Fluss jedes Jahr brachte, fiel entweder für die Landwirtschaft zu gering aus oder sie war so heftig, dass sie ihre Hütten fortschwemmte und Menschen wie Tieren den Tod brachte. Ebenso unberechenbar war es, wenn das Hochwasser zu früh, zu spät oder überhaupt nicht kam. Da während der Jahrhunderte dieser Teil Westafrikas immer wieder schleichenden Klimaschwankungen unterlag, war die Region zeitweilig sehr fruchtbar und zu anderen Zeiten völlig trocken. In den ausgeglichenen Phasen gab es dementsprechend eine hohe Bevölkerungsdichte, die in den von Dürreperioden und Hungersnöten gekennzeichneten Zeiträumen jedoch stark abnahm. Die Unwägbarkeiten der Umwelt bargen aber sowohl Chancen als auch Widrigkeiten, die durch die unvermittelt ineinander übergehenden, verschiedenen Landschaftsformen noch verschärft wurden. Die einzelnen Klans des Volkes der Manda, die bereits seit der letzten Jahrtausende in diesem Gebiet siedelten, fanden zahlreiche, sehr flexible Möglichkeiten, mit dieser Situation umzugehen. So pflanzten sie verschiedene Reissorten auf Feldern mit unterschiedlich hohem Wasserstand oder wählten die jeweils zu den Böden passenden Hirse- und Getreidearten zum Anbau aus. Die Hirten lernten zu erkennen, wann sie am besten ihr Vieh in welchem Gebiet weiden mussten, und glichen ihre Wanderungen an die Jahreszeiten an. Ebenso entwickelten die Fischer eine Fülle von Strategien, die ihnen ermöglichten, bestimmte Arten nur zu bestimmten Zeiten zu fangen. Kurz gesagt, führten die nicht vorhersehbaren Umweltbedingungen zu einer außergewöhnlichen Anpassungsfähigkeit der Menschen am mittleren Niger.

Diese Anpassungsfähigkeit bildete seit den letzten 2000 Jahren oder länger die Grundlage für eine ausgesprochen hohe Bevölkerungsdichte entlang dem mittleren Niger. Verglichen mit der im Norden gelegenen Wüste oder der Savanne im Süden war diese Region landwirtschaftlich äußerst produktiv, so dass man in guten Zeiten über überschüssige Nahrung verfügte, die zum Handel mit den weniger glücklichen Nachbarn genutzt wurde. Auf der anderen Seite waren die Flussläufe, Lagunen und Seen sowie die Sandwälle und Dünen arm an einigen Ressourcen, die die Bewohner des Binnendeltas jedoch benötigten. Diese Rohstoffe, zu denen unter anderem auch Eisenerz, aus dem man Eisen für Werkzeuge und Waffen schmelzen konnte, und Salz zählten, mussten von außerhalb beschafft werden. So entstand ein bis weit in die umliegenden Gebiete reichendes Handelsnetz, das schließlich auch den Händlern aus Nordafrika und der Sahara ermöglichte, mit Gold, Elfenbein, Kolanüsse, Sklaven und anderen Gütern aus dem Landesinneren Westafrikas Geschäfte zu machen. Ebenso diente dieses Netzwerk von Handelsbeziehungen dazu, Salz, handwerkliche Fertigprodukte und Rohstoffe aus der Sahara und dem Mittelmeerraum einzuführen. Der Region am mittleren Niger fiel so die Hauptrolle im Fernhandel zu, da die Kamelkarawanen in den größeren Städten und Ortschaften endeten, Boote sowohl die einheimischen als auch ausländischen Waren durch einen regelrechten Irrgarten von Wasserstraßen beförderten und es genügend Esel oder menschliche Träger gab, die für den Transport in die oder aus der Savanne sowie von und zu den Wäldern im Süden zur Verfügung standen. Für Fremde aus dem Norden war dieses Gebiet unbekanntes Neuland, in das sie sowohl Handelsgüter als auch neue Vorstellungen brachten, zu denen als wichtigste auch der Islam gehörte.

Mit dem Islam fand auch die Schrift Eingang nach Westafrika. Dadurch gewinnen wir einen Einblick in die Entwicklungen der vergangenen 1000 Jahre, denn die europäischen Autoren können lediglich über die letzten Jahrhunderte Auskunft geben. Unser Wissen über den mittleren Niger aus der Zeit vor den frühesten schriftlichen Aufzeichnungen beruht jedoch ausschließlich auf dem Fundmaterial aus den Siedlungen, in denen die Menschen lebten, und den Dingen, die sie anfer-

Blick über die heutige Stadt Djenné, Mali.

Die aus luftgetrockneten Lehmziegeln errichtete alte Moschee der modernen Stadt Djenné als Beispiel für die traditionelle afrikanische Lehmziegelarchitektur.

tigten, nutzten oder mit denen sie handelten. In vielen Besiedlungshügeln, von denen die meisten relativ klein, manche größer und einige wenige riesig sind, fanden sich die Ruinen ihrer aus Lehm erbauten Hütten und der im täglichen Leben anfallende Abfall, zu dem unter anderem zerbrochene Keramik ebenso gehörte wie Tierknochen, die von Fleischmahlzeiten übrig geblieben waren, Reste anderer Nahrung sowie Asche und Holzkohle aus den Kochstellen. Außerdem lagen häufig in oder am Rand der Ortschaften zahlreiche Gräber, in denen die Einwohner bestattet wurden. Mit all diesen Funden lässt sich das Leben der Menschen und teilweise auch ihre Geschichte rekonstruieren. Zu dieser Aufgabe hat Djenné-Djenno einen überaus wichtigen Beitrag geleistet.

Vermutlich wurde vor 3000 Jahren das Gebiet am mittleren Niger, in dem Djenné-Djenno liegt, zu häufig vom Hochwasser des Flusses überflutet, als dass es permanent besiedelt werden konnte, obwohl mit Sicherheit Jäger, Sammler und Fischer in der Umgebung lebten. Wahrscheinlich gab es dort vor etwa 2500 Jahren auch Bauern und Hirten, da sie in Djenné-Djenno seit dieser Zeit zu belegen sind. Während dieser frühen Periode bauten die Bewohner bereits Reis und anderes Getreide an, hielten Rinder, gingen auf Fischfang und sammelten Wildpflanzen. Außerdem schmolzen sie

Eisen aus Eisenerz, das von außerhalb stammte. Sie errichteten Hütten aus Reisig und Lehm und stellten hochwertige Keramik her. Vor ungefähr 2500 Jahren hatte sich aus einem Dorf eine kleine Ortschaft entwickelt, aus der vor rund 1000 Jahren eine Stadt mit etwa 13.000 Einwohnern wurde, die von einer zwei Kilometer langen Stadtmauer geschützt war. Während sich die Landwirtschaft nicht verändert hatte, war der Handel gewachsen und die Keramik vielfältiger geworden. Die Häuser wurden mittlerweile in einer stabileren Bauweise aus Lehmziegeln errichtet und verfügten über Fußböden aus vertikal verlegten Gefäßscherben. Außerdem fand man auch vermutlich kultischen Zwecken dienende Tier- und Menschenstatuetten aus gebranntem Ton, von denen einige von bemerkenswerten künstlerischen Fähigkeiten zeugen. Da es jedoch nur wenige Hinweise darauf gab, dass einige Menschen reicher oder wichtiger waren als andere, wurde die Stadt vermutlich auch nicht von einer einzigen, herausragenden Persönlichkeit regiert. Diese Aufgabe fiel höchstwahrscheinlich mehreren älteren Männern zu, die sich im Handel oder in ihrem Beruf hervorgetan hatten oder über besondere kultische Erfahrungen verfügten. In jedem Fall mussten sie genügend Macht besessen haben, um ihre Mitbürger vom Bau einer schützenden Stadtmauer zu überzeugen.

Das wirft interessante Fragestellungen zur Stadtentwicklung an anderen Orten sowohl in als auch außerhalb Afrikas auf. Abgesehen von der Schutzmauer, gibt es in Djenné-Djenno weder Anzeichen für die Existenz von Monumentalarchitektur, die häufig als Hinweis auf das Vorhandensein einer Führungselite gewertet wird, noch fanden sich luxuriöse Grabstätten, die oft einer privilegierten Schicht vorbehalten waren. Dabei handelte es sich vermutlich um eine spätere Entwicklungsphase der Urbanisierung. Da diese Aspekte jedoch in Djenné-Djenno fehlen, befand sich die Stadt möglicherweise in einem früheren Stadium. Dementsprechend scheint sie auch eher nicht in der Weise über ihr Umland geherrscht zu haben wie die späteren Königsreiche der Savanne. Dennoch sieht es so aus, als wäre sie zumindest der Mittelpunkt einer Ansammlung von kleineren Siedlungen gewesen, von denen nicht weniger als fünfundzwanzig innerhalb eines Radius von einem Kilometer um Djenné-Djenno lagen. Zusammen bildeten sie ein städtisches Ballungszentrum mit einer Gesamtbevölkerung von vielleicht 50.000 Menschen. Da sich in weiten Teilen der Region am mittleren Niger außerdem eine gleichartige materielle Kultur herausgebildet hatte, ist anzunehmen, dass Djenné-Djenno auf dem Höhepunkt seiner Blüte tatsächlich der wichtigste Ort in einem Gebiet war, das gemeinsame wirtschaftliche, soziale und vielleicht sogar politische Interessen verfolgte.

Die archäologische Erforschung der frühen Stadtentwicklung ist jedoch problematisch, weil die wichtigsten Fundorte oftmals sehr großflächig sind und mächtige Schichten aufweisen, sofern sie über viele Jahrhunderte hinweg besiedelt waren. Von daher kann bei einer Ausgrabung immer nur ein sehr kleiner Ausschnitt von jedem Siedlungshügel untersucht werden. Das trifft sowohl auf Djenné-Djenno als auch auf viele vergleichbare Fundstellen zu, bei deren Erforschung man gezwungen war, allgemeingültige Aussagen über den Charakter der gesamten Stadt anhand nur weniger Beispiele, stellvertretend für alle im Boden liegenden Hinterlassenschaften, abzugeben. Zudem sind auch umfassende Surveys erforderlich, wenn man die Beziehungen eines solchen Ortes zu seinem Umland und den dort entstandenen kleineren Ansiedlungen verstehen will. Bei Djenné-Djenno wurde jede Anstrengung unternommen, um eine möglichst repräsentative Auswahl an Befunden zu gewährleisten. In Djenné-Djenno selbst und in der nahe gelegenen Stadt Djenné wurde sogar ein systematisches Projekt durchgeführt, bei dem Bohrkerne aus den Kulturschichten beider Orte gewonnen wurden. Das ermöglichte zumindest die stichprobenartige Untersuchung eines weit größeren Gebiets als es mit herkömmlichen Ausgrabungen allein hätte bewerkstelligt werden können.

Die Stadt Djenné-Djenno und die Fundplätze in ihrer Nachbarschaft sind zwar durchaus repräsentativ für das gesamte Gebiet, jedoch nicht einzigartig, denn im Binnendelta des Niger gibt es noch zahlreiche, zum Teil ebenso große Ortschaften, die ein ähnliches Alter haben, mit deren Erforschung aber erst kürzlich begonnen wurde. Eine außerordentlich wichtige Rolle in der Region spielte Djenné-Djenno trotzdem, weil es nicht nur die aus dem westafrikanischen Binnenland stammenden Handelsgüter für die Weiterverteilung im Süden und Westen erschloss, sondern auch überschüssige Nahrung über den Niger und Bani, einen Nebenfluss, stromabwärts in weniger glückliche Gegenden, wie beispielsweise nach Timbuktu, verschiffte und dort auf den Markt brachte. Trotzdem profitierte es seit ungefähr 1100 Jahren durch seine bevorzugte Lage von der Entwicklung des Transsaharahandels. Obwohl vor rund 1000 Jahren durch eine klimatische Verschlechterung die Bevölkerungszahl am mittleren Niger abnahm, leistete die Region dennoch einen wichtigen Beitrag zur Weltwirtschaft während der ersten Hälfte des zweiten Jahrtausends nach der Zeitenwende, da der Handel mit einem großen Teil des Goldes, das Europa zu dieser Zeit erreichte, von hier aus abgewickelt wurde. Auf diese Weise gewährte Djenné-Djenno nicht nur neue Einblicke in die Ursprünge der Stadtentwicklung in der westafrikanischen Savanne, sondern beleuchtete auch die Bedeutung des Gebiets am mittleren Niger für die Geschichte des gesamten afrikanischen Kontinents.

# Reisen in der Sahara – Der Wüstenhandel mit Westafrika

Während der letzten Jahrtausende gehörte die Wüste Sahara stets zu den am meisten gefürchteten natürlichen Barrieren der Welt. Da sie nur schwer für die Menschen zu überwinden war, endete deshalb bis vor etwa 1300 Jahren für Europa und den Mittelmeerraum die bekannte Welt im Süden an den Randzonen der Sahara. Die durch die Wüste stark eingeschränkte Annäherung zwischen Europa und den Savannen- und Waldgebieten Westafrikas wurde durch die Gefahren zusätzlich verschärft, denen sich die Schiffe bei der Navigation an der afrikanischen Atlantikküste stellen mussten. Diese Situation änderte sich, als die arabischen Völker nach Nordafrika kamen. Viele von ihnen stammten aus der Wüste und kannten deshalb die Nützlichkeit von Kamelen, die bereits in den Norden Afrikas eingeführt worden waren. Bestärkt durch ihren islamischen Glauben und angezogen von den verlockenden geschäftlichen Möglichkeiten, schufen sie zusammen mit den einheimischen Berbervölkern ein Netz von Handelswegen quer durch die Sahara. Sie fanden nicht nur heraus, dass es südlich der Wüste Waren, wie Gold und Sklaven, gab, die im Norden sehr gefragt waren, sondern auch, welchen Wert Erzeugnisse von nördlich der Sahara und das Salz, das in der Wüste selbst gewonnen wurde, wiederum im Süden hatten. Der Fernhandel, der sich, trotz der großen Schwierigkeiten und Gefahren, daraus entwickelte, florierte länger als eintausend Jahre, bis ihn der in den letzten Jahrhunderten entstandene europäische Seehandel entlang der westafrikanischen Küste schwächte. Bis zu diesem Zeitpunkt leitete er jedoch in großen Teilen Westafrikas wichtige kulturelle Veränderungen ein.

Wahrscheinlich gab es aber schon vor der Ankunft der Araber und ihrer Kamele Verbindungswege durch die Sahara. So sollen bereits vor etwa 2500 Jahren die Bewohner der Region Fezzan in der nördlichen Sahara von Pferden gezogene Kampfwagen besessen haben, mit denen sie ihre Feinde jagten. Außerdem entdeckte man Felsgravierungen, auf denen sowohl Pferde- als auch Ochsengespanne dargestellt sind, an zwei quer durch die Wüste von Nordafrika bis zum Niger führenden Haupttrassen. Die Vermutung, diese Verbindungsachsen könnten auf vorrömische Handelswege nach Westafrika hinweisen, erscheint aber eher unwahrscheinlich, weil in den Gebieten südlich der Sahara keinerlei römische Erzeugnisse entdeckt wurden. Nicht einmal Münzen wurden gefunden, die ansonsten überall außerhalb der Grenzen des Imperiums verbreitet waren. Diejenigen Zeugnisse römischer Kultur, die am weitesten nach Süden gelangten, stammen aus der Begräbnisstätte einer Dame aus angesehenem Hause bei Abalessa, das in den Ausläufern des Hoggar-Gebirges mitten in der Wüste liegt. Sowohl das Grab als auch die Tatsache, dass Handelswaren von jenseits der Sahara tatsächlich in einigen römischen Städten

Nordafrikas ankamen (vgl. S. 95 ff.), sprechen für ein Handelsnetz innerhalb und entlang den Rändern der Wüste. Diese Routen deckten aber nur eine relativ begrenzte Region ab und verliefen nicht durchgängig von einem Ende der Sahara zum anderen. Deshalb konnten diejenigen Güter, die aus großer Entfernung herangeschafft werden mussten, Nordafrika nur erreichen, nachdem sie über eine lange Reihe von Geschäftsabschlüssen durch viele Hände gegangen waren. In einigen Gegenden benutzte man vermutlich Fuhrwerke für diese Art von Transporten. Während der Perioden, in denen die Verhältnisse in der Wüste weniger hart waren als in späteren Zeiten, setzte man möglicherweise auch Ochsen oder Esel als Lasttiere ein, denn beide können sehr viel leichter ohne Wasser auskommen, als man im Allgemeinen annimmt.

Dennoch sind die am besten an heiße und trockene Klimabedingungen angepassten Lasttiere Kamele (Abb. unten). Jedes von ihnen vermag mehr als 300 kg zu tragen und kann nahezu ohne Pause eine Strecke von 20–25 km pro Tag zurücklegen. Außerdem wandern sie problemlos ohne Wasser bis zu 10 Tagen und sogar länger, sofern sie stark wasserhaltige Pflanzen als Nahrung finden. Wenn Wasser vorhanden ist, saufen sie innerhalb von 24 Stunden bis zu 180 Litern, die von ihrem Körper schnell absorbiert werden. Dornige Pflanzen, die andere Tiere verschmähen,

^
Eine Kamelkarawane unterwegs in der Sahara.

können sie ohne weiteres fressen, und ihre breiten, weichen Polster unter den Zehen sind eine spezielle Anpassung, die ihnen ermöglicht, über nachgiebigen Sand zu laufen. Speziell als Reittiere gezüchtete Kamele erreichen in ihrer normalen Gangart eine Geschwindigkeit von bis zu 13 Stundenkilometern und schaffen es so, durchschnittlich 65–80 km pro Tag über zwei Wochen hinweg zurückzulegen. Zweifelsohne war die Erschließung der Handelswege durch die Sahara in erster Linie aufgrund des weit verbreiteten Einsatzes von Kamelen möglich, doch auch die Sachkenntnis ihrer Führer trug entscheidend dazu bei. Vermutlich domestizierte man das in Nordafrika benutzte einhöckrige Kamel in den Wüsten des südlichen Arabiens, denn es waren die dort ansässigen Wüstenaraber, die zuerst lernten, wie man die Schwierigkeiten beim Satteln bewältigte, wie man diese Tiere züchtete und ausbildete. In Nordafrika wurden zur Zeit der Römer Kamele erst relativ spät eingeführt und hauptsächlich zum Ziehen von Pflügen und Karren gebraucht. Das änderte sich erst, als die arabischen Stämme kamen, die ihren wahren Wert als in dürren Gegenden äußerst anspruchslose Last- und Reittiere erkannt hatten. Die Araber bezeichneten auch als erste das Kamel als »Wüstenschiff«, weil es ihnen Reisen auf dem Sandmeer der Sahara ermöglichte, auf das sie sich, ebenso wie die islamisierten Völker der Wüste und ihrer nördlichen Randgebiete, nun einschifften.

Wie bei Fahrten auf hoher See, so lauerten auch auf den Wanderungen der Kamelkarawanen sehr reale Gefahren. Es gab nur wenige Brunnen und manche der dazwischen liegenden, längeren Wegstrecken konnten nur bewältigt werden, wenn man einen Boten zum nächsten Brunnen voraussandte, um von dort Wasser zu holen und der Karawane entgegenzubringen. Gelegentlich behinderten auch Sandstürme das Vorankommen oder verschütteten die Brunnen mit Sand. Überfälle durch Wüstennomaden waren eine allgegenwärtige Bedrohung, auch wenn man die Zahlungen, die man für eine sichere Passage entrichtete, oder Mitglieder dieser Stämme in den Karawanen selbst beschäftigte. Für Menschen und Kamele kamen auf einer mehrere Monate dauernden Reise zu dem Risiko, zu verhungern oder zu verdursten, zusätzlich eine Gefährdung durch Krankheiten und Verletzungen. Da es nicht immer leicht war, an manchen Stellen dem Verlauf der Strecke zu folgen, schwebte eine Karawane durchaus auch in ernster Gefahr, verloren zu gehen. Kein Wunder, dass Autoren von mumifizierten menschlichen Leichnamen, die man einfach neben dem Karawanenweg hatte liegen lassen, oder über zahlreiche Kamelskelette entlang einiger Routen berichteten. Erst vor 200 Jahren verdursteten 2000 Männer und 1800 Kamele einer Karawane, die von Timbuktu nach Norden reiste. Die Probleme, die entstehen konnten, sind sogar archäologisch belegt. So entdeckte man im so genannten »Leeren Viertel« von Majabat al-Koubra, das auf halbem Weg durch die Wüste liegt, die aufgegebenen Lasten einer Karawane, die vor mehr als 800 Jahren in einer Sanddüne vergraben wurden. Die aus Messingstangen und Schalen der Kaurischnecke bestehende Ladung gehörte eindeutig einer nach Süden ziehenden Karawane, die in Schwierigkeiten geraten war. Offensichtlich versuchten die Karawanenführer, das Leben von Mensch und Tier zu retten, indem sie einen Teil ihrer Lasten hier zurückließen. Da man sie später aber nicht wieder abholte, scheint diese verzweifelte Maßnahme erfolglos gewesen zu sein.

Weil die Profite aus dem Saharahandel enorm hoch war, trieb die reine Gewinnsucht die Menschen dazu, derartige Risiken einzugehen. So konnte man beispielsweise Waren, die man südlich der Wüste erstanden hatte, an der nordafrikanischen Küste fünfmal teurer verkaufen, sofern man es schaffte, sie dort hinzubringen. Um das sicherzustellen, nutzte man über Jahrhunderte hinweg ein regelrechtes Netzwerk von Transportwegen. Neben kleineren Strecken existierten drei nach Westafrika führende Hauptrouten, die alle ungefähr zwei Monate Reisezeit in Anspruch nahmen. Die wichtigste und bekannteste von ihnen verlief im Westen vom südlichen Marokko aus bis zum mittleren Niger. Zwar änderte sich ihr Verlauf immer wieder, doch scheint sie über längere Zeiträume hinweg von Sijilmasa im Norden über Tehaza, Taoudenni und Araouane bis nach Timbuktu im Süden geführt zu haben. Diese Strecke war von größter Bedeutung, wollte man an das Gold Westafrikas gelangen. Die Fundstellen des Edelmetalls an den Oberläufen der Flüsse Niger und Senegal wurden von den westafrikanischen Großhändlern, die es verkauften, streng geheim gehalten. Ein großer Teil dieses Goldes erreichte vermutlich Europa und ermöglichte einigen Ländern dort vor ungefähr 700 Jahren die Einführung einer Goldwährung. Andere Handelsgüter, die entlang der westlichen Route nach Norden gingen, waren Sklaven, Elfenbein, Ebenholz, die Felle wilder Tiere, Pfeffer und Zibet, ein zur Herstellung von Parfüm verwendetes Drüsensekret der Zibetkatze. Das wichtigste Produkt für den Süden war Salz, das hauptsächlich aus den mitten in der Wüste gelegenen Minen von Tehaza und Taoudenni stammte. Handwerkliche Artikel aus Europa, insbesondere Stoffe und Kupfer, spielten eine ebenso große Rolle wie Zucker, Messinggefäße, Datteln und Pferde aus Marokko oder anderen Ländern Nordafrikas. Archäologische Funde aus Städten im Süden, wie Koumbi Saleh, Tegdaoust und Gao, belegen die Bandbreite dieses Handels. So entdeckte man beispielsweise in Gao Grabsteine aus Marmor, die vor etwa 900 Jahren sogar aus dem fernen Spanien hierher gebracht wurden.

Die zweite Haupthandelsroute verlief in der Mitte zwischen den beiden anderen, ausgehend vom heutigen Tunesien über Ghadamis, Ghat und Agadez bis zum Land der Haussa im Norden des modernen Staats Nigeria. Am südlichen Streckenabschnitt dieses Karawanenwegs lag Kano, das sich während der letzten Jahrhunderte zu einem der bedeutendsten Handelszentren in der westafrikanischen Savanne entwickelte. Von hier aus brachte man auf dieser Route zahlreiche verschiedene Handelsgüter nach Norden. Neben Gold, Kolanüssen und handwerklichen Produkten, wie hochwertige Lederarbeiten und gefärbte Stoffe, wurden in erster Linie Sklaven transportiert. Nach Süden gingen nicht nur in Europa hergestellte Erzeugnisse, sondern auch Rohseide aus Tripolis, Kupfer und Pferde, vor allem aber riesige Mengen an Salz, die hauptsächlich aus dem nordöstlich von Kano in der südlichen Sahara gelegenen Bilma kamen. Es wurde einmal im Jahr mit einer ausschließlich dafür vorgesehenen Karawane befördert, die vor 100 Jahren noch, als die Geschäfte bereits nachließen, aus nicht weniger als 20.000 Kamelen bestand. Der Handel im Land der Haussa spielte eine so wichtige Rolle, dass die allgemeine Geschäftssprache im größten Teil der westafrikanischen Savanne das Haussa wurde.

Im Osten führte der dritte Karawanenweg von Tripolis aus über Murzuq und Bilma nach Borno in der Region am Tschad-See. Über diese Route gingen hauptsächlich das aus Bilma kommende Salz und, nahezu ebenso relevant, handwerkliche Erzeugnisse und Kupfer nach Süden. Dort gab es außerdem einen großen Bedarf für Pferde und, in der jüngeren Vergangenheit, Gewehre. Dafür tauschte man für den Verkauf im Norden die unterschiedlichsten Waren, wie beispielsweise Elfenbein, Tierfelle und Gold. Dennoch waren auch auf diesem Karawanenweg Sklaven bei weitem das wichtigste Handelsgut. Von Borno aus wurden regelmäßig Sklavenexpeditionen nach Süden organisiert, um den schier unersättlichen nordafrikanischen Markt zu beliefern. Besonders gefragt waren junge Männer und Frauen, am berühmtesten war die östliche Route jedoch für Kastraten. Die Jungen, die im Kindesalter oder als Jugendliche einer derartigen Verstümmelung unterworfen wurden, besaßen nach dem Eingriff ohnedies eine nur zehnprozentige Überlebenschance, doch der lange Marsch durch die Wüste forderte zusätzlich einen hohen Blutzoll von allen Sklaven. In späteren Zeiten war, wie erzählt wurde, die Strecke von menschlichen Skeletten übersät. Jenen Sklaven, die die Reise überlebten, musste man unmittelbar vor dem Ende des Transports im Norden eine Rast gönnen und sie wieder gut herausfüttern, damit man sie überhaupt verkaufen konnte.

Der Ausbau des Transsaharahandels hatte Auswirkungen sowohl auf Nord- als auch Westafrika. Dem Norden brachte er mit der Einfuhr von Gold, Elfenbein, Sklaven und anderen wertvollen Gütern nicht nur Reichtum, sondern auch Kenntnisse über einen vormals unbekannten Teil der Welt. Der Süden hingegen profitierte zum einen von den handwerklichen Produkten aus dem Norden und dem Salz aus der Wüste, zum andern aber auch von dem tiefgreifenden kulturellen Einfluss, der sich besonders stark auf die Gesellschaft in der Savanne auswirkte. Auch wenn die Ursprünge der Stadtentwicklung, der Staatenbildung und der Handelsnetze in Westafrika in die Zeit vor den Kamelkarawanen (vgl. S. 108 ff.) datieren, belebten dennoch die Gewinne aus dem Saharahandel zusätzlich ihr weiteres Wachstum. Außerdem führten die wiederholten Kontakte mit den Muslimen, die in der Wüste oder jenseits von ihr lebten, zu einer Ausbreitung des Islam und damit zur Übernahme vieler Elemente der islamischen Kultur. Mit den Karawanen kamen Kaufleute, Reisende, Gelehrte und heilige Männer, die Bücher und die Fähigkeit mitbrachten, Arabisch zu lesen und zu schreiben. Die Verbindungen durch die Wüste hatten aber nicht nur positive Auswirkungen, sondern auch negative. So förderten sie eine Zunahme des internationalen Sklavenhandels, durch den letztendlich ganze Landstriche Westafrikas destabilisiert wurden, und ermöglichten vor ungefähr 400 Jahren der marokkanischen Armee, mit 5600 Männern, 8000 Kamelen und 1000 Packpferden den mittleren Niger zu überfallen, was verheerende Folgen für die Region hatte.

Die Karawanen der alten Zeiten sind aus der Sahara verschwunden, und ihr Handel kam während der letzten Jahrhunderte wegen des europäischen Seehandels entlang der westafrikanischen Küste fast vollständig zum Erliegen. Das ursprünglich zur Wüste hin orientierte Handelsnetz wurde durch ein auf den Atlantischen Ozean konzentriertes ersetzt. Die Abschaffung der Sklaverei, die in absehbarer Zeit zur Neige gehenden Elfenbein- und Goldressourcen und der Bau von Straßen und Eisenbahnen trugen jeweils ihren Teil zu einem fundamentalen Wandel innerhalb der wirtschaftlichen Struktur bei. Dass der Transsaharahandel jedoch für mehr als 1000 Jahre Westafrika mit dem Rest der Welt verband, war eine nicht zu unterschätzende Leistung für die anspruchslosen Kamele und die Männer, die sie führten.

# Igbo-Ukwu – Eine Herausforderung aus der Vergangenheit

Vor fast siebzig Jahren hob ein Mann in der Stadt Igbo-Ukwu im östlichen Nigeria in der Nähe seines Hauses eine Zisterne aus, denn trotz der sehr ergiebigen Niederschläge in dieser Region konnte die Wasserversorgung während der jährlichen Trockenzeit durchaus zu einem Problem werden. Deshalb griffen die Menschen dort häufig auf unterirdische Speicher zurück, die sich während der Regenzeit füllten. Nachdem der Mann ungefähr einen halben Meter tief gegraben hatte, stieß er auf sehr alt aussehende Gegenstände aus Bronze. Von dieser Entdeckung hörte ein Beamter der damaligen britischen Kolonialregierung. Er erstand daraufhin die Objekte von Igbo-Ukwu, veröffentlichte einen Bericht darüber und übergab sie an das nigerianische Zentralmuseum. Dort ruhte die gesamte Angelegenheit für mehr als zwanzig Jahre, bis endlich archäologische Ausgrabungen an diesem Ort eingeleitet wurden. In der Folge entdeckte man während der Grabungskampagnen zu unterschiedlichen Zeitpunkten an drei verschiedenen Stellen vergleichbares Material. Da die technische und künstlerische Qualität der dem Museum übergebenen Artefakte außerordentlich hoch war und man so wenig über die Kulturgeschichte dieser Region wusste, erkannte man, wie wichtig es war herauszufinden, wer die Objekte wann gefertigt hatte. Bis zu diesem Zeitpunkt hielt man sie generell für die noch nicht sehr alten Erzeugnisse des Igbo-Stammes, der in diesem Teil Nigerias lebte. Die tatsächlichen Ausgrabungsergebnisse waren dann aber für jedermann derartig überraschend, dass einige sie sogar anzweifelten. Noch heute, viele Jahre später, werfen die Befunde aus Igbo-Ukwu Fragen auf und stellen noch immer eine Herausforderung aus der Vergangenheit dar, lang gehegte Vorstellungen eingehend zu überprüfen.

Viele Ausländer schätzten den westafrikanischen Regenwald über lange Zeit hinweg völlig falsch ein, denn sie hielten ihn für ein extrem schwieriges Umfeld, in dem sich eine bedeutende Kultur wohl kaum in der Vergangenheit hätte entwickeln können. Diese Auffassung ignorierte vollständig sowohl die offenkundigen Zeugnisse aus Benin City (vgl. S. 134 ff.) und anderen Fundorten, die das Gegenteil bewiesen, als auch die Berichte einiger europäischer Reisender aus den letzten 500 Jahre. Trotz allem hielt sich die Überzeugung vom Regenwald als einer von dichter Vegetation bedeckten Region, die von menschlichen Siedlungen größtenteils unberührt war und nur wenige Ressourcen zu bieten hatte. Doch dieses Bild entsprach überhaupt nicht der Wirklichkeit, denn der Wald wurde, wie man mittlerweile festgestellte, zum größten Teil hin und wieder, in einigen Gegenden sogar über längere Zeiträume hinweg, auf unterschiedliche Weise landwirtschaftlich genutzt. Tatsächlich hatte die über viele Jahrhunderte andauernde Bewirtschaftung teilweise das Land, vorwiegend in den Randgebieten, sogar dauerhaft verändert. Verantwortlich dafür waren insbesondere die Kultivierung und der Anbau von Yamswurzeln und Ölpalmen, die beide die Ernährungsgrundlage der ansässigen Bevölkerung bildeten. Obwohl die Tsetsefliege die Haltung domestizierter Tiere stark behinderte, beweist das Vorhandensein einer kleinen Anzahl von gegen die Schlafkrankheit resistenten Zwergziegen und Rindern eine trotz aller Widrigkeiten seit langem bestehende Viehwirtschaft. Zusätzlich versorgten der Wald und seine Randgebiete die Menschen mit einer Reihe weiterer Nahrungsquellen. Die Folge war ein bemerkenswertes Bevölkerungswachstum in einigen Gebieten, besonders östlich des Niger im heutigen Osten Nigerias. Deshalb müssen die Entdeckungen von Igbo-Ukwu, die neue Einblicke in die Vergangenheit der Völker in dieser Gegend und ihre Errungenschaften gewährten, vor einem völlig anderen Hintergrund bewertet werden.

Da die drei jeweils nur 100 m voneinander entfernten Grabungsareale in einem von Häusern und Quartieren bedeckten Gebiet von Igbo-Ukwu lagen, gestalteten sich die Ausgrabungen als besonders schwierig. Diese Situation machte es unmöglich, das stratigraphische Verhältnis der drei Areale zueinander zu untersuchen oder sie in einen allgemeinen archäologischen Kontext einzubinden. Da die äußerst markanten kulturellen Hinterlassenschaften, die an jeder der drei Fundstellen ausgegraben wurden, einander so ähnlich waren, konnten sie eigentlich nur in einer engen Beziehung zueinander stehen. Da war zunächst das Fundgebiet, in dem der Mann beim Graben einer Zisterne seine Entdeckung gemacht hatte. Obwohl die Schicht gestört war, konnte man erkennen, dass sie ursprünglich neben einer Anzahl von Bronze-, Kupfer- und Eisengegenständen auch Gefäße und mehr als 63.000 Glas- und Steinperlen enthielt. Alle waren sorgfältig auf ungefähr demselben Niveau in einem grob rechteckigen Bereich von 2–3 auf 3–4 m in einer Tiefe von etwa 60 bis 70 cm platziert worden. Zu den Metallartefakten gehörte ein außergewöhnliches insgesamt 32 cm hohes und aus Bronze gearbeitetes Gefäß mit dazugehörigem Ständer, das von einem ebenfalls bronzenen Netz aus verknoteten Tauen umschlossen war. Ebenso dekorativ wie dieses Stück war auch der größte Teil der anderen dort gefundenen Bronzeobjekte, von denen wie Kalebassen geformte Schalen, ein durchbrochen gegossener Ständer, Schmuckornamente von Zeremonialstäben, ein aus einzelnen Gliedern zusammengesetzter Gürtel, Nachbildungen großer Meeresmuscheln und Miniaturdarstellungen von Tier- und Menschenköpfen nur eine Auswahl sind. All diese Gegenstände waren im Wachsausschmelzverfahren mit verlorenem Modell hergestellt. Bei dieser Technik wird zunächst das Werkstück aus Wachs modelliert und dann mit Ton überzogen. Die Tonhülle erhält ein Loch, damit das verflüssigte Wachs aus der erhitzten Form abfließen und geschmolzenes Metall in den dadurch entstandenen Hohlraum eingefüllt werden kann. Das Prinzip dieser Methode mag einfach sein, die Ausführung gestaltet sich aber häufig als äußerst kompliziert und erfordert ein hohes Niveau an Geschicklichkeit und Erfahrung. Das spricht für die technische Brillanz der Handwerker von Igbo-Ukwu, die diese in einem ziemlich einzigartigen Kunststil geschaffenen Bronzen fertigten. Dieser Eindruck wird noch verstärkt durch die ebenfalls dort entdeckten Objekte aus Kupfer oder Eisen, die ihre

^
Rund 1100 Jahre alter Anhänger aus Bronze in Form eines Kopfes.
Igbo-Ukwu, Nigeria.

Fähigkeiten ebenso in der Kunst des Schmiedens belegen, und die mit hohen Reliefdekorationen verzierten Keramikgefäße, die herausragende Beweise für die Fertigkeiten auch der Töpfer liefern. Die im Fundmaterial enthaltenen Stofffragmente lassen auch die Herstellung von Textilien vermuten, wenngleich diese Materialien ebenso gut über den Fernhandel nach Igbo-Ukwu gekommen sein könnten, wie man es auch von den zahlreichen Perlen annimmt.

Das zweite Grabungsareal unterschied sich stark vom ersten. Auch hier wurden wieder zahlreiche bemerkenswerte Objekte aufgedeckt, von denen sich die untersten und ältesten in einer Tiefe von fast dreieinhalb Metern befanden. Nach ihrer Fundlage zu urteilen, waren sie jedoch nicht gezielt platziert, sondern zumindest teilweise durch einen Einsturz durcheinander geworfen worden. Auch das Fundmaterial selbst war andersartig als an der ersten Fundstelle. Neben drei großen Elefantenstoßzähnen entdeckte man Metallgegenstände, die hauptsächlich aus geschmiedetem Kupfer und nicht aus gegossener Bronze bestanden. Hierzu gehörten unter anderem eine Krone, ein Fächergriff, eine Platte, die auf der Brust getragen wurde, zwei runde, in Holz eingelassene, spiralig geformte Knäufe, die vermutlich ehemals Teil eines Stuhls waren, zahlreiche Fußspangen und perlenartig strukturierte Armreifen. Lediglich zwei dieser Metallobjekte waren Bronzegüsse. Eine dieser beiden durchaus bedeutenden Arbeiten war ein Heft in Form eines auf einem Pferd oder Esel reitenden Mannes, die andere stellte einen Leopardenschädel dar, der einen Kupferstab bekrönte. Außerdem wurden bei der Ausgrabung dieses Areals mehr als 102.000 Glas- und Steinperlen und mehrere Eisenstücke gefunden. Verteilt zwischen den Artefakten lagen einige extrem zerbröselte menschliche Knochen und der größte Teil eines Schädels, was auf die Bestattung eines einzelnen Menschen schließen lässt. In der nächst höheren Schicht entdeckte man zusätzlich die Überreste von mindestens fünf weiteren Personen.

Die dritte Fundstelle in Igbo-Ukwu erwies sich wieder als völlig anders. Hier handelte es sich um eine fast drei Meter tiefe, verfüllte Grube, deren obersten Bereich man in jüngerer Zeit durchwühlt und damit zerstört hatte. Offensichtlich

Reich verziertes Gefäß aus Igbo-Ukwu, Nigeria.

wurde an dieser Stelle ganz gezielt nach dem Inhalt der Verfüllung gesucht, die sich abwechselnd aus Lagen von sandiger, rötlicher Erde und dunkelgrauem, verbranntem Material zusammensetzte. Außerdem entdeckte man zahlreiche Knochen, von denen man aber, wegen ihres schlechten Zustands, nur wenige Fragmente identifizieren konnte. In der Hauptsache stammten sie von Antilopen und Duikern[7]. Unter den dort ebenfalls gefundenen Metallartefakten befanden sich zwei Zeremonialstäbe aus Bronzeguss, mehrere Kupfer- oder Bronzearmbänder und verschiedene Objekte aus Eisen. Das ergiebigste Fundmaterial dieser Grube bildete jedoch die Keramik. Dazu gehörten auch einige vollständige Gefäße, die im Stil grundsätzlich der Keramik aus den anderen Arealen ähnelte. Außergewöhnlich war hingegen ein Gefäß von mehr als 40 cm Höhe, das reich mit einer hohen Reliefdekoration aus Zacken, Rillen, Buckeln und mit zwei geschickt modellierten, aufgerollten Schlangen, einem Chamäleon, dem Kopf eines Widders sowie einem undefinierbaren, einer Matte ähnelnden Gegenstand verziert war. Schließlich sollte nicht unerwähnt bleiben, dass es an dieser Fundstelle überhaupt keine Perlen gab, im Gegensatz zu den beiden anderen, an denen sie in riesigen Mengen gefunden wurden.

Doch wie ist diese gesamte Fundsituation zu deuten? Zunächst stellt sich die Frage, wodurch die drei grundsätzlich verschiedenartigen Befundgruppierungen, die auf der anderen Seite so eng miteinander verbunden scheinen, hervorgerufen wurden. Die ursprüngliche Funktion im zweiten Areal war am leichtesten als die Grabstätte einer hochgestellten Persönlichkeit zu erklären, die auf einem Stuhl saß und zeremonielle Insignien sowohl am Körper trug als auch davon umgeben war. Sie wurde in einer hölzernen Kammer bestattet, auf deren Abdeckung man wenigsten noch fünf weitere, möglicherweise geopferte Menschen beigesetzt hatte. Die Grube, in der die Kammer stand, wurde nach der Grablegung wieder mit Erde aufgefüllt. Als nach einiger Zeit der Grabraum in sich zusammenbrach und sich sein Inhalt dabei mit der darüber liegenden Schicht vermischte, entstand das Durcheinander, in dem man das Grab vorfand. Etwas schwieriger war die Interpretation des Befundes im ersten Areal, den man möglicherweise als einen Schrein für die Aufbewahrung zeremonieller Gegenstände deuten kann. Bei dem Bau handelte es sich vermutlich um ein kleines Gebäude mit offener Stirnseite. Aus welchem Grund es aber über den unversehrten Objekten zusammenbrach, die in ihm verwahrt waren, ist unbekannt. Vielleicht lag es an der Magie der heiligen Insignien, vor der sich die Menschen fürchteten und sie deshalb nicht bargen. Das letzte und dritte Areal war offensichtlich ursprünglich eine Grube, in der man rituelle Dinge entsorgt hatte, die nicht mehr verwendet wurden oder bedeutungslos geworden waren. Insgesamt vermutete man, dass alle drei Gra-

7 Duiker, auch Ducker genannt, gehören zur Gattung der Antilopen (Anm. des Übersetzers).

bungsstellen mit dem in früheren Zeiten existierenden »Priesterkönig« in Zusammenhang standen. Der Priesterkönig hatte vermutlich eine ähnliche Funktion wie der *Eze Nri*, dessen Position sich bis heute in einigen Teilen des Igbo-Landes als höchster politisch-kultischer Titel erhalten hat.

Obwohl diese Erkenntnisse schon sehr bemerkenswert waren, begann die Diskussion erst richtig bei der zeitlichen Einstufung der Grabungsergebnisse. Zum Fundmaterial gehörten auch Holzkohle und Holz, die zu einer C-14 Datierung gegeben wurden. Da aber aufgrund eines Defekts der Laborausrüstung die Proben aus dem ersten Areal zerstört wurden, konnten nur diejenigen von der zweiten und dritten Grabungsstelle ausgewertet werden. Wie sich herausstellte, waren sie etwas älter als 1000 Jahre und datierten damit weit früher, als einige Wissenschaftler es erwartet hätten. Das hohe Alter ließ sich nur schwer mit der ausgefeilten Gusstechnologie in Einklang bringen, denn Gestaltung und Verzierung einiger Bronzeobjekte war so komplex, dass ihre Herstellung ein außerordentlich hohes Niveau an Sachkenntnis erfordert haben musste. Diese Einschätzung führte unweigerlich zu der Frage, auf welche Weise sich die Menschen dort zu einem solch frühen Zeitpunkt ein derartiges Wissen aneignen konnten. Hinzu kam das Vorhandensein der annähernd 165.000 Glas- und Steinperlen, denn in diesem Gebiet gab es weder Hinweise auf eine antike Glasherstellung, noch waren Lagerstätten von Karneol vorhanden, aus dem viele der Steinperlen geschnitten wurden. Deshalb konnten sie eigentlich nur über den Fernhandel hierher gekommen sein, von dem man jedoch annahm, dass er derartig früh noch nicht so weit entwickelt war. Zusätzlich glaubte man zum Zeitpunkt der Grabungsarbeiten, es gäbe in Nigeria keine Kupfervorkommen und man hätte deshalb dieses Metall ebenfalls von außerhalb beschaffen müssen. Wie sich jedoch inzwischen herausstellte, konnten sich die Einwohner von Igbo-Ukwu durchaus vor Ort mit Kupfer, Zinn und Blei, den Hauptbestandteilen der einheimischen Bronzeobjekte, versorgen.

Im Verlauf der Zeit wurde die Datierung von Igbo-Ukwu zwar allgemein als richtig akzeptiert, aber nach wie vor bestand Erklärungsnot für den großen Wohlstand, den man hier vorgefunden hatte. Da die Perlen zumindest aus einem weit entfernten Ort, vermutlich Ägypten, stammten, von wo sie auf dem Handelsweg entweder über die Sahara oder die südlichen Randzonen der Wüste gekommen waren, stellte sich nun die Frage, was die Menschen aus Igbo-Ukwu dafür zum Tausch geben konnten. Zunächst hielt man Elfenbein für das wahrscheinlichste Handelsgut, doch das hätten die Händler aus der Sahara und der Savanne problemlos besorgen können, ohne so weit in den Süden gehen zu müssen. Dann vermutete man Silber, da es in kleinen Mengen in den lokalen Bleierzlagern vorkam, jedoch war man nicht sicher, ob für eine Gewinnung die dazu erforderliche, hoch entwickelte Technologie vorhanden war. Übersehen wurde dabei aber vielleicht sowohl die möglicherweise beträchtliche landwirtschaftliche Produktivität der Region von Igbo-Ukwu, als auch der vorhandene Zugang zu den Haupthandelswegen auf den Flüssen Niger und Benue. Ebenso wie Pferde oder Esel, von denen eines in einer der Bronzen dargestellt wurde, könnten auch die Perlen Teil der zahlreichen lokalen Handelsgeschäfte gewesen sein, bevor sie den Regenwald erreichten. Eventuell tauschte man sie gegen Yamswurzeln ein, die zu den leicht zu transportierenden Nahrungsmitteln gehörten. Da es bezeichnenderweise an der dritten Fundstelle, die vermutlich die älteste der drei ist, effektiv keine Perlen gab, spricht einiges dafür, dass dort bereits bedeutende Entwicklungen vonstatten gegangen waren, bevor derart exotische Artikel in die Region eingeführt wurden.

Das ist die Geschichte von Igbo-Ukwu, deren Ende allerdings noch geschrieben werden muss. Die Befunde dieser drei miteinander verknüpften Grabungsareale fordern nun die Archäologen und Historiker nicht nur dazu heraus, ihre Vorstellungen über die Vergangenheit des westafrikanischen Regenwaldes zu überprüfen, sondern werfen außerdem Fragen auf, die es noch immer zu beantworten gilt.

# Gesichter der Ahnen – Antike Skulpturen in Nigeria

Vom oberen Flusslauf des Niger bis hinüber zum Kongo erstreckte sich im tropischen Afrika ein riesiges Gebiet, in dem einige der wohl packendsten Zeugnisse der Vergangenheit entdeckt wurden. Dabei handelt es sich um Werke der Bildhauerkunst, in der Hauptsache Schnitzarbeiten aus Holz, die allerdings, bedingt durch die klimatischen Verhältnisse, denen sie ausgesetzt waren, nur ein oder zwei Jahrhunderte alt sind. Glücklicherweise wurden aber auch in einigen Gegenden Bildwerke aus gebranntem Ton, Metall und Stein geschaffen, die den Umweltbedingungen eine weit längere Zeit widerstanden. Besonders im heutigen Nigeria überlebten plastische Kunstwerke, von denen einige über 2000 Jahre alt sind, in großer Zahl und bemerkenswerter Vielfalt. Auch wenn die beiden wichtigsten Stücke, die aus Igbo-Ukwu (vgl. S. 121 ff.) und Benin City (vgl. S. 134 ff.) stammen, in eine spätere Zeit datieren, gibt es zahlreiche andere Beispiele, die älter sind. Viele dieser Skulpturen sind gegenständliche Darstellungen von Tieren oder Menschen. Die menschlichen Figuren gewähren uns im wörtlichen Sinn einen Blick in Gesichter aus der Vergangenheit. Obwohl einige von ihnen vermutlich die Abbilder von Gottheiten sind, repräsentierten die restlichen wohl eher Herrscher und andere Persönlichkeiten derjenigen Gesellschaften, in denen man die Plastiken fertigte. Aus diesem Grund sind diese Bildwerke eine potenzielle Informationsquelle sowohl für die religiösen, politischen, sozialen, wirtschaftlichen und technologischen Verhältnisse dieser Gemeinschaften, als auch für die künstlerischen Ausdrucksformen und die Weltanschauung der Menschen. Doch um jede Facette dieses Potenzials zu erkennen, ist es notwendig, auch den archäologischen Kontext zu untersuchen, in dem diese Skulpturen entstanden. Aber genau diesem Aspekt wurde gelegentlich nicht genügend Aufmerksamkeit geschenkt.

Exakt dieses Problem stellte sich für lange Zeit bei den Figuren aus gebranntem Ton (Terrakotten), die nach dem Dorf Nok in Zentralnigeria benannt wurden, wo man sie zuerst entdeckte. Einige Stücke dieser Kunstrichtung, die durch natürliche Erosion und Ablagerungen häufig in stratigraphisch tiefen Schichten ruhen, fand man zufällig beim Abbau von alluvialem Zinn. Weil dadurch ihr ursprünglicher Fundzusammenhang gestört wurde, bereitete nicht nur ihre Datierung Schwierigkeiten, sondern auch die Beurteilung, ob das in ihrem Umfeld liegende Fundmaterial tatsächlich mit ihnen auch in Verbindung gebracht werden konnte. Dennoch stellen die Nok-Terrakotten mit ihren typischen stilistischen Merkmalen eindeutig eine außerordentlich bedeutende Sammlung von Kunstwerken dar, die zu Recht Ruhm erlangte. Am außergewöhnlichsten war die ausgezeichnete Modellierung, die einige menschliche Köpfe aufwiesen (Abb. S. 129). Sie waren entweder vollständig oder nahezu lebensgroß und gehörten vermutlich ehemals zu kompletten Figuren, von

Terrakottaköpfe im Nok-Stil. Links: aus Katsina-Ala, Höhe 20,5 cm, rechts: gefunden nordwestlich von Jemaa, Höhe 19 cm.

denen man ebenfalls Fragmente entdeckte. Die Gesichtszüge waren als scharfe Konturen herausgearbeitet, die möglicherweise durch die nicht überlieferten Holzschnitzarbeiten dieser Zeit inspiriert wurden. Die Augen hatten eine dreieckige Form und die Pupillen wurden als Löcher angegeben, die sich bis in den hohlen Innenraum der Terrakottastatue öffneten. Bei vielen dieser Stücke wurden Haar, Barttracht, Kleidung, Kopfbedeckung und Schmuck sehr detailliert dargestellt, gelegentlich bildete man sogar krankhafte Veränderungen ab. Außer den Skulpturen von Menschen gab es auch Figuren von Affen, Elefanten und Schlangen sowie eine Zecke und ausgehöhlte Kürbisse. In der Folgezeit fand man über ein ungefähr 500 km langes und 150 km breites Gebiet verteilt, das sich im Westen vom Jos-Plateau bis nach Süden zum Fluss Benue erstreckte, noch weitere Objekte mit den typischen Nok-Merkmalen. Trotzdem bleibt sowohl die Datierung dieses gesamten Fundmaterials ungesichert als auch ihre Bedeutung rätselhaft.

Endlich wurden dann aber doch zwei Fundorte entdeckt und ausgegraben, bei denen die archäologischen Befunde in ihrer ursprünglichen Position verblieben waren. Mit C14-Datierungen konnte man beide einer Periode zuweisen, die vor etwa 2500 Jahren begann und vor 2000 Jahren endete. Damit war bewiesen, dass die Nok-Skulpturen zu den ältesten im tropischen Afrika gehören. Eine der Fundstellen lag bei Samun Dukiya im Nok-Tal und war eindeutig eine Siedlung. Bei der Grabung wurden neben fragmentierter Keramik, Eisen und anderen Artefakten auch Teile von Terrakotten im Nok-Stil geborgen. Der andere Fundplatz, der sich fast 100 km südwestlich von Nok in Taruga befand, war vermutlich im wesentlichen eine Produktionsstätte. Hier fand man nicht nur die Reste mehrerer Rennöfen, die zu den ältesten jemals im tropischen Afrika entdeckten zählen (vgl. S. 54 ff.), sondern unter anderem ebenfalls Keramikfragmente, Eisen und Stücke von Nok-Terrakotten. Die Ergebnisse beider Ausgrabungen machten deutlich, dass die Schöpfer der Nok-Tonfiguren Bauern waren, die Eisen benutzten. Die Kunstwerke selbst könnten für die Aufstellung in Schreinen geschaffen worden sein, die in Verbindung mit der Fruchtbarkeit des Landes standen. Die Erosionen und Ablagerungen, die zu den mächtigen alluvialen Schichten wurden, in denen man den größten Teil der Tonobjekte fand, scheinen sich vor 3500 Jahren bis vor ungefähr 1800 Jahren gebildet zu haben. Sie entstanden vermutlich in der Hauptsache durch die landwirtschaftliche Ausbeutung und das Fällen von Bäumen, die als Brennstoff bei der Eisenverhüttung benötigt wurden. Die Bedeutung der Nok-Bildwerke konnte man jedoch noch immer nicht vollständig aufklären. Es gibt innerhalb der Fundkomplexe stilistische Unterschiede sowohl bei den Objekten selbst als auch bei der Keramik. Deshalb repräsentieren die Nok-Terrakotten wohl eher eine Stilrichtung, die sich in den einzelnen Eisen benutzenden bäuerlichen Gemeinschaften mit unterschiedlichen Kulturprägungen herausbildete, und nicht, wie häufig postuliert, ein bestimmendes Merkmal einer speziellen Gruppe.

Ebenso wie der archäologische Kontext die Interpretation der Nok-Kunstwerke erschwerte, gab es auch Probleme, wenn auch aus anderen Gründen, bei den Skulpturen von Ife im südwestlichen Nigeria. Die zahlreichen hier entdeckten Objekte, die ähnlich berühmt sind wie die Nok-Stücke, waren in der Hauptsache dicht unter der Oberfläche liegende Zufallsfunde. Da die Fundstellen mittlerweile von einer blühenden, modernen Stadt überdeckt werden, kamen bei Bauarbeiten und vergleichbaren Maßnahmen immer wieder Teile von Wachsausschmelzgüssen (vgl. S. 122) aus Messing oder Kupfer und zahlreiche Terrakotten zu Tage. Dennoch sprechen sowohl der Zustand vieler Objekte als auch die Eigenschaften der Schichten, in denen sie lagen, wie bei den Nok-Tonfiguren, für eine Veränderung ihrer ursprünglichen Position. Wie es scheint, wurden viele von ihnen in der Vergangenheit per Zufall entdeckt und daraufhin in Schreinen verstaut, die in der Folgezeit irgendwann einstürzten und sie unter sich begruben. Andere Figuren holte man bei Bedarf zur Verwendung bei kultischen Zeremonien aus der Erde heraus, um sie danach wieder einzugraben. Trotz allem wurde die immense Bedeutung der Kunstgegenstände von Ife nie bestritten, denn der offensichtlich vorhandene Naturalismus, der die aus Metall und Terrakotta gefertigten Menschen- und Tierköpfe wie lebendig aussehen lässt, beeindruckt jeden. Obwohl jedoch die Plastiken aus Ife ausgesprochen naturalistisch erschienen, waren sie dennoch idealisierte Darstellungen und keine Porträts (Abb. unten). Wenngleich man Stil und Technik dieser Kunstgattung beurteilen konnte, blieben für einige Zeit die wichtigsten Fragen nach ihrem Kontext ungeklärt, nämlich wer fertigte sie wann für wen und zu welchem Zweck?

Schritt für Schritt fand man die Antworten auf diese Fragen heraus. Eindeutig festzustellen war von Anfang an, dass die Bildwerke von hoch qualifizierten Fachleuten hergestellt wurden. Während die einen Handwerker mit Ton arbeiteten, um die häufig detailliert ausgearbeiteten und von daher ungeheuer diffizil zu brennenden Plastiken anzufertigen, modellierten die anderen in Wachs, um sie danach in Messing oder Kupfer zu gießen. Da der Stil der Skulpturen derart spezifisch und, mit einigen Ausnahmen, auf die Region um Ife beschränkt war, mussten diese Spezialisten die Vorfahren des noch heute in der Gegend lebenden Yoruba-Volkes gewesen sein. Solche Fachleute brauchten jedoch zum einen ausreichend Zeit, um die nötigen Fertigkeiten zu erlernen, und zum andern die wirtschaftlichen Mittel, um sie ausüben zu können. Deshalb waren sie auf Mäzene angewiesen, von deren Wünschen

Messingkopf aus Ife, Nigeria, Höhe 31 cm.

ihre Produktion dann aber auch abhängig war. Viele der Kunstwerke aus Ife waren zumeist lebensgroße oder ein wenig kleinere menschliche Köpfe, von denen manche eine Krone trugen. Bei den aus Metall gearbeiteten Stücken gibt es einige, die man speziell dafür herrichtete, dass jeweils ein anderer Kopfputz auf ihnen befestigt werden konnte. In den Gesichtern mancher der metallenen Plastiken wurden in einer Reihe angeordnete Löcher, die vermutlich zur Befestigung von Voll- und Schnurrbärten dienten, oder schmückende vernarbte Hautritzungen angebracht. Ein Loch befand sich auch in den Hälsen der meisten Metallköpfe, damit man sie auf einen anderen Gegenstand aufstecken konnte. All diese Besonderheiten weisen mit großer Wahrscheinlichkeit darauf hin, dass man die Köpfe auf lebensgroßen Holzkörpern befestigte und danach die ganze Figur bekleidete und schmückte, um auf diese Weise eine Ähnlichkeit zu einem Verstorbenen herzustellen. Die gesamte Skulptur nahm dann stellvertretend an allen Zeremonien des »Zweitbegräbnisses« teil, das abgehalten wurde, weil der Leichnam selbst unmittelbar nach dem Eintreten des Todes begraben werden musste. Ein Zweitbegräbnis in dieser Form war jedoch mit Sicherheit nicht allgemein üblich, sondern blieb der Elite, also den Herrschern von Ife und ihren männlichen wie weiblichen Familienangehörigen, vorbehalten. Zusätzliche Belege für die Beauftragung der Künstler in erster Linie durch die Elite sind kleinformatige in Metall gegossene Statuetten, die Kronen tragen, mit vornehmen Kleidern angetan und mit Perlen geschmückt sind.

Die Kunstwerke aus Ton waren generell weit üblicher als diejenigen aus Metall und behandelten eine breitere Palette an Themen. Es gab sehr einfühlsam gestaltete Terrakottaköpfe, von denen einige vermutlich Teil einer nahezu lebensgroßen Statue waren, andere aber offensichtlich isoliert in Schreinen aufgestellt wurden. Zu den aus Ton gearbeiteten Bildwerken gehörten außerdem Darstellungen domestizierter oder wilder Tiere und auch einige Objekte, die von weniger talentierten Künstlern hergestellt wurden. Bei einer näheren Untersuchung der Kunst von Ife wird deutlich, wie vielfältig sie wirklich war. So wurden nicht nur Metall- und Terrakottaskulpturen gefertigt, sondern auch einige aus relativ hartem Stein. Darunter befanden sich aus Quarz oder Granit geschnittene Zeremonialthrone, menschliche Figuren oder Fische sowie schlanke, stelenartige Steine, von denen das am besten erhaltene Stück der etwa fünf Meter hohe »Opa Oronmiyon« ist, der in der Nähe des Zentrums von Ife aufgestellt wurde. Manche dieser Steinmetzarbeiten sind auf ungewöhnliche Weise mit Eisennägeln verziert, die man so weit in speziell dafür ausgebohrte Löcher versenkte, dass nur noch der spiralig geformte Kopf der Nägel zu sehen war. Auch das Schmiedehandwerk war offenbar im alten Ife weit entwickelt, wie der mehr als 50 kg schwere, birnenförmige Klumpen aus Schmiedeeisen, der in einem der Schreine aufbewahrt wurde, eindeutig belegt. Dieser bemerkenswerte Gegenstand war sehr sorgfältig angefertigt worden, indem man viele einzelne Eisenstücke zusammenschmiedete. Außerdem spricht die Entdeckung mehrerer Schmelztiegelfragmente, die innen mit unterschiedlich farbigem Glas überzogen waren, für die Verarbeitung von Glas, möglicherweise zu Glasperlen, auch wenn das Glas selbst nicht in Ife hergestellt wurde. Ebenso wie verschiedene Eigenarten der Terrakottaplastik auf eine Tradition der vormals existierenden Holzschnitztechnik verweisen, von der jedoch keine unmittelbaren Belege erhalten blieben, so kann man vermutlich auch die ausdrucksstarken Holzarbeiten der Yoruba aus jüngster Zeit auf sie zurückführen.

Für die zeitliche Zuordnung der Ife-Kunstwerke und ihres sozialen und wirtschaftlichen Kontexts erwiesen sich die archäologischen Ausgrabungen als besonders nützlich. Anhand der C14-Datierungen ließ sich ermitteln, dass Ife bereits vor mehr als 1000 Jahren besiedelt war und die Skulpturen ein Alter von 1000 bis 500 Jahren haben. In diesem Zeitraum wuchs Ife zu einer von schützenden Erdwällen umgebenen Stadt heran, deren Bewohner in Lehmhäusern mit einem charakteristischen Grundriss lebten. Viele von ihnen waren mit Fußböden ausgestattet, die sich aus vertikal verlegten Gefäßscherben zusammensetzten. Innerhalb der Behausungen waren Schreine eingerichtet, in denen wahrscheinlich entweder Gottheiten oder Ahnen repräsentierende Plastiken standen. Die Stadt wurde von einem sowohl mit religiöser als auch weltlicher Macht ausgestatteten Herrscher regierte, der in jüngerer Zeit *Oni* genannt wird. Obwohl die Wirtschaft von Ife grundsätzlich auf Ackerbau und Viehzucht basierte, scheint seine Lage nahe der nördlichen Randzone des Regenwaldes, durch die es die Kontrolle über den Handel mit den benachbarten Völkern der Savanne erlangte, zum großen Teil ausschlaggebend für seinen offenkundigen Wohlstand gewesen zu sein. Als sich in der Folgezeit die weiter im Norden gelegene Yoruba-Stadt Old Oyo entwickelte, verlor Ife seinen Einfluss auf den Handel und damit auch seine Bedeutung. Dennoch war es für die Völker der Yoruba weiterhin von großer religiöser Wichtigkeit, da es, der Überlieferung nach, als der Platz galt, an dem die Welt erschaffen wurde.

Zum Schluss soll noch ein ungewöhnliches Beispiel vorgestellt werden, das zusätzlich den Wert eines archäologischen Kontexts für die Beurteilung historischer Skulpturen belegt. Im äußersten Osten Nigerias gibt es im Gebiet des Flusses Cross etwa 295 behauene Felsblöcke aus Naturstein, die von einem halben Meter bis fast zwei Meter hoch sind und von denen einige beinahe 400 kg wiegen. Diese Steine wurden mit einem flachen Relief versehen, das ihnen die Gesichtszüge eines Menschen und andere Merkmale des menschlichen Körpers verlieh. Die Bildnisse, die vermutlich Gottheiten oder Ahnen darstellen, sind verblüffend und wirken gelegentlich sogar furchterregend. Bis heute ist so gut wie nichts über ihren Kontext bekannt, man vermutet lediglich, dass sie von den Vorfahren der Ekoi-Völker, die in dieser Region leben, geschaffen wurden. Wie man glaubt, wurden sie möglicherweise zu verschiedenen Zeiten innerhalb der letzten 500 Jahre hergestellt. Obwohl C14-Datierungen bei der wissenschaftlichen Untersuchung einer Grube, die ganz in der Nähe eines dieser Objekte lag, ein Alter von etwa 2000 Jahren ermittelte, ist unklar, inwieweit dieses Ergebnis für die Steine von Bedeutung ist. Deshalb stehen sie, Gesichter der Vorfahren aus einer fernen Vergangenheit, noch immer dort und bewahren, während sie uns finster anblicken, ihr Geheimnis.

# Benin City – Von der Urwaldmacht zu Weltruhm

Das im Süden Nigerias liegende Benin City wurde in der ganzen Welt berühmt, weil zahlreiche von dort stammende Kunstgegenstände im Verlauf der letzten hundert Jahre in die Museen und Galerien einer ganzen Reihe von Ländern gelangte. Zu diesen Objekten, die sich alle durch einen charakteristischen Stil auszeichnen, gehören sowohl eine große Anzahl von technisch außerordentlich perfekten Messinggüssen und Elfenbeinschnitzereien von bemerkenswerter Feingliedrigkeit, als auch Werkstücke aus geschnitztem Holz, Schmiedeeisen und verschiedenen anderen Materialien. Da den Sammlern in aller Welt die Kunst Benins als äußerst wertvoll gilt, findet man sie in den Ländern außerhalb Afrikas vermutlich häufiger als in Nigeria, woher sie ursprünglich stammt. Doch weit wichtiger als die künstlerischen Erzeugnisse selbst sind die verschiedenen Entwicklungen, für die sie stehen. Wenn wir untersuchen, wer sie warum, wie und wann schuf, werden wir eine erstaunliche Geschichte enthüllen, die davon berichtet, wie aus einfachen Stammesverbänden eines der mächtigsten Urwaldreiche Afrikas entstand.

Vom Flussdelta des Niger aus in Richtung Westen und von der Küste landeinwärts befindet sich mitten im nigerianischen Regenwald Benin City, das keinesfalls mit der Volksrepublik Benin, dem ehemaligen Dahome, im Westen Nigerias verwechselt werden sollte. Auf den ersten Blick ist schwer verständlich, wie Benin City ausgerechnet an einer Stelle entstehen konnte, die weder an der Küste noch an einem der großen Flüsse liegt. Ebenso unbegreiflich erscheint es, dass hier Menschen, die nicht mit der Umgebung des Regenwaldes vertraut waren, eine Stadt gründeten. Nichtsdestoweniger entwickelte sie sich trotzdem vor ungefähr 1000 Jahren. Da man sich ihr nur über leicht zu verteidigende, durch dichte Vegetation führende, schmale Pfade nähern konnte, wurde sie vermutlich durch ihre Lage mitten im Urwald vor den Angriffen der sie um ihren Erfolg beneidenden Nachbarvölker geschützt.

Dieser Erfolg basierte in erster Linie auf der Geschicklichkeit, mit der man die zahlreichen Ressourcen des Regenwaldes zu nutzen wusste, denn er bot mehr Möglichkeiten, als Außenstehende jemals vermuten würden. So eignete er sich ausgezeichnet für eine äußerst produktive Landwirtschaft. Man rodete und bepflanzte Gegenden mit fruchtbaren Böden, die von einer weniger dichten Vegetation bestanden waren und sich gut entwässern ließen. Diese Felder mussten, nachdem sie über ein paar Jahre hinweg bewirtschaftet wurden, für lange Zeit brachliegen, damit sie sich regenerieren konnten. Besonders wichtig als Nahrungsquelle waren Yamswurzeln und Ölpalmen, doch es wurden auch verschiedene Getreidesorten angebaut, zu denen während der letzten 500 Jahre nach und nach auch diejenigen hinzukamen, die man aus Amerika eingeführt hatte. Domestizierte Tiere waren weniger von Bedeutung, da sie schnell an der Schlafkrankheit starben, die durch die überall in dieser Region verbreitete Tsetsefliege übertragen wurde. Einige Rinder- und Ziegenarten hatten jedoch durch zahlreiche Infektionen über die Jahrhunderte hinweg eine Resistenz gegen diese Erkrankung entwickelt. Die Menschen versorgten sich mit Fleisch, indem sie im Wald jagten, und reichlich mit Fisch aus den Flüssen und Bächen der Gegend. Zusätzlich gab es im Urwald auch noch andere nützliche Dinge, wie Holz zum Haus- und Bootsbau oder für Kunstwerke, Laub zum Decken der Dächer, Rankgewächse für die Fertigung von Seilen, Pflanzen für Arzneimittel, Ton zur Gefäßherstellung, Elfenbein für Schnitzereien oder für den Handel und noch vieles mehr.

Bevor Benin City entstand, lebten bereits Menschen seit Tausenden von Jahren in oder in der Nähe des nigerianischen Regenwaldes. Das belegen Steinwerkzeuge und Keramikfunde, die man in größerer Entfernung nordwestlich der Stadt unter einem Felsüberhang bei Iwo-Eleru entdeckte, und einige Steinäxte, die in der näheren Umgebung von Benin City gefunden wurden. In jedem Fall erleichterte die sich in diesem Teil Afrikas vor ungefähr 2000 Jahren entwickelnde Eisenverhüttung und die Herstellung von Werkzeugen aus Eisen die Ausbeutung des Waldes, in dem dadurch immer mehr bäuerliche Gemeinden ansässig wurden. Wie es scheint, führte das vor ungefähr 1000 Jahren besonders in jener Region im Norden, in der später Benin City entstehen sollte, zu einer wachsenden Konkurrenz der einzelnen Gruppen untereinander. Zwar war reichlich Land vorhanden, da aber alle bewirtschafteten Gebiete für lange Zeit auch wieder brachliegen mussten, um den Boden aufzufrischen, beanspruchte jede Siedlung die Kontrolle über ein weit größeres Territorium, als man zu der jeweiligen Zeit für die Nahrungsproduktion benötigte. Infolgedessen hoben die Angehörigen jeder Gemeinschaft rund um den Bereich, von dem sie glaubten, dass er für ihre Versorgung ausreichte, einen Graben aus und errichteten einen Erdwall. Auf diese Art und Weise entstanden dort schon nach wenigen Jahrhunderten dicht nebeneinander zahlreiche dieser abgegrenzten Areale von unterschiedlicher Größe und Form. Dieses regelrechte Netz von Einfriedungen bedeckte auf ungefähr 6500 Quadratkilometern den Urwald und seine Randzonen im südlichen Nigeria, wo Menschen siedelten, die das so genannte Edo sprachen. Man schätzte die Gesamtlänge der Erdwälle, aus denen die einzelnen Abgrenzungen bestanden, auf über 16.000 km, und dass für ihren Bau mindestens 150 Millionen Mannstunden notwendig gewesen sein mussten. Nur ein energischer Wille konnte die Triebfeder für solch eine enorme Anstrengung gewesen sein. Deshalb kann man von Konflikten ausgehen, die immer häufiger zwischen den einzelnen, hinter ihren so mühsam geschaffenen Schutzwällen verbarrikadierten Gemeinschaften entbrannten. Vermutlich bildeten einige Siedlergruppen zum gegenseitigen Vorteil Allianzen, aus denen dann der erfolgreichste Krieger als mächtiger Führer dieser Verbindungen hervorging.

Viele der oben beschriebenen Vorgänge rekonstruieren lediglich das Geschehen, wie es möglicherweise abgelaufen sein könnte, denn wir wissen nicht, wie sich die

Ereignisse tatsächlich abspielten. Dennoch muss eine bestimmte Gemeinde oder ein Zusammenschluss mehrerer Gemeinschaften in der oben geschilderten Art und Weise die Gründung von Benin City eingeleitet haben. Menschen lebten hier schon vor 700 oder 800 Jahren, vielleicht auch früher, vor etwas mehr als 500 Jahren aber errichteten die Einwohner bereits rund um die Stadt zu Verteidigungszwecken einen außergewöhnlich massiven Erdwall und hoben einen Graben aus. Für den Bau der gesamten Anlage, die in der Höhe mindestens 17 m von der Grabensohle bis zur Wallkuppe maß und einen Umfang von mehr als elf Kilometern hatte, wären über fünf Trockenzeiten hinweg 1000 Leute nötig gewesen, die zehn Stunden am Tag arbeiteten. Um ein solches Projekt erfolgreich zu beenden, bedurfte es mit Sicherheit einer Leitung durch eine starke zentrale Autorität. In der Tat wurde Benin City zu dieser Zeit von einem König regiert, der den Titel *Oba* trug und in seiner Person die Führung aller militärischen, religiösen und zivilen Angelegenheiten vereinigte.

Dem *Oba* war eine ganze Reihe von Häuptlingen unterstellt, die die Verantwortung für einen reibungslosen Ablauf in der Stadt selbst und den ständig zahlreicher werdenden abhängigen Siedlungen außerhalb des Stadtgebiets trugen. Innerhalb von Benin City gab es zahlreiche Handwerker, die im Auftrag des *Oba* Messing gossen, Elfenbein schnitzten, Eisen bearbeiteten und Objekte aus Holz und anderen Materialien fertigten. Außerdem existierte, vermutlich unter der Führung von Frauen, eine blühende Keramikindustrie. Die Einwohner waren zudem Experten für den Bau von Lehmgebäuden, deren Wände häufig mit einem sorgfältig geglätteten, roten Putz verkleidet und mit horizontalen Rillen geschmückt waren. Im Palast des *Oba* und in den Häusern der wichtigeren Häuptlinge, die hohe, mit Schindeln gedeckte Dächer trugen, gruppierten sich die Räume um mehrere rechteckige und offene Höfe. Vor etwa 500 Jahren besaßen einige dieser Gebäude auch Fußböden aus vertikal in Lehm verlegten Gefäßscherben, die auf eine kulturelle Verbindung zu Ife, der Stadt der Yoruba, hinweisen, wo man ebenfalls derartige Bodenbeläge zur gleichen Zeit oder sogar früher verwendete.

Diese Beschreibung, wie Benin City vor rund fünf Jahrhunderten aussah, beruht auf einer Zusammenstellung von mehreren, sich gegenseitig ergänzenden Quellen. Da sind zunächst sowohl die noch anstehenden Reste der Erdwälle als auch die im Boden begrabenen Spuren der Bauwerke sowie Objekte, die als beispielhaft für die Handwerkskunst von Benin gelten können. Ebenfalls hinzugezogen wurden die Überlieferungen aus der Vergangenheit der Stadt, die über viele Generationen hinweg mündlich weitergegeben wurden und unter anderem von den Namen und Großtaten der *Obas* sowie ihren Häuptlingen, Verbündeten, Feinden und Kriegen erzählen. Da diese Berichte, wie man sagt, ungefähr 1000 Jahre weit zurückreichen, könnten sie gegebenenfalls wegen des langen Zeitraums, die sie in Umlauf sind, für die früheren Perioden weniger zuverlässig sein. Gewissenhaft vor dem Vergessen bewahrt wurden sie in jedem Fall von bestimmten Häuptlingen, denen man diese besondere Verantwortung übertragen hatte. Einer von ihnen, ein gewisser Jacob Egharevba, legte sie in letzter Zeit sogar schriftlich nieder. Zu guter Letzt stehen noch die zahlreichen Aufzeichnungen jener europäischen Reisenden zur Verfügung, die als erste vor mehr als 500 Jahren nach Benin City kamen. Es waren unter anderem Portugiesen, Holländer, Franzosen und Briten, die als Händler, Missionare, Forscher, Matrosen, Soldaten oder Staatsbeamte von ihren Eindrücken berichteten. Weil sie von der Größe, der Organisation und der Macht von Benin City beeindruckt waren, unterstützen einige jener ersten Besucher aus Europa mit ihren Gewehren die Streitkräfte der Stadt bei ihren Konflikten mit den benachbarten Völkern. Andere wiederum versuchten erfolglos, die Bürger zum Christentum zu bekehren.

Die meisten Europäer, die nach Benin City kamen, engagierten sich jedoch eher im Handel, denn hier konnten sie sich mit Pfeffer, Elfenbein und Sklaven eindecken. Im Lauf der Zeit interessierten sie sich auch zunehmend für das Öl, das von den zahlreichen in diesem Gebiet wachsenden Ölpalmen gewonnen wurde. Im Austausch hierfür lieferten sie eine große Auswahl an handwerklichen Produkten, wie Textilien und Gegenstände aus Metall. Sie fanden schnell heraus, dass zu denjenigen Waren, die die Bewohner von Benin City bevorzugten, in erster Linie Kupfer und dessen

Dieser Armreif aus Elfenbein wurde vom *Oba*, der an zentraler Stelle auf diesem geschnitzten Schmuckstück dargestellt ist, während religiöser Zeremonien getragen.

Etwa 300 Jahre alter Messingkopf, aus einem Ahnenschrein in Benin City.

Legierungen Messing und Bronze gehörten. Da die Einheimischen diese Metalle schon früher über den Handel mit dem Hinterland erhalten hatten, waren sie mit ihnen bereits vertraut. Ebenso geläufig war ihnen auch die Technik des Wachsausschmelzverfahrens, bei der ein Wachsmodell des zu gießenden Gegenstandes zunächst mit einem Tonmantel umschlossen wurde, den man dann erhitzte, damit das Wachs ausfließen konnte. In die dadurch geleerte Form wurde schließlich geschmolzenes Metall gegossen. Vor ungefähr 500 bis 100 Jahren ermöglichte die Anwendung dieser Technologie auf der einen Seite die sprunghaft angewachsene Versorgung mit Kupferlegierungen durch die europäischen Händler, auf der anderen den metallverarbeitenden Handwerkern von Benin City, ihre Produktion in großem Umfang zu steigern und, allerdings in reduziertem Maß, bis heute fortzuführen.

Die meisten Kunstwerke aus Benin, die auf Sammlungen in der ganzen Welt verteilt sind, entstanden vermutlich vor der Kolonialzeit innerhalb der letzten Jahrhunderte, ihre Ursprünge reichen jedoch sehr viel weiter zurück. Viele der schönsten Stücke durften ausschließlich nur von den *Obas* oder ihren ältesten Häuptlingen verwendet werden, die sie vermutlich unter anderem für religiöse Zwecke benutzten

(Abb. S. 137). Lebensgroße, in Messing gegossene menschliche Köpfe stellten die Väter, Großväter und alle Ahnen der *Obas* sowie anderer bedeutender Persönlichkeiten dar. Man platzierte sie auf Altären, die wahrscheinlich auch gelegentlich bei mit Menschenopfern verbundenen Ritualen zu Ehren der Vorfahren zum Einsatz kamen (Abb. S. 138). Große mit aufwändigen Schnitzereien versehene Elefantenstoßzähne, die ebenfalls Teil verschiedener religiöser Zeremonien waren, stellte man in manchen Fällen aufrecht in Vertiefungen, die die Messingköpfe am Scheitel aufwiesen. Auch viele andere Gussobjekte besaßen eine kultische Funktion, einige jedoch waren möglicherweise dazu bestimmt, die Geschichte Benin Citys zu dokumentieren. Da es bis zum Beginn der Kolonialzeit vor ungefähr 100 Jahren in Benin City keine Schrift gab, dienten sie vermutlich als Gedächtnisstütze für diejenigen, die alle Überlieferungen über die Stadt und die Entstehung des Reiches bewahren mussten. Dabei handelte es sich um eine ganze Serie gegossener Messingplatten, die zu einem bestimmten Zeitpunkt an einigen Wänden im Palast des *Oba* befestigt wurden. Sie hatten eine flache, rechteckige Form und in etwa die Abmessungen eines geöffneten großformatigen Buches. Detailliert dargestellt waren auf ihnen nicht nur die Bildnisse der *Obas* und ihrer Häuptlinge, sondern auch Szenen mit Soldaten, Dienern, Musikern, Bauwerken, Tieropfern und sogar Europäern mit ihren Musketen und anderen Waffen.

Da Benin City vor ungefähr 400 Jahren auf dem Höhepunkt seiner Macht anscheinend ein großes Gebiet in der Mitte des heutigen Südnigeria kontrollierte, war der Krieg vermutlich eines der vorherrschenden Themen in ihrer Geschichte. Als danach die Macht und Leistungsfähigkeit des *Oba* immer stärker durch die komplexen Herrschaftsrituale und den Ehrgeiz der Häuptlinge schwanden, verlor die Stadt zunehmend an Bedeutung. Die daraus resultierenden Schwierigkeiten waren teilweise dafür verantwortlich, dass es vor etwa 100 Jahren zum Krieg zwischen Benin City und der expandierenden Kolonialmacht Großbritannien kam. Nachdem Benin kapituliert hatte, wurden durch die darauffolgende Plünderung der Stadt Tausende von Kunstobjekten verschleppt und in die ganze Welt getragen. So wendete sich am Ende die Niederlage doch noch zu einem Sieg, denn obwohl Benin City nun keine westafrikanische Urwaldmacht mehr war, erlangte sie stattdessen durch ihre Kunst Weltruhm.

# Gefäße und Menschen – Frühe Bauerngemeinschaften südlich des Äquators

Ein Student kommentierte einmal eine archäologische Veranstaltung an der Universität mit der Bemerkung, hier ginge es immer nur um Gefäße, aber über die Menschen, die sie hergestellt hatten, bekäme man nie etwas zu hören. Diese Kritik verdeutlicht eine der schwierigsten Aufgaben, mit der sich die Archäologen konfrontiert sehen, nämlich dass sie leblose Funde zu Hilfe nehmen müssen, um über das Leben von Menschen zu berichten. Ein symptomatisches Beispiel für dieses Problem waren die ersten bäuerlichen Gemeinschaften in Afrika südlich des Äquators, bei deren Untersuchung die oft nur fragmentarisch erhaltene Keramik den Hauptbestandteil der Belege stellte. Die Befunde zu anderen Aspekten des Lebens, wie beispielsweise der Subsistenzwirtschaft, den metallurgischen Kenntnissen oder der gesellschaftlichen Struktur, waren entweder aufgrund ihres schlechten Erhaltungszustandes oder wegen unzulänglicher Grabungsmethoden noch weit begrenzter. Deshalb musste sich die Forschung in erster Linie auf die Ähnlichkeiten und Unterschiede der Keramik konzentrieren, die aus vielen verschiedenen, über ein riesiges Gebiet in Zentral- und Südafrika verteilten Fundorten stammte. Trotzdem wurde diese Methode von denjenigen Archäologen als falsch befunden, die nicht bereit waren zu akzeptieren, dass verschiedene Formgebung und Dekoration der Gefäße Auskunft über die Menschen geben können, die sie anfertigten und nutzten. Dennoch war es absolut notwendig, die Keramikwaren als primäre archäologische Zeugnisse heranzuziehen, da es in der betreffenden Epoche vor etwa 2000 bis 1000 Jahren keine schriftlichen Aufzeichnungen gab und sie zu weit zurückliegt, um auf mündliche Überlieferungen bauen zu können. Eine weitere wichtige Informationsquelle waren auch die modernen Sprachen der Region, deren Analyse Erkenntnisse über die Menschen erbrachte, die die Schöpfer der Keramik waren.

Seit bereits mehr als einem Jahrhundert weiß man, wie eng die Verwandtschaft zwischen den Sprachen ist, die von den südlich des Äquators lebenden, mehreren Millionen Menschen gesprochen werden. Von daher ging man von einer gemeinsamen Ursprache aus, die sich in etwa während der letzten 2000 Jahre entwickelt haben dürfte. Da vielen dieser Sprachen das Wort *bantu* gemeinsam ist, das mit »Menschen« übersetzt wird, wählte man als Namen für die gesamte Sprachfamilie den Begriff »Bantu«. Die Ursprache scheint in demjenigen Gebiet entstanden zu sein, in dem die Bantu-Dialekte am stärksten voneinander abweichen. Diese Region vermutete man weit nordwestlich des gegenwärtigen Verbreitungsgebietes im heutigen Zentralkamerun. Von dort aus breiteten sich, wie man glaubt, die Bantu-Sprachen in südöstlicher und südlicher Richtung nach Zentral- und Südafrika aus. Dieser Prozess wurde allgemein als »Bantu-Expansion« bezeichnet. In jüngerer Zeit wurde Bantu hauptsächlich von bäuerlichen Gemeinschaften gesprochen, die Kenntnisse in der Metallurgie besitzen. Deshalb findet man seit langem in diesen Sprachen Wörter, die mit Kultivierung, Viehhaltung und der Verarbeitung von Metall in Zusammenhang stehen. Einige dieser Begriffe wurden vermutlich von weiter nördlich lebenden

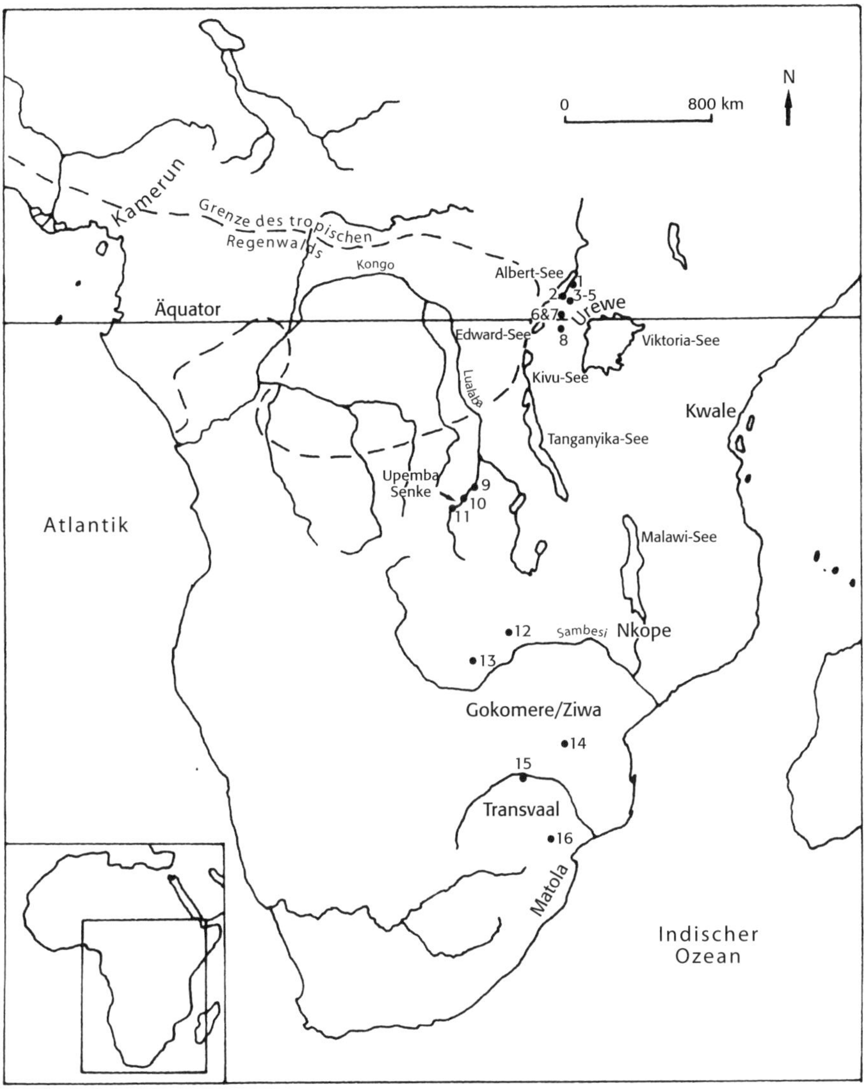


Wichtige Keramikwaren der bäuerlichen Gemeinschaften in Zentral- und Südafrika, Fundorte und Landschaften.
Die nummerierten Fundorte sind: 1 Kibiro, 2 Kibengo, 3–5 Munsa, Mubende Hill und Kasunga, 6 & 7 Ntusi und Bigo, 8 Bweyorere, 9 Kamilamba, 10 Sanga, 11 Katoto, 12 Kapwirimbwe, 13 Kalundu, 14 Groß-Simbabwe, 15 Mapungubwe, 16 Lydenburg.

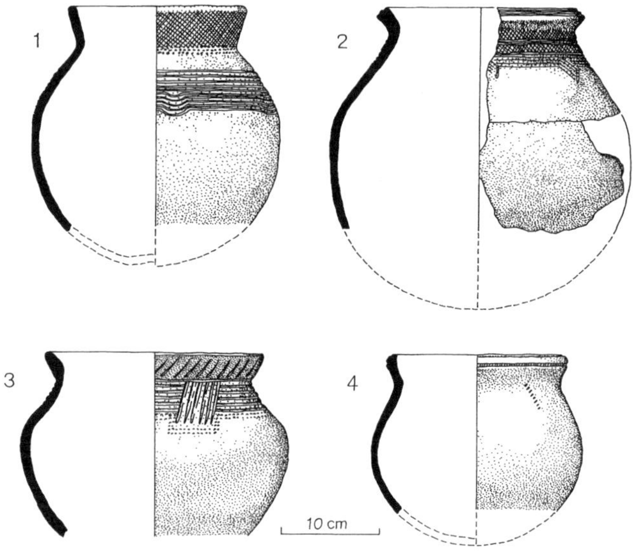


Gefäße, die von den früheren Bauerngemeinschaften Zentral- und Südafrikas hergestellt wurden. 1 Südwestkenia, 2 Nordsambia, 3 Südmalawi, 4 Nordosttransvaal.

Menschen entlehnt, die sich in zentralsudanesischen Dialekten verständigen. Im Gegensatz dazu werden die Khoisan-Sprachen von in der südlichen Hälfte Afrikas lebenden Jäger- und Sammlergemeinschaften benutzt. Deshalb geht man davon aus, dass die Landwirtschaft sowie die Produktion und die Nutzung von Metallen im größten Teil Zentral- und Südafrikas erst übernommen wurden, nachdem dort Bantu sprechende Völker angekommen waren. Die Wanderungsbewegungen, die stattfanden, verliefen vermutlich eher schleppend, da für Kultivierungsformen, wie die Brandrodung, neues Land erschlossen werden musste. Der Prozess war jedoch wahrscheinlich weit komplexer, weil er die bereits ansässigen Stämme ebenso einschloss wie die Zuwanderer.

So besehen gewähren uns die linguistischen Zeugnisse einen flüchtigen Einblick in die Geschichte der Bantu-Völker, doch es stellt sich die Frage, ob man sie auch in archäologischen Befunden fassen kann. Um einen solchen Versuch zu unternehmen, steht der Wissenschaft nur die Keramik in ausreichender Menge zur Verfügung. Betrachtet man die geographische Verteilung der verschiedenen Waren und datiert die Fundorte, an denen sie gefunden wurden, mit der C14-Methode, ist es gegebenenfalls möglich, diejenigen Volksgruppen zu identifizieren, die die Landwirtschaft und die Metallurgie in die afrikanischen Regionen südlich des Äquators einführten. Bezieht man zusätzlich noch anderes Fundmaterial, das allerdings in geringerem Ausmaß vorhanden ist, mit ein, so kann man sich eine ungefähre Vorstellung von ihrer Lebensweise machen. Der älteste dieser Stämme, von den Archäologen »Urewe« genannt, siedelte vor ungefähr 2500 bis 2000 Jahren im Norden und Westen des Viktoria-Sees. Für die Menschen dieses Volkes sind Gefäße charakteristisch, die einen runden Boden mit einer Vertiefung an der Unterseite besitzen und auf der

Gefäßschulter, an Rand und Hals eine typische Ritz- und Rillenverzierung aufweisen (Abb. S. 142). Auch wenn nur sehr dürftige Beweise hierfür vorliegen, schmolzen sie vermutlich Eisen, hielten Vieh und kultivierten Finger- und Mohrenhirse. Möglicherweise stammen sie von Völkern ab, die vom Heimatland der Bantu in Westafrika aus allmählich durch die Savanne nördlich des äquatorialen Regenwaldes wanderten. Die Landwirtschaft und den Umgang mit Metall erlernten sie möglicherweise von den zentralsudanesische Dialekte sprechenden Stämmen, mit denen sie unterwegs in Kontakt kamen.

Vor etwas weniger als 2000 Jahren wurde sowohl im heutigen Südosten Kenias als auch im Nordosten Tansanias eine Keramik hergestellt, die derjenigen des Urewe-Klans vergleichbar ist. Diese Ware schrieben die Archäologen einer anderen Gruppe von Stämmen zu, der sie den Namen »Kwale« gaben. Ganz offensichtlich breiteten sich im Lauf mehrerer Jahrhunderte die bäuerlichen Gemeinschaften, oder wenigstens ihre Lebensweise, kontinuierlich in südlicher Richtung aus. Dieser Prozess hatte Einfluss auf die Nkope-Stämme südwestlich des Malawi-Sees, den Gokomere/Ziwa-Klan auf dem Simbabwe-Plateau und den Matola-Stamm im südlichen Mosambik und in Kwazulu-Natal. Die bei den Keramikwaren vorhandenen Ähnlichkeiten, die über eine Entfernung von mehr als 3000 km und über einen Zeitraum von etwa zwei Jahrhunderten hinweg zu beobachten sind, geben einen Hinweis auf die äußerst rasche Ausbreitung von Landwirtschaft und Metallurgie, wenngleich die Wanderung der einzelnen Volksstämme an sich nur langsam und vermutlich in Schüben vonstatten ging. Auf diese Art und Weise werden einige linguistische Zeugnisse durch die archäologischen Befunde bestätigt, die belegen, dass die wichtigsten wirtschaftlichen und technologischen Veränderungen mit der Ausbreitung derjenigen Stammesgruppen einhergingen, die über eine ähnliche materielle Kultur verfügten und sich in eng verwandten Sprachen verständigten. Diese gesamte Bewegung, die Ost- und Zentralafrika vom Viktoria-See bis nach Transvaal betraf, bezeichnete man als die »östliche Route« der Bantu-Expansion.

Dieser Terminus hebt die Urewe und stammesverwandte Gruppen von den weiter westlich lebenden ab, die eine andere Keramik herstellten. Über die Völker, die man der »westlichen Route« zuordnete, ist zwar nur wenig bekannt, doch man rechnet sie zu den Bantu sprechenden Volksgruppen, die von ihrem Heimatland Kamerun aus entlang der Atlantischen Küste südwärts bis ins nördliche Angola wanderten. Vermutlich zogen sie auch durch den äquatorialen Regenwald, entweder entlang seiner zahlreichen Flüsse oder über Passagen, die während der Trockenzeit zu Savannen wurden. Die Richtung einiger Wanderbewegungen wurde möglicherweise von dem Kontakt mit den Urewe-Klans bestimmt, die entlang der südlichen Randgebiete des Regenwaldes nach Westen zogen. Die ältesten dieser westlichen Volksstämme verwendeten, wie man vermutet, immer noch Steinwerkzeuge. Wann sie mit der Landwirtschaft begannen, ist unsicher, in jedem Fall führten die Verbände der westlichen Route vor ungefähr 1500 Jahren sowohl Ackerbau und Viehzucht als auch die Metallbearbeitung im Südosten der heutigen Demokratischen

Republik Kongo und im westlichen Sambia ein. Im Kongo lösten sie die außergewöhnlichen Entwicklungen in der Upemba-Senke aus (vgl. S. 147 ff.) und in Sambia integrierten sie die Kapwirimbwe- und Kalundu-Stammesgruppen. Zu diesem Zeitpunkt trafen sich die Völker der östlichen und westlichen Route im zentralen Sambia und im nördlichen Simbabwe.

Die Differenzierung menschlicher Gemeinschaften aufgrund der Eigenschaften ihrer Keramik ist nur ein Anfang, denn ebenso müssen ihre Subsistenzwirtschaft, diejenigen Technologien, die nichts mit der Keramikherstellung zu tun haben, und ihre gesellschaftliche Organisation untersucht werden, auch wenn der aktuelle Wissensstand über die frühen Bantu-Völker sehr begrenzt ist. So kann man beispielsweise nur wenig über die Methoden der ersten Bauern bei der Kultivierung und Viehhaltung sagen, weil sich ihre Ansiedlungen über ein riesiges Gebiet auf dem afrikanischen Kontinent verteilten. Anhand der tatsächlich vorhandenen Fundbelege scheinen sie Perl-, Finger- und Mohrenhirse als wichtigste Getreidesorten sowie Bambaraerdnüsse, Kuhbohnen und Flaschenkürbisse angepflanzt zu haben. Die Voraussetzungen, die für den Anbau dieser Pflanzen notwendig waren, grenzten die Siedlungsmöglichkeiten für die frühen Landwirte stark ein und schlossen die trockenen Regionen im Westen und Süden sogar vollständig aus. Die Haltung von Viehherden hingegen ermöglichte ihnen, zum Weiden ihrer Schafe, Ziegen und Rinder auch Land mit weniger günstigen Bodenbedingungen zu nutzen. Anscheinend waren anfänglich Ziegen und besonders Schafe bei den Gruppen der östlichen Route weiter verbreitet als Rinder, obwohl vor ungefähr 1000 Jahren gerade das Rind, ob nun ohne oder mit Buckel, am häufigsten gehalten wurde. Im Gegensatz dazu konzentrierten sich einige Stämme der westlichen Route schon zu einer früheren Zeit auf Rinder. Da diese Verbände im äquatorialen Regenwald unter gänzlich anderen Verhältnissen lebten, mussten sie auch ihre Wirtschaft entsprechend strukturieren. So bauten sie hauptsächlich Yamswurzeln, Ölpalmen und andere Nutzbäume an und hielten ebenso Zwergziegen. Zusätzlich profitierten viele der frühen bäuerlichen Gemeinschaften seit mindestens 1500 bis 2000 Jahren von der Einführung der Kochbananen und Bananen, dem Reis und Zuckerrohr sowie den Kokosnüssen und Zitrusfrüchten aus Südostasien. Aus derselben Gegend kamen, wenn auch etwas später, Hühner dazu, die man in Ägypten bereits vor mehr als 2000 Jahren hielt.

Die wichtigste Technologie der frühen landwirtschaftlich geprägten Gesellschaften in Zentral- und Südafrika war die Metallverarbeitung, denn durch die Kenntnisse über die Verhüttung und das Schmieden von Eisen konnten sie sich Werkzeuge herstellen, die entscheidend zur Verbreitung des Ackerbaus beitrugen. Trotz der bedeutenden Rolle, die das Eisen spielte, wurde nur vergleichsweise wenig davon entdeckt, weil es zum einen von der zersetzenden Erde der Tropen weitgehend zerstört wurde und zum anderen zu wertvoll war, um einfach weggeworfen zu werden. Die häufigsten Funde waren deshalb eher kleine Gegenstände, wie Schmucksachen und Pfeilspitzen. Dennoch sprechen die Reste von Rennöfen und andere Zeugnisse, die eine Verhüttung beweisen, für eine umfangreiche Eisenproduktion. Man verarbeitete außerdem Kupfer zur Produktion von Schmuckstücken und baute in Simbabwe sogar Gold vor mehr als 1000 Jahren ab. Andere in geringem Umfang belegte Technologien waren die Salzherstellung und der Hausbau, in dem mit Lehm verputzte Fachwerkkonstruktionen aus Stöcken für die Wände und Stroh für die Dächer verwendet wurden.

Die einzelnen Sozialverbände bauten anscheinend jeweils relativ kleine Dörfer in Gebieten, in denen sich die Böden für eine Kultivierung eigneten. Da im Lauf der Zeit die Rinderhaltung für diese Gemeinschaften immer wichtiger wurde, strukturierten sie vermutlich ihre Siedlungen auch nach diesen Bedürfnissen und errichteten ihre Häuser in einem Kreis rund um ein zentral gelegenes Rindergehege. Dieser Aufbau, von dem nicht bekannt ist, wie lange er bereits praktiziert wurde, sollte in späteren Zeiten allgemein üblich werden. Auch im Leben der Menschen begannen die Rinder eine immer bedeutendere Rolle zu spielen, denn sie waren mit an

Lebensgroßer Terrakottakopf aus Lydenburg, auf dessen Scheitel eine vollplastisch ausgearbeitete Kuh angebracht wurde.

Sicherheit grenzender Wahrscheinlichkeit auch ein Bestandteil von Kult und Glaube der frühen bäuerlichen Stämme. Einen Hinweis darauf liefert eine einzigartige Serie von lebensgroßen menschlichen Köpfen aus Terrakotta, die man bei Lydenburg im östlichen Transvaal fand. Eines dieser Bildwerke wird bezeichnenderweise von der Darstellung einer domestizierten Kuh gekrönt (Abb. S. 145).

Vor etwa 1000 Jahren begannen die afrikanischen Kulturen südlich des Äquators getrennte Wege zu gehen. Die sich ergebenden Unterschiede fanden in erster Linie ihren Niederschlag in den Keramikwaren, deren Formen und Dekorationen vielfältiger wurden und regionale Charakteristika ausbildeten. Die Rinderhaltung führte in vielen Regionen zu wachsendem Reichtum und größerer Macht und unterstützte damit den sozialen und politischen Fortschritt. Beispielhaft hierfür sind Mapungubwe, das im äußersten Norden von Südafrika liegt, und Groß-Simbabwe (vgl. S. 168). Auch die Handelsbeziehungen, besonders mit der ostafrikanischen Küste, nahmen ebenfalls erheblich zu. Dennoch lässt sich durchgängig seit der frühen landwirtschaftlichen Periode sowohl eine Kontinuität in der Entwicklung beobachten, als auch eine stets vorhandene Wechselwirkung mit den Stammesverbänden der Jäger und Sammler, die noch immer hauptsächlich im südlichen Afrika umfangreiche Gebiete bewohnten. So begannen beispielsweise vor fast 2000 Jahren Jäger und Sammler, die weit im Süden in der Kap-Provinz Südafrikas lebten, nicht nur zunächst Schafe zu halten und ihre eigene durchaus typische Keramik herzustellen, sondern nahmen auch die Rinderzucht an. Auf der anderen Seite ergänzten wiederum viele bäuerliche Gemeinschaften ihre Nahrung, indem sie auf die Jagd gingen, was sie im Übrigen teilweise heute noch tun.

Die Ausbreitung der Landwirtschaft in den afrikanischen Regionen südlich des Äquators gehört zu den herausragenden Errungenschaften der Menschheit. Wie sie in diesen Gebieten vonstatten ging, war jedoch vor nicht einmal 100 Jahren gänzlich unbekannt, und über viele Einzelheiten sind wir uns sogar heute noch nicht sicher. Zumindest aber können wir jetzt den Entwurf einer Geschichte über diejenigen Menschen schreiben, die sich in mehreren miteinander verwandten Sprachen verständigten und deren kulturelle Entwicklung bedeutende technologische und wirtschaftliche Veränderung einleiteten. Diese Geschichte handelt von Menschen, die Keramik herstellten – eine Keramik, ohne deren Erforschung durch die Archäologen wir weit weniger über ihre Vergangenheit wüssten.

# Das Zeugnis der Toten – Leben in der Upemba-Senke

Die Archäologen wurden oftmals dafür kritisiert, dass sie Grabstätten öffnen und Leichname ausgraben – ein Aspekt ihrer Forschungsarbeit, bei dem sie besonders einfühlsam mit den Ansichten und Gefühlen der Lebenden umgehen müssen. Untersuchungen dieser Art sind jedoch notwendig, weil die Wissenschaft durch die Analyse der menschlichen Relikte und der häufig vorhandenen Grabbeigaben wichtige Informationen aus vergangenen Zeiten erhalten kann. Dies trifft hauptsächlich auf Gegenden zu, in denen Siedlungen oder andere Fundstellen nur äußerst begrenzt Aufschluss geben. Ein solches Gebiet ist die Upemba-Senke im Südosten der Demokratischen Republik Kongo. Hier wurden die direkt unter der Oberfläche liegenden Schichten der letzten 1500 Jahren an den meisten Fundorten von den Aktivitäten der dort in jüngerer Zeit lebenden Menschen häufig schwer gestört. Stattdessen gibt es aus der entsprechenden Periode viele Friedhöfe mit einer großen Anzahl von Gräbern. So wurden bei den Ausgrabungen von mehr als 300 Bestattungen an sechs verschiedenen Fundplätzen die Mehrzahl derjenigen Belege zusammengetragen, die Auskunft über die Besiedlung der Region geben können. Ganz offensichtlich fanden während des besagten Zeitraums in diesem Teil Zentralafrikas, relativ unbeeinflusst von den Geschehnissen außerhalb des Kontinents, beträchtliche wirtschaftliche, technologische, soziale und politische Entwicklungen statt, die in der Entstehung des Luba-Reiches gipfelten. Da über die nur wenige Jahrhunderte zurückliegenden Ursprünge dieses Staates weder schriftliche Quellen noch mündliche Überlieferungen zur Verfügung stehen, vermittelte uns die Erforschung dessen, was uns die Toten sagen konnten, wichtige Erkenntnisse über das Leben in der Upemba-Senke während jener entscheidenden Periode ihrer Kulturgeschichte.

Trotz ihrer Normalhöhe von mehr als 500 m über dem Meeresspiegel liegt die Upemba-Senke vergleichsweise tief eingebettet zwischen den Bergen in ihrem Nordwesten und Südosten. In diesem Gebiet gibt es mehrere Seen und einen größeren Fluss, den Lualaba, der zu den Hauptzuflüssen des Kongo gehört. Da weite Teile der Region in der Regenzeit überschwemmt werden, ist der Ackerbau ertragreicher als in der umliegenden Savanne, die dafür jedoch gutes Weideland für den Nutzviehbestand bietet. Die Seen, der Lualaba und kleinere Flüsse sind voll von Fischen, und in der Vergangenheit boten zusätzlich zahlreiche Land- und Wassertiere Gelegenheit für die Jagd. Ergänzend zu diesen günstigen Bedingungen waren auch wichtige Rohstoffe vor Ort oder in der Nähe verfügbar. Man konnte sowohl Eisenerz fördern als auch Salz abbauen und hatte Zugriff auf eine der reichsten und größten Kupferlagerstätten der Welt, die sich vom äußersten Südosten der Demokratischen Republik Kongo bis in das nördliche Sambia erstreckte. Deshalb überrascht es kaum, dass die Upemba-Senke, nachdem einige Eisen nutzende bäuerliche Gemeinschaften sie entdeckt hatten, immer dichter besiedelt und zum Schauplatz bedeutender kultureller Entwicklungen wurde.

Die ersten Bauern in der Upemba-Senke gehörten vermutlich zu der auf S. 143 f. besprochenen »westlichen Route«. Ausgrabungen bei Kamilamba am nördlichen Ende des Tals erbrachten eine Siedlungsschicht, die Keramik, Eisenartefakte, Mahlsteine und Palmnüsse enthielt, aber kein Kupfer. Bruchstücke von getrocknetem Lehm, auf denen sich Binsen abgedrückt hatten, lieferten einen Hinweis auf die Bauweise der Hütten, die hier einstmals standen. Mit Hilfe der C14-Datierung konnte man die Befunde einem Zeitraum zuordnen, der vor ungefähr 1500 Jahren begann. Aus diesem Grund benannten die Archäologen die älteste bäuerliche Besiedlungsperiode in der Upemba-Senke nach dem Fundort Kamilamba »Kamilambian«. Die Bevölkerung schien mit den im Westen der Demokratischen Republik Kongo, in Angola und im Osten des nördlichen Sambia lebenden Stämmen kulturell verwandt gewesen zu sein. Auf sambesischem Gebiet wurde zwar Kupfer bereits in kleinem Ausmaß abgebaut und geschmolzen, Objekte aus Kupfer hingegen wurden fast ausschließlich nur dort benutzt, wo man sie auch herstellte.

Die darauffolgende Periode, die sich vermutlich aus dem Kamilambian entwickelte, bezeichnet man nach dem im Norden des Tals gelegenen Kisale-See als »Frühes Kisalian«. Es datiert in etwa auf die Zeit vor 1000 Jahren und ist nur anhand relativ weniger Gräber nachweisbar. In diesen Bestattungen fand man sowohl Hacken, Messer und Lanzenspitzen aus Eisen, als auch Keramik und einige der seltenen Kupfergegenstände, hauptsächlich Armbänder und Fußspangen. Da in zwei der am reichsten ausgestatteten Grabstätten eiserne Zeremonialäxte entdeckt wurden, die gravierte und gelochte Klingen hatten sowie mit Nägeln beschlagene Holzgriffe, kann man vermuten, dass es während dieses Zeitraums die ersten lokalen Fürsten gab. In einem dieser Gräber lag, neben einer Anzahl von Gefäßen, auch ein zylindrisch geformter Eisenamboss, der, ebenso wie die Äxte, ein traditionelles Herrschaftssymbol bei den Bantuvölkern war. Wie das Fundmaterial zeigt, scheint diese Region noch relativ dünn besiedelt gewesen zu sein. Dennoch begann die Upemba-Senke, wie die Kupferobjekte belegen, bereits Teil eines Handelsnetzes zu werden, in dem Fisch allerdings noch die wichtigste Tauschware darstellte. Im Laufe der Jahrhunderte entwickelte sich das Kupfer wegen seiner Farbe und der Eigenschaft, dass es leicht zu bearbeiten war, in großen Teilen Afrikas zu einem hoch geschätzten Handelsgut.

Auf das Frühe Kisalian folgte vor ungefähr 1000 Jahren in dieser Gegend eine über mehrere Jahrhunderte andauernde Periode, die von den Archäologen als das »Klassische Kisalian« bezeichnet wird. Aus diesem Zeitabschnitt stammen zahlreiche, weit über die nördliche Hälfte der Upemba-Senke verstreute Fundorte mit Bestattungen, deren Größe und Menge deutlich zeigen, wie stark mittlerweile die Bevölkerung angewachsen war. Fünf dieser Fundstellen, die in das Klassische Kisalian und verwandte Phasen datieren und von denen Sanga die wichtigste ist, wurden archäologisch untersucht. Insgesamt enthielten alle Gräber des Klassischen Kisalian, neben

^
Grab der Klassischen Kisalian-Periode in Sanga, im Südosten der Demokratischen Republik Kongo. Neben zahlreichen Gefäßen lagen Beigaben aus Eisen, Kupfer, Schneckenhäusern, Tierknochen und Elfenbein.

aufschlussreichen Skelettresten, eine beeindruckende Sammlung von Grabbeigaben, zu denen zahlreiche Eisenartefakte, wie Hacken, Messer, Äxte, Pfeil- und Lanzenspitzen, Harpunen, Fischhaken, Halsbänder, Anhänger und Ketten gehörten. Aus Kupfer hergestellter Schmuck, wie Gürtel, Hals- und Armbänder, oder nützliche Dingen, wie kleine Messer, Lanzenspitzen und Fischhaken aus demselben Metall, waren ebenso in großen Mengen vorhanden. Zusätzlich fanden sich auch Armbänder und Halsketten aus zierlich geschnitztem Elfenbein und viele äußerst qualitätvolle Gefäße in einer für die Region typischen Machart (Abb. S. 149). Anzahl und Beschaffenheit der Grabbeigaben waren sowohl abhängig vom Geschlecht als auch vom Reichtum oder dem Status des Verstorbenen. Diese Praxis lässt sich sogar bei einigen Kinderbestattungen nachweisen. Die rituellen Vorschriften für die Grablegung waren anscheinend sehr komplex, denn die Tiefe des Grabes variierte mit dem Alter des Bestatteten. So begrub man Erwachsene tiefer als Kinder und Kinder wiederum tiefer als Säuglinge. Der Leichnam wurde für gewöhnlich entweder ausgestreckt auf den Rücken gelegt oder leicht gebeugt auf die Seite gebettet und die Füße in Richtung des stromabwärts fließenden Lualaba ausgerichtet. Einige der exzellent gearbeiteten Keramiken wurden zweifellos speziell für die Beerdigung hergestellt, denn sie waren nicht nur für den täglichen Gebrauch zu klein, sondern entsprachen in den Kindergräbern von der Größe her sogar dem Alter der Verstorbenen. Vermutlich lebten in der südlichen Hälfte der Upemba-Senke gleichzeitig zur Gesellschaft des Klassischen Kisalian Volksstämme, die eine andersartige aber dennoch verwandte Kultur besaßen. Bislang wurde bei Katoto nur einer ihrer Friedhöfe ausgegraben, auf dem in vielen Fällen in einer und derselben Grabstätte jeweils ein Mann zusammen mit Frauen und Kindern beigesetzt wurde. Bestattungen in dieser Form waren bei den Menschen des Kisalian eher selten, jedoch fand man in Grablegungen sowohl des Katotian als auch des Klassischen Kisalian gelegentlich Statussymbole, wie eiserne Zeremonialäxte, Ambosse, Glocken und Kaurischnecken von der ostafrikanischen Küste. In einigen Gräbern von Katoto wurden sogar auch Meeresmuscheln und Glasperlen entdeckt.

Ganz offensichtlich stellen die von den Archäologen dem Klassischen Kisalian und Katotian zuzuordnenden Gemeinschaften einen Höhepunkt der kulturellen Entwicklung in diesem Teil Zentralafrikas dar. Die in einigen Grabstätten gefundenen Eisenhacken und Mahlsteine definieren, ebenso wie die Knochen von Ziegen und Hühnern, Ackerbau und Viehzucht als die grundsätzlich tragenden wirtschaftlichen Kräfte dieser Gesellschaft. Auch wenn die Befunde die Jagd auf Antilopen, Elefanten, Flusspferde und Krokodile belegen, war das wichtigste Element ihrer Lebensgrundlage zweifellos der Fischfang, erkennbar an den Harpunen und Angelhaken sowie Gefäßen mit Fischgräten darin, die man als Grabbeigaben entdeckte. Unter den Keramikgefäßen, die den Toten mitgegeben wurden, befanden sich auch einige, deren Ränder mit vertikalen Verlängerungen ausgestattet waren, auf die man einen anderen Topf stellen konnte. Dabei handelte es sich vermutlich um Feuerpfannen, die damals wie auch heute noch dazu dienten, Fisch direkt in den Kanus zu kochen (Abb. unten). Offensichtlich bestand die hauptsächliche Beschäftigung der

Menschen in der Upemba-Senke im Fischfang, der auch den größten Teil des Exports stellte. Deshalb erscheint es durchaus möglich, dass die zunehmende Bevölkerungsdichte in diesem Gebiet auf den hohen Anteil an Fischproteinen in dem ansonsten ohnedies schon sehr vielfältigen Nahrungsangebot zurückzuführen ist, und von daher eine der primären Ursachen für ihre bemerkenswerte kulturelle Entwicklung war.

Die Technologie, die bei der Herstellung der Grabbeigaben angewendet wurde, ist zweifelsohne der eindrucksvollste Aspekt dieser Kulturen. Offensichtlich war die Verarbeitung von Metallen, wie Eisen oder Kupfer, auf einem hohen Stand, denn man benutzte bei der Fertigung von Waffen, Werkzeugen und Schmuckstücken Schmiede- und Drahtziehtechniken (Abb. S. 152). Ein beträchtliches technisches Niveau ist auch bei den Elfenbeinschnitzereien und der qualitätvollen Keramik erkennbar. Zusätzlich wurden sicherlich noch eine ganze Reihe von anderen handwerklichen Tätigkeiten ausgeübt, deren Erzeugnisse jedoch nicht erhalten sind, weil sie aus organischen Materialien bestanden. Eine dieser nicht überlieferten Produktionszweige scheint die Korbmacherei gewesen zu sein, denn man fand sowohl in der Korrosionsschicht einiger aus Metall bestehender Grabbeigaben Abdrücke von Geflecht als auch Keramikgefäße, die Körben nachempfunden waren. Alles in allem gehörte die Technologie des Klassischen Kisalian während dieser Periode zu einer der am weitesten

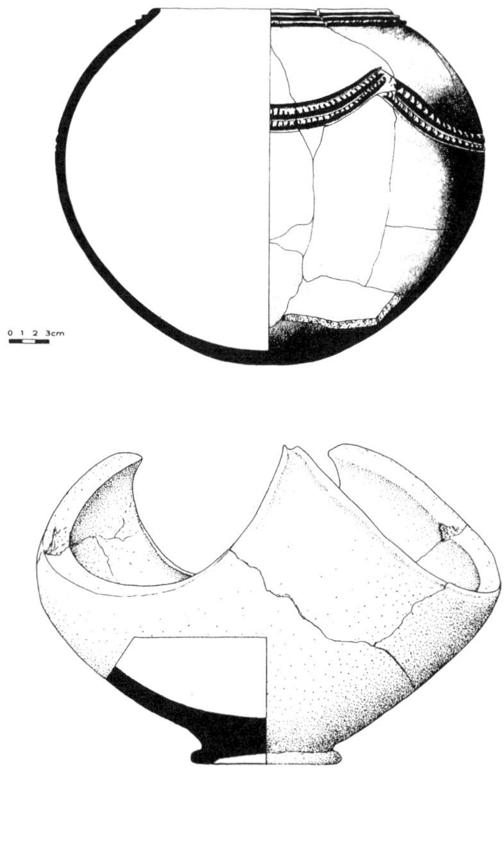


Gefäß (oben) und Feuerpfanne (unten) der Kisalian-Periode.

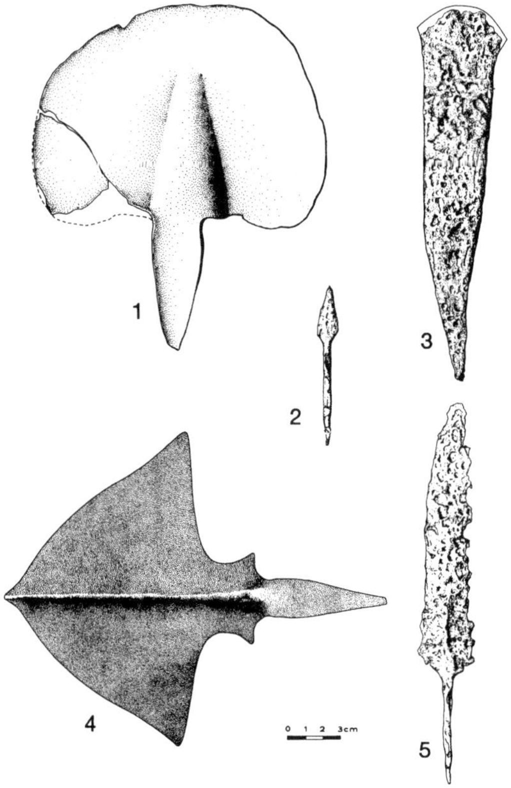


Eisenwerkzeuge und -waffen aus der Upemba-Senke. 1 Hacke, 2 Pfeilspitze, 3 Axt, 4 Zeremonialaxt, 5 Lanzenspitze.

entwickelten Zeiten im tropischen Afrika, was auf das Vorhandensein professioneller Handwerker in den Gesellschaften der Upemba-Senke hinweist.

Am wichtigsten und interessantesten sind jedoch die sozialen und politischen Erkenntnisse, zu denen die Wissenschaft aufgrund der ergrabenen Befunde gelangte. So waren offensichtlich die Gemeinschaften der Klassischen Kisalian-Periode hierarchisch gegliedert, mit einem Häuptling an der Spitze, der vermutlich sowohl die politische als auch rituelle Macht in seiner Person vereinigte. Ihm folgten auf der gesellschaftlichen Leiter alle anderen, entsprechend ihrem Reichtum und Status. Beurteilt man diese Kultur nach der Qualität ihrer materiellen Hinterlassenschaften und der gleichmäßigen Beständigkeit ihrer Bestattungssitten, so war sie anscheinend geprägt von politischer Stabilität und gerechter Ordnung. Insgesamt kann sie durchaus als eine frühe Entwicklungsphase in der Staatenbildung angesehen werden, auch wenn es vermutlich keine geographischen Grenzen gab, sondern die Einschränkungen eher den sozialen und kultischen Bereich betrafen, und die Macht aufgeteilt und nicht zentralisiert war. Der springende Punkt ist, dass sich der Entwicklungsprozess hier gewissermaßen isoliert vollzog, ohne Anstoß durch äußere Einflüsse, die man in anderen Teilen Afrikas oftmals als Ursache für einen derartigen Fortschritt ansah.

Der relativ umfassende Gebrauch von Kupfer während des Klassischen Kisalian spricht zwar für den Ausbau eines recht intensiven Handels mit denjenigen Leuten, die dieses Metall im Südosten abbauten, aber andererseits weist die geringe Menge an Handelsgütern, die die Upemba-Senke von der etwa 1500 km entfernten ostafrikanischen Küste erreichten, auf nur wenige und eher indirekte Kontakte hin.

Als sich vor etwa 700 Jahren die Begräbnissitten der Kisalian-Periode änderten, nahm sowohl die Menge der Grabbeigaben als auch die Qualität der Keramik ab. Zur gleichen Zeit kamen Kupferkreuze in einer spezifischen Form und Größe auf, die ursprünglich möglicherweise als für den Handel bestimmte Barren von Hand zu Hand gingen und dadurch später zu einer Art Währung wurden (Abb. unten). Diese Periode benannte man nach dem Kabamba-See, der am nördlichen Ende der Upem-

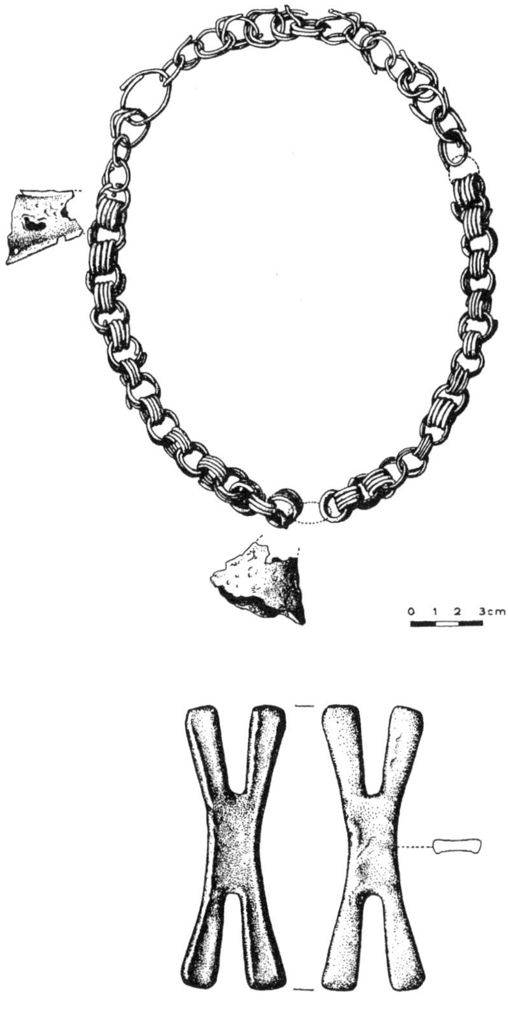


Kupferkette mit Glöckchen aus Eisen aus der Kisalian-Periode (oben) und kupfernes Zahlungsmittel in Form eines Kreuzes aus der Kabambian-Periode (unten).

ba-Senke liegt, mit »Kabambian«. Aufgrund der Veränderungen, die sich vor ungefähr 500 Jahren sowohl in den Begräbnisritualen als auch in der Keramik vollzogen, und der Tendenz, dass die Kupferkreuze insgesamt kleiner und stärker standardisiert wurden, teilten die Archäologen das Kabambian in zwei Phasen ein, die sie mit A und B unterschieden. Dieser Übergang kennzeichnet vermutlich den Wandel in der Verwendung der Kreuze von einem speziellen Zahlungsmittel für besondere Anlässe, um sich beispielsweise Frauen zu kaufen, hin zu einem allgemeingültigen Primitivgeld, das in kleineren Einheiten und in standardisierter Größe vorliegen musste. Eine unabdingbare Voraussetzung für den Umlauf einer Währung ist aber stets eine stärker zentralisierte politische Macht, die auch tatsächlich die Bühne betrat, als vor ungefähr 200 Jahren die Kabambian B-Phase endete. Zur gleichen Zeit entstand den mündlichen Überlieferungen zufolge das Luba-Reich und übernahm die Herrschaft über einen Großteil der Savanne im Südosten des zentralafrikanischen Regenwaldes. Mittlerweile hatten die Menschen in der Upemba-Senke weitreichende, überregionale Handelsverbindungen aufgebaut und, wie die Funde von Kaurischnecken und Glasperlen in Kabambian B-Gräbern belegen, den Kontakt zur Küste des Indischen Ozeans intensiviert.

Obwohl das Luba-Reich vermutlich in der Upemba-Senke entstand, lag seine Hauptstadt außerhalb in ihrem Nordwesten. Die archäologische Erforschung dieser Region dokumentiert über 1500 Jahre hinweg die zielstrebige Entwicklung der Menschen in der Upemba-Senke. Sie zeichnet außerdem eine außergewöhnliche Geschichte auf, die sowohl von Kontinuität als auch Veränderung erzählt, und in der man die Ursprünge des Luba-Reiches erkennen kann. Überdies lassen sich die untersuchten Skelettfunde mit dem Körperbau der späteren Luba-Völker vergleichen. Mit all diesen Informationen gewähren die Bestattungen in der Upemba-Senke einen ungewöhnlichen Einblick in die soziale und politische Entwicklung Zentralafrikas. Ohne das Zeugnis der Toten hätten wir dementsprechend auch keinerlei Kenntnisse über diesen ausgesprochen dynamischen Zeitabschnitt aus der Vergangenheit Afrikas.

Blick auf die westliche Säulenhalle des Isistempels von Philae, Ägypten.

Etwa 2300 Jahre alte Tempelruinen aus meroïtischer Zeit in Naqua (Sudan), in der Bildmitte der Amun-Tempel mit Überresten einer »Widderallee«.

Die Ghiorghis Felsenkirche in Lalibela, Äthiopien.

Die Burg Kaiser Fasiladas in Gonder, Äthiopien.

Das 1800 Jahre alte römische Theater von Sabratha (Libyen).

Die mit für römische Bauten charakteristischer Bauornamentik versehenen Mauern eines rund 1700 Jahre alten Tempels in Naqua (Sudan), der allgemein als »Römischer Kiosk« bezeichnet wird.

Oasen boten den Karawanen in der Wüste die Möglichkeit, Mensch und Tier mit Wasser zu versorgen.

Ruine einer vor mehr als 2000 Jahren erbauten und 1984 entdeckten Festung, die heute Gala Abu Ahmed genannt wird. Sie liegt am Südrand des Wadi Howar (Sudan) und diente vermutlich ursprünglich der Sicherung einer Wasserstelle an dem dort verlaufenden Karawanenweg.

Dieser 36 cm hohe Terrakottakopf der Nok-Kultur gehört
zu den frühesten Funden.

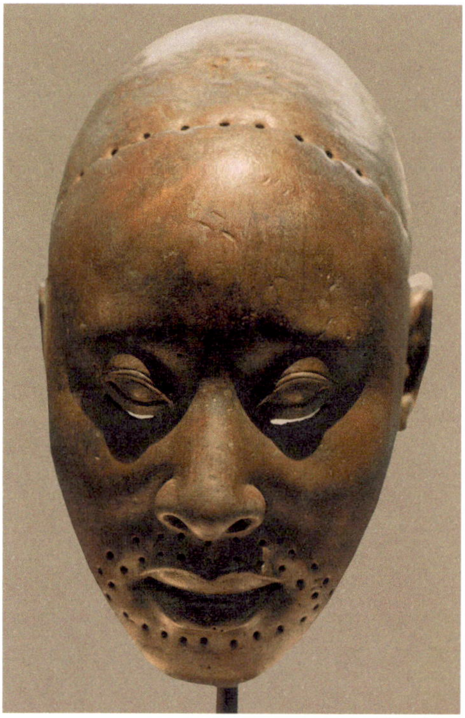

Die Löcher im Gesicht und auf dem Kopf dieser Metallplastik aus Ife, Nigeria, dienten zur Befestigung von Kopfputz und Bart, Höhe 33 cm.

Metallplastik aus Benin City: Kopf der Idia, Mutter des *Oba* Esigie. London, British Museum.

Landschaftsimpression vom Natron-See in Tansania.

Das Fort von Kilwa Kisiwani (Tansania) wurde unter den Arabern
zum Schutz des Hafens erbaut.

Blick auf die Ruinen einer der beiden Talsiedlungen von Groß-Simbabwe mit ihrer eindrucksvollen Einfriedung.

Dorf in der Matopo Region (Simbabwe) mit Rundhütten.

# Ein einziger herrlicher Garten – Produktivität und Macht im Gebiet der Großen Seen

Als der junge Winston Churchill vor einem Jahrhundert durch Uganda reiste, war es für ihn »vom einen bis zum anderen Ende ein einziger herrlicher Garten«. Noch wenige Jahrzehnte zuvor war es nicht die Landschaft, sondern die politische Entwicklung dieses Gebiets, die die ersten europäischen Besucher am meisten beeindruckte, denn vorher kannten sie weder Bunyoro und Buganda oder eines der anderen Reiche, die sie in diesem Teil Zentralafrikas entdeckten. Seit jener Zeit steht die Frage, wie sie entstehen konnten, im Brennpunkt der Geschichtsforschung in der Region der Großen Seen. Teilweise lässt es sich wahrscheinlich durch die Beschaffenheit des Landes erklären, die bereits Churchill imponierte, denn es ist reich an Bodenschätzen und birgt zusätzlich ein hohes landwirtschaftliches Potential. Obwohl das Gebiet vor mehr als 2000 Jahren (vgl. S. 140 ff.) vermutlich nur stellenweise von den ersten Bauern besiedelt wurde, wuchs die Bevölkerung vor ungefähr 1000 Jahren kontinuierlich und nahm damit das Land flächendeckend in Besitz. Der daraus resultierende Konkurrenzkampf um die Ressourcen könnte durchaus zu einer ungleichen Vermögensverteilung geführt haben, die darin gipfelte, dass einzelne Personen in der Lage waren, die Herrschaft über viele Menschen zu ergreifen. Auch wenn das innerhalb der betroffenen Gesellschaften komplexe Strukturveränderungen zur Folge gehabt haben dürfte, war es möglicherweise hauptsächlich die Kontrolle über die Produkte dieser ergiebigen Umwelt, auf die sich die Machtposition der entstehenden Reiche gründete.

Die Region der Großen Seen umfasst ein ausgedehntes Areal zwischen dem Viktoria-See im Osten und dem Albert-, Edward- und Kivu-See im Westen. Heute erstreckt sie sich über den größten Teil des westlichen Uganda, den nordwestlichen Abschnitt Tansanias und komplett über die Länder Ruanda und Burundi. Trotz ihrer unmittelbaren Lage am Äquator, sind viele Gebiete aufgrund ihrer Normalhöhe von mehr als 1000 m über dem Meeresspiegel mit hohen, aber nicht extremen Temperaturen und Niederschlägen klimatisch vergleichsweise gemäßigt. In Verbindung mit den relativ fruchtbaren Böden vieler Landstriche ermöglichten diese Bedingungen den Anbau einer ganzen Reihe von Kulturpflanzen. Die wichtigsten davon waren Fingerhirse und Bananen, die jeweils in bestimmten Gegenden zum Grundnahrungsmittel wurden. Die Gemüsebanane beispielsweise, die gekocht in einigen lokalen Sprachen *matooke* heißt, ist ein entscheidender Ernährungsbestandteil in Gebieten mit ergiebigeren Regenfällen. Zusätzlich liegen in den trockeneren Bezirken der Region zwischen den Großen Seen einige von Afrikas besten Weiden, die eine große Zahl von Rindern ernähren können und oftmals frei von Tsetsefliegen sowie der von ihnen übertragenen Krankheit sind. Sowohl der außerordentliche Fischreichtum der Seen und Flüsse als auch die früher zahlreich vorhandenen Land- und Wassertiere

Der mit Seerosen bewachsene Elisabeth-See in Uganda.

trugen maßgeblich zur Lebensgrundlage der Menschen bei. Da die Region zudem auch wichtige Rohstoffe lieferte, wie Eisenerz, Salz und Elfenbein, hatten die Menschen auch Zugriff auf wertvolle Güter, die sie vermarkten konnten. Dafür stand ihnen ein weitreichendes Handelsnetz mit exzellenten Transportmöglichkeiten auf den Seen und Flüssen zur Verfügung.

Die Entstehung jener Staaten, von denen die ersten europäischen Reisenden berichteten, wurde vermutlich vor etwa 1000 Jahren eingeleitet. Da dieser Zeitpunkt jedoch zu weit in der Vergangenheit liegt, als dass mündliche Überlieferungen hilfreich sein könnten, muss sich die Wissenschaft auch hier auf die archäologischen Befunde stützen. Auch wenn das Fundmaterial im Gegensatz zur Upemba-Senke (vgl. S. 147 ff.) überwiegend von Siedlungsplätzen stammt und weniger aus Gräbern, ist es trotzdem häufig nur schwer zu interpretieren. Aufgrund sprachwissenschaftlicher Untersuchungen scheinen sich vor ungefähr 1000 Jahren, als Rinder und

Bananen zunehmend an Bedeutung gewannen, die ersten bäuerlichen Gemeinschaften der Gegend bereits in einem Umbruch befunden zu haben. Die aussagekräftigsten archäologischen Zeugnisse für die darauffolgende Periode entdeckte man in Ntusi, im Grasland des südlichen Uganda. In diesem Gebiet, in dem vor etwa 1000 bis 500 Jahren Menschen ansässig waren, entstand eine rund 100 Hektar große Ansiedlung. Obwohl die meisten ihrer Kulturschichten nur sehr flach waren, förderten die Ausgrabungen dennoch reichliches Fundmaterial zu Tage. Neben einer großen Menge von Keramikfragmenten, Tierknochen, die zumeist von jungen Rindern stammten, zahlreichen Mahlsteinen und gebogenen, vermutlich bei der Getreideernte benutzten Eisenmessern, fand man auch verbrannte Getreidekörner der Mohrenhirse und möglicherweise für Korn angelegte Vorratsgruben. Außerdem gab es Hinweise auf eine Eisenverarbeitung, man entdeckte Elfenbeinfragmente, von denen einige bearbeitet waren, aus Straußeneierschalen gefertigte Perlen und Spuren kreisförmiger Häuser. Zusätzlich verweisen Perlen aus Glas und Kaurischnecken auf eine Verbindung in späterer Zeit zur Küste am Indischen Ozean. Da die Bewohner von Ntusi nach diesen Befunden offensichtlich gleichzeitig Rinder hielten und Mohren- sowie vermutlich auch Fingerhirse anbauten, muss die Aufteilung dieser beiden landwirtschaftlichen Zweige auf eine Rinder züchtende Elite und eine Ackerbau betreibende bäuerliche Schicht erst später vonstatten gegangen sein. Bei archäologischen Surveys in der Ntusi-Region wurden aus derselben Periode mehr als 50 weit kleinere Siedlungsplätze lokalisiert, von denen man drei untersuchte und Beweise sowohl für die Rinderhaltung als auch vereinzelt für den Ackerbau entdeckte. Da es keinerlei Fundstellen von mittlerer Größe gab, wurde dieses Siedlungsmuster dahin gehend interpretiert, dass es sich bei Ntusi um ein Stammesfürstentum handelte, das sich noch nicht zu einem zentralisierten Staat entwickelt hatte.

Anzeichen für eine Veränderung der politischen Struktur fand man hingegen nur wenige Kilometer im Norden von Ntusi in der weitläufigen Siedlung von Bigo. An diesem Fundort wurde eine Fläche von rund fünf Quadratkilometern von insgesamt etwa zehn Kilometer langen Gräben und Dämmen umschlossen. Aus den Erdaufschüttungen hatte man zwei große Umwallungen geschaffen und in einem von ihnen in der Mitte eine Gruppe kleinerer Einfriedungen angelegt, in denen drei große Erdhügel lagen. Wie die Ausgrabung erbrachte, wurde dieses zentral gelegene Areal von Menschen bewohnt, deren Wirtschaft auf der Haltung von Rindern beruhte. Die größeren Wallanlagen, die unbesiedelte und vermutlich eher als Rinderpferche oder Pflanzungen genutzte Gebiete umgaben, dienten sicherlich nicht der Verteidigung. Höhe und Breite der Dämme und Gräben variierten außerordentlich stark, als maximalen Abstand von der Grabensohle bis zur Wallkuppe konnten jedoch mehr als sieben Meter ermittelt werden. Der bei der Anlage aller Gräben angefallene Aushub an Erde und Felsen wurde insgesamt auf mehr als 200.000 $m^3$ geschätzt. Alles in allem weisen die Befunde auf eine zentralisierte Gesellschaft mit einer größtenteils auf Rindern basierenden Wirtschaft hin. Bezeichnenderweise scheint das in der Nähe liegende Ntusi möglicherweise nach der Entstehung von

Bigo vor ungefähr 500 Jahren aufgegeben worden zu sein, denn offensichtlich war das trockene Weideland von Ntusi bei weitem nicht so gut für die Rinderzucht geeignet, wie das an einer Seite an den Fluss Katonga grenzende Gebiet von Bigo. In der Nähe von Ntusi liegt eine riesige künstliche Senke, die man geschaffen hatte, indem nahezu 30.000 $m^3$ Material ausgehoben und an den Rändern aufgeschüttet wurden. Diese gewaltigen Erdarbeiten wurden als Vorhaben gedeutet, den Grundwasserspiegel zu erreichen, damit man die Rinder tränken konnte. Obwohl man das Projekt nicht datieren kann, spricht das Ausmaß dieser auf einen extrem hohen Wasserbedarf ausgerichteten Anlage für eine lange Bauzeit. Dennoch musste Ntusi letztendlich aufgegeben werden. Das gleichzeitige Aufblühen von Bigo erklärt sich möglicherweise dadurch, dass die Rinderzucht, im Gegensatz zu einem ausgewogenen Verhältnis zwischen Viehhaltung und Bodenbewirtschaftung, mittlerweile eine dominante wirtschaftliche Rolle einnahm, was natürlich insgesamt Veränderungen in der sozialen und politischen Struktur zur Folge hatte. Deshalb war Bigo vielleicht das Zentrum eines frühen, über mehrere Jahrhunderte bestehenden Reiches und damit der Vorläufer jener Staaten, die von den ersten europäischen Reisenden vor fast 150 Jahren studiert wurden.

Wenn die Vermutung zutrifft, dass Bigo ein frühes Königreich oder Fürstentum war, so scheint es aber nur eines von mehreren gewesen zu sein, denn im nordwestlichen Uganda wurden noch weitere Wallanlagen wie in Bigo entdeckt. Am besten erforscht sind diejenigen in Munsa, das im Norden von Bigo liegt, und in Kibengo nahe dem südlichen Ende des Albert-Sees, da man an beiden Fundorten bereits partiell archäologische Ausgrabungen durchführen konnte. Die dortigen Erdwälle wurden vermutlich ungefähr zur selben Zeit wie in Bigo errichtet, obwohl es auch hier durchaus Hinweise für eine ältere Besiedlung gibt. Die Tierknochen in Munsa stammten zum größten Teil von Rindern, in Kibengo jedoch auch von mehreren anderen Tierarten. In Munsa fanden sich zahlreiche Belege für die Eisenverhüttung, unter anderem Schlacken oder anderer Abfall sowie die Überreste eines Rennofens. Vor dem Bau der Umwallung scheint ein felsiger Hügel in ihrem Zentrum bereits bewohnt gewesen zu sein, denn man entdeckte dort neben einer Siedlung auch mehrere Grabstätten und Rückstände von Verhüttungsprozessen. Trotz der insgesamt großen Ähnlichkeiten an diesen Fundorten, sprechen die Unterschiede der jeweils in Bigo, Munsa und Kibengo ergrabenen Befunde dafür, dass es sich hier um die Zentren verschiedener, miteinander konkurrierender Staaten handelte und nicht um ein einziges Reich, dessen Hauptstadt Bigo war.

Um all diese Forschungsergebnisse in einen allgemeinen Situationszusammenhang zu setzen, unternahm man in der Umgebung von Munsa einen archäologischen Survey, bei dem etwa 130 Fundstellen ermittelt wurden, die alle in die letzten 1000 Jahre datieren. Anhand der untersuchten Keramik konnte man feststellen, zu welch frühem Zeitpunkt bereits kleine Siedlungen durch größere, zum Teil von Erdwällen umgebene ersetzt wurden. Diese Ereignisse fanden alle vor etwa 300 Jahren und damit auch vor der Entstehung des Bunyoro-Reiches statt. Über dieses

Königreich, das zu den von den ersten europäischen Besuchern entdeckten Staaten gehörte, existieren mündliche Überlieferungen, die seine Gründung auf eine Reihe rätselhafter und *Cwezi* genannter Herrscher zurückführen. Über eine Verbindung dieser halb mythischen Könige zu verschiedenen archäologischen Stätten, an denen man ihnen geweihte Schreine fand, wurde viel spekuliert. An zwei dieser Fundorte, in Mubende Hill und Kasunga, wurden teilweise Ausgrabungen unternommen. In Mubende Hill gab es ehemals zwei Siedlungen, von denen die eine ungefähr 700 Jahre alt ist und die andere in die vergangenen zwei Jahrhunderte datiert. In der älteren, die ein fast fünf Hektar großes Areal einnimmt, entdeckte man zahlreiche Tierknochen, die vorwiegend von Rindern stammten, sowie einige vermutlich für Getreide benutzte Vorratsgruben, in denen auch Mahlsteine lagen. Die Grabungen in Kasunga erbrachten für eine Besiedlung ebenso eindeutige Beweise, wie Getreidevorratsgruben, zahlreiche Mahlsteine, überwiegend von Rindern aber auch von anderen Tieren stammende Knochen und mehrere Gräber. Insgesamt hält man den Ort für nicht älter als 400 Jahre. Sowohl Mubende Hill als auch Kasunga trugen beide vermutlich ihren Teil zum Prozess der Staatenbildung in dieser Region bei, welche Rolle sie jedoch dabei im Einzelnen spielten und welcher Zusammenhang zu den möglicherweise mit ihnen verbundenen *Cwezi* bestand, bleibt ungewiss.

Fundplätze, die für die spätere Phase der Entstehung dieser Reiche relevant sind, lassen sich ebenfalls identifizieren. So gibt es in Buganda und Bunyoro mehrere den letzten Jahrhunderten zuzuweisende königliche Grabstätten, und in Ankole, das im südwestlichen Uganda liegt, konnte man aufgrund mündlicher Überlieferungen einige der ehemaligen Königsstädte lokalisieren. In Bweyorere, die eine von ihnen war, wurde bei den Ausgrabungen eine großflächige Siedlung gefunden, für deren Bewohner die Rinderhaltung wichtiger zu sein gewesen scheint als die Jagd. Obwohl von ihren Behausungen keine Spuren erhalten waren, existierten Reste eines umfangreichen, vermutlich aus Holz, Lehm und Stroh errichteten, runden Gebäudes von mehr als 15 m im Durchmesser, das die Ausgräber als Palast deuteten. Die tradierten Legenden sprechen von einer Besiedlung des Ortes während drei verschiedener Zeitabschnitte in den letzten 400 Jahren, eine zeitliche Zuordnung, die durch die C14-Datierung größtenteils bestätigt wird. In Bweyorere wurden außerdem sowohl Glasperlen als auch Keramikfragmente von Tabakspfeifen entdeckt.

Auch die Geschichte der Eisen- und Salzproduktion im Gebiet der Großen Seen wurde durch die archäologische Forschung partiell beleuchtet. Beide Rohstoffe müssen zusammen mit Elfenbein eine entscheidende Rolle nicht nur bei dem Aufbau regionaler Handelsnetze und der Intensivierung der Kontakte mit der Küste am Indischen Ozean gespielt haben, sondern auch bei der Entstehung der lokalen Staaten. So existieren Hinweise darauf, dass Eisen vor mehr als 2000 Jahren im nordwestlichen Tansania und vor vielleicht fast 3000 Jahren in Ruanda und Burundi (vgl. S. 54 ff.) geschmolzen wurde. Gesichert ist auch die Salzgewinnung an den Küsten des Albert-Sees vor ungefähr 800 Jahren bei Kibiro. Da es in späterer Zeit dort auch Perlen aus Glas und Elfenbein gibt, ebenso wie Schalen der Kaurischnecke, scheinen sich die Verbindungen mit der weit entfernten ostafrikanischen Küste verstärkt zu haben.

Trotz allem konnten die Ursprünge der Staaten in der Region der Großen Seen bislang nur unzureichend geklärt werden. Vermutlich entstanden sie vor ungefähr 300 Jahren aus dem Zusammentreffen verschiedener, sich gegenseitig bedingender sozialer Umwandlungsprozesse, die bereits einige Jahrhunderte früher einsetzten. Entscheidend für diese Veränderungen war eine hoch produktive Subsistenzwirtschaft, die sowohl auf dem Anbau von Getreide und Bananen als auch auf der Viehzucht basierte. Im Verlauf der Zeit verlagerte sich anscheinend der Schwerpunkt mehr und mehr auf die Rinderhaltung. Das verschaffte einer stetig wachsenden gesellschaftlichen Elite, die Rinder in großer Zahl besessen haben muss, nicht nur zunehmenden Reichtum, sondern auch rituelle und politische Macht. Diese politische Macht ermöglichte der Führungsschicht, ihre Kontrolle auf Handelsgüter, wie Eisen und Salz, zu erweitern. Später kamen auch Elfenbein und Sklaven hinzu, um die Nachfrage der Gebiete am Indischen Ozean zu befriedigen. Letztendlich war es deshalb der Handel mit all diesen Waren, der den Großen Seen und seinen Staaten im Ausland einen Namen machte. Offensichtlich scheint es demnach die phänomenale Produktivität dieser Region gewesen zu sein, die als entscheidende Grundlage der Macht den Boden bereitete.

# Angesichts zweier Welten – Handelssiedlungen an der ostafrikanischen Küste

Die Menschen, die den größten Teil der ostafrikanischen Küste bewohnten, waren seit jeher anders als ihre Nachbarn im Binnenland. Als vor fünf Jahrhunderten portugiesische Seefahrer erstmals die Südspitze Afrikas umrundeten und den Indischen Ozean erreichten, fanden sie an der Küste eine größtenteils städtische, islamische Gesellschaft mit weitreichenden überseeischen Verbindungen vor, die vom Handel geprägt und teilweise des Lesens und Schreibens kundig war. Die meisten Völker des angrenzenden Binnenlandes hingegen, die an ihren tradierten afrikanischen Religionen festhielten, lebten noch immer als Bauern, Hirten oder Jäger und Sammler. Die Küstenbewohner siedelten auf einem schmalen, direkt an den Ozean grenzenden Landstrich, der sich vom südlichen Somalia über rund 3500 km bis zum südlichen Mosambik erstreckte. Sie hatten sich auch auf einigen vor der Küste liegenden Inseln, den Komoren und Teilen von Madagaskar niedergelassen. Irgendwann begann man, sie »Suaheli« zu nennen, denn die meisten von ihnen sprachen damals wie heute Kisuaheli, eine nordöstliche Bantusprache, die stark mit arabischen und aus anderen Sprachen stammenden Lehnwörtern durchsetzt ist. Wie lange jedoch dieser Name für sie tatsächlich verwendet wurde, ist nicht belegt. Dass viele dieser an der Küste und auf den Inseln liegenden Siedlungen bereits seit einer sehr langen Zeit existierten, ist hingegen sicher, denn sowohl arabische als auch chinesische Autoren berichten einhellig von Orten, die bereits vor etwa 1000 Jahren bestanden. Griechische Quellen sprechen sogar von Gründungen, die fast 2000 Jahre alt sind. Die in diesem Zusammenhang wichtigsten Fragen, die es zu klären gilt, sind zum einen, wie diese Entwicklung vonstatten ging, und zum anderen, welche Völker es waren, die zur Bildung dieser einzigartigen Kultur beitrugen.

Da die ostafrikanische Küste das Bindeglied zwischen dem Indischen Ozean und dem afrikanischen Binnenland war, sahen sich ihre Einwohner mit zwei extrem unterschiedlichen Welten konfrontiert. Weil sie sich jedoch mit dieser Situation arrangierten, gelang es ihnen, in die Rolle des geschäftlichen Vermittlers zu schlüpfen und damit am bedeutendsten Welthandel der Vergangenheit gewinnbringend zu partizipieren. Die vorteilhafte Lage, in der sie sich befanden, wurde in erster Linie durch die vorherrschenden Umweltbedingungen hervorgerufen. Im Unterschied zur Westküste Afrikas profitierte die Ostküste von den Monsunwinden, die während der einen Hälfte des Jahres von Nordost und während der anderen von Südwest her wehten. Von daher war es den Segelschiffen möglich, innerhalb eines Jahres Ostafrika vom südlichen Arabien, dem Persischen Golf und der Westküste des indischen Subkontinents aus anzulaufen und wieder zu ihren Ursprungshäfen zurückzukehren. Zusätzlich gestatteten die jahreszeitlich bedingten Richtungswechsel der Hauptströmungen im Indischen Ozean auch Reisen über noch größere Entfernungen, wie die Zuwanderung indonesischer Stämme vor mehr als 1000 Jahren nach Madagaskar beweisen. Auch die kulturelle Entwicklung wurde durch die geographischen Gegebenheiten der ostafrikanischen Küsten gefördert. Viele Küstenabschnitte boten mit einem vorgelagerten Inselgürtel und Korallenriffen gut geschützte Ankerplätze oder Sandstrände, an denen die leicht gebauten, vernähten Boote, die man damals verwendete, bei Flut anlanden und bei Ebbe be- und entladen werden konnten. Insgesamt wurden jegliche Transporte auf dem Seeweg, sei es entlang der Küste oder zu überseeischen Zielen, durch die landschaftlichen Bedingungen an diesem Meer begünstigt.

Da die Küste auch relativ reich an natürlichen Ressourcen war, konnte sie von daher die überwiegende Mehrheit der Bevölkerung ernähren. Das tropische Seeklima mit den entsprechenden Niederschlägen sorgte in Verbindung mit den fruchtbaren Böden einiger Gegenden, insbesondere in den tieferen Flusstälern des Festlandes, in weiten Teilen für eine enorm produktive Landwirtschaft, auch wenn in der trockeneren Region im Norden weniger vorteilhafte Voraussetzungen herrschten. Angebaut wurden als wahrscheinlich wichtigste Getreidesorten sowohl *Sorghum* (Mohrenhirse) als auch Hirse, und man züchtete vermutlich Rinder, Schafe, Ziegen und auch andere Haustiere. Die im Rahmen der überseeischen Handelskontakte eingeführten südostasiatischen Pflanzen, wie Bananen, Zuckerrohr, asiatischer Reis und Kokosnüsse, stärkten offensichtlich zusätzlich die lokale Wirtschaft, obwohl nicht sicher ist, zu welchem Zeitpunkt sie importiert wurden. Außerdem waren die Küstengebiete reich an Fisch sowie anderen Meeresfrüchten, und das Hinterland verfügte über erheblich Wildbestände. Neben den Nahrungsmitteln boten die küstennahen Landstriche noch weitere wichtige Ressourcen, wie Holz aus den Wäldern, das man generell für Konstruktionen aller Art sowie zum Schiffbau verwenden konnte, oder Mangrovenwurzeln aus den Sümpfen, die man ausschließlich bei der Errichtung von Gebäuden nutzte. Eisenerzlagerstätten ermöglichten eine Verhüttung und Weiterverarbeitung des Eisens in beträchtlichem Umfang. Korallen sowohl aus den Riffen im Meer als auch abgestorbene auf dem trockenen Land versorgten die Menschen mit Bausteinen und Kalk als Grundlage für Mörtel oder Verputz. Die verschiedenen Palmenarten der Küste lieferten zusätzlich zu den Kokosnüssen auch Wein, Taue, Matten und Abdichtungsmaterial für die Schiffe. In der Textilproduktion verarbeitete man regional angebaute Baumwolle und sogar Seide. Außerdem wurde Salz gewonnen, indem man Seewasser verdunsten ließ, und einige Meeresmuscheln wurden für die Anfertigung von Perlen oder zu anderen dekorativen Zwecken verwertet. Sogar in den nahe am Meer gelegenen Siedlungen gab es Brunnen, die die Menschen mit Süßwasser versorgten.

Dennoch waren es nicht die natürlichen Ressourcen, die in erster Linie den phänomenalen Erfolg der Küstensiedlungen im Handel brachten, sondern vielmehr die Schätze des afrikanischen Binnenlandes. Von dort versorgten sich die Kaufleute an der Küste mit großen Mengen der unterschiedlichsten Waren, die im Handel mit dem Indischen Ozean besonders gefragt waren, wie beispielsweise Elfenbein, Gold und

Sklaven. Wenngleich die Händler an der Küste nicht die einzigen waren, die diese Güter weiter verkauften, so kontrollierten sie doch allein ihren Nachschub. Zusätzlich zu diesen Waren lieferten sie auch exotische Produkte, wie das Horn des Nashorns, Schildpatt, Weihrauch und Myrre, Ambra[8], Sandelholz, Bergkristall und Ebenholz, für die in Asien oder Europa eine starke Nachfrage herrschte. Außerdem versorgte die Küstenregion die Gebiete der arabischen Wüste und am Persischen Golf mit dringend benötigten Gebrauchsgütern des täglichen Bedarfs, wie Mangrovenwurzeln und Getreide. Im Gegenzug erhielten die Küstenhändler sowohl prächtige Keramiken aus der arabischen Welt und sogar aus dem weit entfernten China, als auch Glas, Glasperlen, Halbedelsteine und andere Luxuswaren. Der größte Importartikel war jedoch wahrscheinlich Stoff, insbesondere Materialien von ausgesucht hoher Qualität. Insgesamt hatte sich der einfache und unmittelbare Austausch afrikanischer Güter gegen importierte Fertigprodukte zu einem komplexen Handelssystem gewandelt, in dem es vier Kategorien von Warengruppen gab. Zur ersten gehörten für den Export bestimmte Erzeugnisse aus dem afrikanischen Binnenland, die zweite bestand aus Importen von Übersee für den Handel mit Innerafrika, die dritte in der Mehrzahl aus eingeführten Luxusgütern für die Küstensiedlungen und die vierte Kategorie umfasste schließlich die Produkte, die an der Küste speziell für den Handel mit dem Binnenland hergestellt wurden. Dadurch entwickelten sich die größeren Orte an der ostafrikanischen Küste zu Umschlagplätzen, an denen man die Handelswaren sowohl sammelte, lagerte und verteilte als auch im- und exportierte. Auf diese Weise wuchsen und prosperierten die Siedlungen und ihre Kaufleute wurden reich.

Die ältesten archäologischen Belege für den internationalen Handel fand man in Ras Hafun im nördlichen Somalia. Hier wurde Keramik ausgegraben, die vor etwas mehr als 2000 Jahren vom Roten Meer, dem Persischen Golf und möglicherweise auch aus Südasien kam. Nur wenig jünger sind vier römische Glasperlen, die in Mkukutu im Delta des Rufiji in Tansania entdeckt wurden, und zwei Fragmente römischer Keramik aus Unguja Ukuu, das auf der Insel Sansibar liegt. Diese und andere Fundorte zeigen, dass auch die kleineren Küstensiedlungen am Überseehandel beteiligt waren. Wie zahlreiche Keramikfunde beweisen, wurden ungefähr vor 1100 bis 1400 Jahren internationale Geschäfte dieser Art von dem weit südlich von Mosambik gelegenen Chibuene und der Ortschaft Dembeni auf den Komoren getätigt. Dennoch müssen solche Zeugnisse in ihrem Kontext betrachtet werden. So gibt es beispielsweise keine gesicherte Entdeckung römischer Münzen an der ost-

8 Die Ambra (arab.), auch der Amber genannt, ist ein möglicherweise auf eine krankhafte Veränderung zurückzuführendes, wachsähnliches Stoffwechselprodukt des Pottwals, das gelegentlich auf dem Meer schwimmend gefunden wird. Die duftende Substanz ist ein kostbarer Rohstoff in der Parfümherstellung (Anm. des Übersetzers).

afrikanischen Küste, obwohl islamische, indische, srilankische und chinesische Geldstücke aus späterer Zeit durchaus hierher gelangten. Außerdem stellt, ebenso wie in den folgenden Perioden, die importierte Keramik einen vergleichsweise geringen Prozentsatz der insgesamt in den Küstensiedlungen ausgegrabenen Keramikwaren dar, die hauptsächlich aus lokal hergestellten afrikanischen Gefäßtypen bestanden. Die älteste dieser afrikanischen Waren hat ein ähnliches Aussehen wie diejenigen, die man an zahlreichen anderen, weit verteilten Fundorten entdeckte. Anscheinend entwickelte sie sich aus Keramikarten, die von einigen in der Küstenregion lebenden und als erste Eisen verarbeitenden bäuerlichen Gemeinschaften hergestellt wurden. Von daher scheinen die Ursprünge der Handel treibenden Siedlungen an der Küste zwar afrikanisch zu sein, andere Komponenten stammten jedoch vermutlich von außerhalb Afrikas. Daraus ergibt sich die nicht einfach zu lösende Frage, wann und auf welche Weise diese Einflüsse wirkten und woher die äußeren Anstöße kamen.

Fremde Elemente, von denen die Religion und das kulturelle Brauchtum des Islam am bedeutendsten waren, wurden auch von Siedlern aus dem Persischen Golf und der arabischen Küste ins Land gebracht. Der Wissenschaftler Neville Chittick, der die städtischen Ansiedlungen Kilwa in Tansania und Manda in Kenia untersuchte, vertrat die Ansicht, dass es eine beträchtliche Zuwanderung gegeben haben muss, von der sogar einige mündliche Überlieferungen berichteten. Die Ergebnisse der Ausgrabungen von Mark Horton in Shanga, das ebenfalls in Kenia liegt, sprechen hingegen mehr für einen allmählichen Veränderungsprozess, der in erster Linie von den afrikanischen Küstenvölkern selbst ausging. So scheint beispielsweise die älteste Siedlung in Shanga vorislamisch gewesen zu sein. Von daher entwickelten sich vermutlich die Hauptmoschee und alle späteren Steinbauten aus einfachen Hütten, die aus Holz, Lehm und Stroh errichtet waren. Demnach entstanden sowohl Shanga als auch einige der anderen Küstenortschaften vor etwas mehr als 1000 Jahren aus bescheidenen afrikanischen Vorläufern und wuchsen zu den kosmopolitischen Orten und Städten heran, die die Portugiesen etwa 500 Jahre später vorfanden. Diese Siedlungen waren mit Sicherheit den zahlreichen fremden Einflüssen besonders ausgesetzt, die durch den Handel mit den Ländern des Indischen Ozeans einsickerten. Vermutlich wurden sie aber auf verschiedene Weise von der in der Mehrzahl dort lebenden, einheimisch afrikanischen Bevölkerung absorbiert, die sich selbst während dieses Prozesses allmählich und unmerklich veränderte.

Vor ungefähr 800 bis 500 Jahren standen die Gemeinden an der ostafrikanischen Küste auf dem Höhepunkt ihres Erfolgs. Eine der wichtigeren Städte war Gedi in Kenia, in der gut erhaltene Steinruinen noch anstanden und die Ausgrabungen besonders aussagekräftige Ergebnisse erbrachten. Die luxuriösen mit Latrinen, Waschplätzen und Abflussrohren ausgestatteten Steinhäuser wurden von der Führungsschicht des Ortes bewohnt. Außerdem gab es öffentliche Brunnen, aus Stein errichtete Moscheen und Grabstätten sowie einen großen Gebäudekomplex, den man als Palast deutete. Innerhalb der ebenfalls vorhandenen Stadtmauer müssen wohl auch zahlreiche ärmere Behausungen aus Holz, Lehm und Stroh gestanden haben. Von den

Steinbauten, die ähnlich strukturiert waren wie in vielen anderen Küstenstädten, entstanden einige erst in den letzten Jahrhunderten. Von ihnen weiß man, dass sie zumeist den führenden Händlerfamilien gehörten, die mit der Gestaltung und Ausstattung ihrer Wohnhäuser ihren gesellschaftlichen Status und ihre Macht zum Ausdruck brachten.

Wie Kilwa, Manda und Shanga, gehörte Gedi zu den größeren und bedeutenderen Küstenstädten, die zahlreichen anderen Orte jedoch, in denen häufig ebenfalls Reste von Steinbauten erhalten sind, konnten von außerordentlich unterschiedlicher Größe sein. So gab es alle Variationen, von Städten, die eine Fläche von mehr als 15 Hektar bedeckten, bis hin zu kleinen Dörfern, in denen nur ein einziger Hektar besiedelt war. In diesem Zusammenhang stellt sich die Frage, in welcher Beziehung sie zueinander standen, und ob man gegebenenfalls von einem einheitlichen, aus all

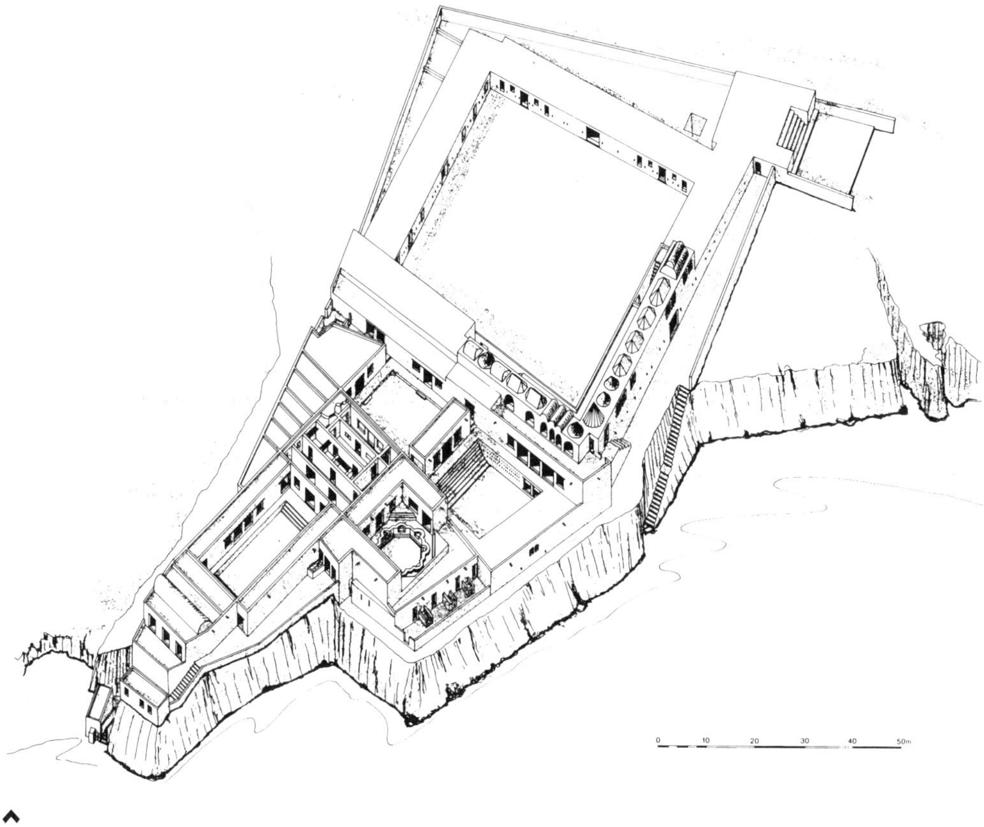


Rekonstruktionszeichnung des Palastes von Husuni Kubwa bei Kilwa an der Küste Tansanias. Deutlich sind die privaten Gemächer, das Tauchbecken im Baderaum sowie die Kuppel- und Gewölbedächer und die Lagerhäuser zu erkennen.

Chinesische Vase aus der vor rund 700 Jahren herrschenden Yuan-Dynastie, die in Kilwa gefunden wurde.

diesen Gemeinden zusammengesetzten Staat ausgehen kann. Mit Sicherheit wurden verschiedene der größeren Städte von Alleinherrschern regiert, von denen einige sogar ihre eigenen Münzen prägen ließen. Einer dieser Lokalfürsten errichtete den in der Nähe von Kilwa gelegenen exklusiven Palast von Husuni Kubwa, der mit einem Tauchbecken im Baderaum sowie Kuppel- und Gewölbedächern ausgestattet und mit arabischen Inschriftenfriesen geschmückt war (Abb. S. 165). Auf der anderen Seite berichten sowohl schriftliche Aufzeichnungen als auch mündliche Überlieferungen aus den letzten Jahrhunderten von sehr unterschiedlichen Regierungsarten in den Küstenstädten während der späteren Perioden. So war häufig an der Führung des Ortes eine Ratsversammlung beteiligt, der die angesehensten Bürger angehörten, gelegentlich gab es aber auch Staatsformen ohne einen Herrscher an der Spitze. Es ist schwierig einzuschätzen, wie sich die Situation vor dem Kontakt mit den Portugiesen darstellte, in jedem Fall ist es jedoch unwahrscheinlich, dass sich ein gebietsübergreifendes Königreich oder ein anderes System, das alle Orte einte, entwickelt haben könnte. Da es sich im Wesentlichen um Gemeinden handelte, deren Leben sich am Handel orientierte, scheint es vermutlich eher untereinander konkurrierende städtische Ansiedlungen und Zentren gegeben zu haben, die kleinere Ortschaften in ihrer Umgebung kontrollierten. Bestenfalls existierte an der Küste eine komplexe Ansammlung einzelner Stadtstaaten, die sowohl für die Portugiesen als auch in der Folge für das osmanische Sultanat Sansibar zur leichten Beute wurden.

Vor fast 600 Jahren wurden dem Kaiser von China bei mehreren Gelegenheiten Giraffen als Präsente überreicht (Abb. unten). Sie stammten von der Ostküste Afrikas und sind von daher ein deutlicher Ausdruck für das Ausmaß und die Kapazität des Handels auf dem Indischen Ozean, an dem die ostafrikanischen Städte partizipierten und auf diesem Weg einen bedeutenden Beitrag zum Weltmarkt leisteten. Wie im Folgenden sichtbar wird (vgl. S. 168 ff.), hatten ihre internationalen Handelsaktivitäten auch Einfluss bis weit ins afrikanische Binnenland. Auch wenn die Bevölkerung der entlang der Küste lebenden Gemeinschaften grundsätzlich aus Afrikanern bestand, kamen durch ihre Überseegeschäfte sowohl fremde Kaufleute als auch einige Einwanderer von den nördlichen Küsten des Indischen Ozeans ins Land. Diese Menschen brachten neue religiöse Vorstellungen und Verhaltensweisen mit, die für gewöhnlich in der arabischen Sprache vermittelt wurden. Aus diesen Komponenten entwickelte sich im Verlauf vieler Jahrhunderte die uns heute als Suaheli bekannte, spezifische Küstenbevölkerung mit einer einzigartigen Kultur und einer Sprache, die zum gegenseitigen Verständnis der Völker in großen Teilen Ostafrikas beitrug. Allein die geographische Lage bedingte all diese Auswirkungen – ein Leben zwischen zwei Welten, der afrikanischen und der fremden, die beide Einfluss ausübten und Nutzen brachten.

Eine Giraffe aus Ostafrika am Hof des chinesischen Kaisers vor 600 Jahren.

# Repräsentation der Macht – Groß-Simbabwe und verwandte Stätten

Groß-Simbabwe ist einer der bemerkenswertesten und sicher der mit am besten erforschte archäologische Fundort Afrikas, der sogar dem Land, in dem es liegt, seinen Namen gab. Er befindet sich nahe dem südöstlichen Rand des Plateaus von Simbabwe, einer mehr als 1000 Meter über dem Meeresspiegel gelegenen Hochlandregion. Im Norden und Süden dieser Hochebene fließen der Sambesi und der Limpopo, zwei der großen Flüsse des Kontinents, im Osten erstreckt sich die weite Küstenebene des Indischen Ozeans und im Westen breitet sich die Wüste Kalahari aus. Das Plateau war seit jeher durch seine Höhenlage für die Menschen ein relativ attraktiver Platz, um sich anzusiedeln. Deshalb fanden hier vor 1000 bis 500 Jahren bedeutende Entwicklungen statt, von denen die Entstehung Groß-Simbabwes als das wohl prominenteste Ergebnis zu werten ist. Als erste Großstadt des südafrikanischen Hinterlandes, die einen großen Teil der Gebiete in ihrer Umgebung kontrollierte, partizipierte sie ebenfalls am Handel im Indischen Ozean, der von den Geschäftszentren an der ostafrikanischen Küste abgewickelt wurde (vgl. S. 161 ff.). Für rund zwei Jahrhunderte war sie der beherrschende Mittelpunkt der Region. Ihre Machtposition fand ihren sichtbaren Ausdruck in den kolossalen Steinbauten, die sie berühmt machten. Um den Ablauf der Ereignisse zu verstehen, ist es notwendig, den geographischen, zeitlichen, sozialen, wirtschaftlichen und politischen Aspekt des Aufstiegs und Falls dieser Metropole zu beleuchten. In der Vergangenheit wurde Groß-Simbabwe gelegentlich als ein großes Mysterium dargestellt, aber das einzig Rätselhafte an seiner Geschichte ist lediglich, dass man es für geheimnisumwittert hielt.

Die Umweltbedingungen der Hochebene von Simbabwe und der angrenzenden Regionen bieten sowohl Chancen als auch Herausforderungen für die Menschen, die hier siedelten. So war das Klima auf dem überwiegenden Teil des Plateaus gemäßigt und die jahreszeitlichen Niederschläge relativ moderat. Durch die Höhenlage gab es keine Tsetsefliegen, die in weiten Gebieten der Küstenebene und in den angrenzenden Flusstälern sowohl Haustieren als auch Menschen ein ungesundes Leben bescherte. Die Landschaft, von der bewaldeten Savanne bis zum Grasland, bot reichlich Möglichkeiten, um Vieh und besonders Rinder zu weiden. Auf den leicht zu bewirtschaftenden und häufig auch recht fruchtbaren Böden konnte man zahlreiche Getreidesorten anbauen, von denen auch hier in der Vergangenheit *Sorghum* und Hirse am wichtigsten waren. Sowohl auf der Hochebene selbst als auch in erreichbarer Nähe gab es zusätzlich vielfältige natürliche Ressourcen, zu denen nicht nur Eisen, Kupfer, Gold, Zinn, Salz und Speckstein gehörten, sondern auch für den Hausbau geeigneter Lehm und Ton, mit dem man Keramik herstellen konnte. Außerdem ließ sich der an vielen Stellen an die Oberfläche tretende Granit, den man ebenfalls zum

Bauen verwendete, bequem ausbeuten. Überdies gab es reichlich Wild, mit dem man sowohl die Nahrung ergänzen konnte, als auch Elefanten, die den wertvollen Rohstoff Elfenbein lieferten.

Auch wenn die Vorteile dieses Standorts das Bevölkerungswachstum in den frühen bäuerlichen Gemeinschaften zwangsläufig förderten, wurden die Menschen dennoch mit einer ganzen Reihe von Widrigkeiten konfrontiert. So waren die Regenfälle auf dem Hochland grundsätzlich unvorhersehbar, denn sie konnten entweder zu spät und gelegentlich auch zu heftig kommen oder blieben im schlimmsten Fall völlig aus. Da die Menschen durchschnittlich alle fünf Jahre einmal mit derartigen Schwierigkeiten zu kämpfen hatten, stellte eine Dürre ein besonders schwerwiegendes Problem dar, das häufig noch durch Heuschrecken- und andere Plagen verschärft wurde. Deshalb waren Hungersnöte und die damit verbundenen Krankheiten eine fortwährende Bedrohung. Überdies blieben viele Böden der Hochebene immer nur kurzzeitig fruchtbar, wodurch es nötig wurde, dass kultiviertes Land in regelmäßigen Abständen für mehrere Jahre brachliegen musste, damit es erneut verwildern und regenerieren konnte. Um erfolgreich Ackerbau zu betreiben und adäquate Ernten einfahren zu können, waren oftmals arbeitsintensive Rodungen neuer Feldflächen und das Herrichten der jahrelang ungenutzten Äcker erforderlich. Die Dürre und die unterschiedliche Fruchtbarkeit der Böden hatten auch Auswirkungen auf die Viehzucht, denn sie begrenzten die Wasserressourcen ebenso wie das Weideland und zwangen die Hirten zu saisonalen oder zeitlich anders eingeteilten Wanderungen.

Ethnographische Studien und schriftliche Quellen aus den letzten Jahrhunderten belegen, wie die als Bauern lebenden Volksstämme auf dem Plateau von Simbabwe es schafften, sich diesem Wechselspiel von Chancen und Widrigkeiten anzupassen. Drohte eine Hungersnot, konnten sie besonders die Rinder ihres Viehbestands entweder aufessen oder mit anderen weniger betroffenen Gemeinschaften, die noch über Getreidevorräte verfügten, tauschen. Unter anderem aus diesem Grund wurden Rinder zunehmend wichtiger, denn einerseits standen sie stellvertretend für den Reichtum der Besitzer, anderseits stellten sie eine Absicherung für schlechte Jahre dar. Dennoch mussten die Entscheidungen innerhalb einer Gemeinde, welches Land wann bewirtschaftet oder in welchem Gebiet das Vieh geweidet werden sollte, koordiniert werden. Diese Aufgabe fiel letztendlich dem Oberhaupt jeder Stammesfamilie zu, einem Mann, den man als von den Vorfahren beauftragten Wächter über das Acker- und Weideland ansah. In dieser Position verfügte er über große kultische Kenntnisse und rituelle Macht. Deshalb wurde auch von ihm erwartet, dass er es, wenn nötig, auch regnen lassen konnte. Vermutlich führten soziale und rituelle Zusammenhänge dieser Art letztendlich zu der gesellschaftlichen Vielschichtigkeit, die eine Stadtentwicklung und Staatenbildung, wie sie in Groß-Simbabwe beispielhaft vonstatten ging, kennzeichnet. Als Stammesführer war es diesen Männern nicht nur möglich, Reichtum an Rindern und Getreide anzuhäufen, sondern auch alle Handelsgüter, die entweder auf lokalen oder weiter entfernten Märkten eingetauscht wurden, zu kontrollieren. Da das Oberhaupt eines Stammes vermutlich die als Gegenleistung erhaltenen Waren innerhalb seiner Gruppe nach eigenem Ermessen verteilte, wurde seine Position weiter gestärkt.

Die ersten archäologischen Zeugnisse dieser Entwicklung wurden an den Fundplätzen von Toutswe im östlichen Botswana entdeckt, die auf die Zeit vor etwa 1400 bis 700 Jahren datieren. In den mitten im besten Rinderland gelegenen Siedlungen, von denen die kleinsten 1000, die größten aber bis 100.000 Quadratmeter besaßen, züchteten die Bewohner große Herden. Diese Ortschaften verfügten allem Anschein nach über nur wenige Handelskontakte zur Außenwelt, vergleichbar strukturierte Gemeinschaften im Limpopo-Tal belegen jedoch, dass vor ungefähr 1000 Jahren der Handel mit der Küste am Indischen Ozean bereits gängig war. In diesen Siedlungen tauschte man Elfenbein und Gold gegen Glasperlen und vermutlich auch solche Waren wie Stoffe, die archäologisch nicht mehr nachweisbar sind. Die bemerkenswerteste Ortschaft im Limpopo-Tal ist das im äußersten Norden Südafrikas gelegene Mapungubwe, das auf dem Höhepunkt seiner Entwicklung vor fast 800 Jahren wahrscheinlich eine Fläche von 240 Hektar bedeckte und 3000 bis 5000 Einwohner zählte. In Mapungubwe lagen Häuser der Führungsschicht und Grabstätten hochgestellter Persönlichkeiten, in denen sich auch goldene Artefakte fanden, auf einem an den Kanten steil abfallenden Hügel mit abgeflachtem Gipfel. Am Fuß des Hügels lebte hingegen vermutlich der größte Teil der ärmeren Bevölkerung. Insgesamt ist an diesem Fundort eindeutig eine Urbanisierung zu beobachten, die zusätzlich bestätigt wird, wenn man sie im Zusammenhang mit ähnlich aufgebauten, aber kleineren Siedlungen im selben Gebiet betrachtet. Wahrscheinlich war Mapungubwe das Zentrum eines Staates, der dem von Groß-Simbabwe vorausging und den man vor etwa 700 Jahren aufgab, weil sich möglicherweise das ohnedies trockene Klima verschlechterte. Bezeichnenderweise geschah dies zu einer Zeit, in der Groß-Simbabwe, das in einem für die Landwirtschaft besser geeigneten Gebiet und näher an den Goldressourcen lag, mächtiger wurde.

Bereits vor 1700 Jahren bestand Groß-Simbabwe als kleine bäuerliche Siedlung, und erst vor etwa 1000 Jahren wurden die ersten Mauern aus Stein errichtet. Von da ab bis vor ungefähr 500 Jahren entwickelte es sich zu einer Stadt, in der zu ihrer Blütezeit rund 18.000 Menschen lebten. Die beeindruckenden Trockenmauern, die solches Aufsehen erregten, dienten ursprünglich als Einfriedungen für die Häuser der Führungsschicht, die von höchster Qualität waren, obwohl man sie lediglich aus Lehm gebaut und mit Stroh gedeckt hatte. Die charakteristischen, scheinbar willkürlich gekrümmten Steinstrukturen können in drei Hauptgruppen unterteilt werden. Die erste liegt auf der Kuppe eines steilen Hügels und wird von einer Reihe miteinander verbundenen Umwallungen gebildet, die zweite und dritte errichtete man in einem angrenzenden Tal. Während eine dieser beiden sich aus verschiedenen kleineren Mauereinheiten zusammensetzte, bestand die andere aus nur einer einzigen großen und höchst bemerkenswerten Einfriedung, deren Außenmauer in der Länge 244 m maß, bis zu fünf Metern dick und zehn Meter hoch ist. Insgesamt wurden bei diesem ungefähr 5151 $m^3$ umfassenden Mauerwerk mehr als eine Million sorgfältig behaue-

^
Der konische Turm der großen Einfriedung im Tal von Groß-Simbabwe. Sowohl der neun Meter hohe Turm als auch die ihn umgebenden Wälle sind aus Trockenmauerwerk errichtet.

ner Steinblöcke verbaut. Direkt unterhalb der Mauerkrone verläuft ein dekoratives Band mit einer typischen Zickzackverzierung aus winklig zueinander versetzten Steinen. Innerhalb der Umwallung steht ein aus solidem Trockenmauerwerk errichteter, mehr als neun Meter hoher, konischer Turm mit einem Durchmesser von ungefähr fünfeinhalb Metern (Abb. oben). Sowohl der Turm als auch andere Elemente dieser außergewöhnlichen Steinbauten in Groß-Simbabwe wurden eindeutig in der Absicht geschaffen, den Betrachter zu beeindrucken und ihm mit diesem monumentalen Werk die Macht und den Reichtum des Herrschers sowie das Können seiner Untertanen vor Augen zu führen. Die restlichen Bewohner Groß-Simbabwes lebten in eigenen Vierteln, in denen kleine, mit Stroh gedeckte Lehmhütten dicht gedrängt standen. Diese Stadtteile bedeckten zusammen genommen eine größere Fläche als die Steinbauten der Oberschicht.

Eindeutig zu klären, wie die Macht und der Wohlstand Groß Simbabwes, den es so demonstrativ nach außen zur Schau stellte, entstanden, ist eines der Hauptprobleme. Eine der Ursachen war vermutlich seine gesunde Landwirtschaft, die zum einen auf den kultivierbaren Böden der Umgebung basierte, zum anderen auf den großen Mengen von Rindern und anderen Viehbeständen, die während der trockenen Jahreszeit, wenn die Ressourcen der Hochebene erschöpft waren, zu den Weiden im Tiefland gebracht werden konnten. Groß-Simbabwe war außerdem offensichtlich von entscheidender Bedeutung für den Kult der Shona (auch Karanga genannt), des Volkes, das die Stadt erbaut hatte. Der bei weitem wichtigste Grund für den Reichtum waren aber wahrscheinlich die Geschäftsaktivitäten Groß-Simbabwes im Fernhandel sowohl mit dem afrikanischen Hinterland als auch mit den Küstensiedlungen am Indischen Ozean. Zu den intern getauschten Handelsgütern gehörten höchstwahrscheinlich Werkzeuge und Waffen aus Eisen, Kupfer, Salz, Gold sowie einige Kontingente der zahlreichen Glasperlen, die ebenso von der Küste kamen, wie persische und chinesische Keramik, wertvolle Glas- und Metallobjekte sowie sicherlich auch große Mengen an Stoff. Im Tausch erhielten die Küstenhändler Gold, Elfenbein, Kupfer, Sklaven und verschiedene afrikanische Exotika. Diese Waren wurden möglicherweise über das Save-Tal in die ungefähr 400 km östlich von Groß-Simbabwe gelegene Sofala-Region gebracht. Der Handel in diesem Gebiet wurde für einige Zeit anscheinend von Kilwa kontrolliert, das weit nördlich davon lag, wie eine in Groß-Simbabwe gefundene und über die Ostküste dorthin gelangte Münze belegt, die in Kilwa geprägt wurde.

Wenngleich Groß-Simbabwe die größte und eindrucksvollste Stadt war, existierten zahlreiche vergleichbare Siedlungen auf der Hochebene von Simbabwe und in ihrem Umland. Auch hier wurden ähnliche, wenn auch kleiner dimensionierte Einfriedungen aus steinernem Trockenmauerwerk entdeckt. Außerdem waren sowohl die Keramik als auch andere kulturelle Hinterlassenschaften mit dem Fundmaterial aus Groß-Simbabwe nahezu identisch. Zusätzlich gab es auch unbedeutende Dörfer ohne Steinarchitektur, die aber dennoch in Beziehung zu Groß-Simbabwe gestanden zu haben scheinen. Aufgrund dieser Sachlage sah man es als Regierungszentrum eines Staates an, der möglicherweise ähnlich aufgebaut war, wie das weiter im Norden zu einem späteren Zeitpunkt aufblühende Königreich von Monomatapa. Als vor ungefähr 500 Jahren die Portugiesen nach ihrem Eintreffen in dieser Gegend von Monomatapa berichteten, hatte Groß-Simbabwe bereits viel von seiner Macht verloren und seine Einwohnerzahl war erheblich gesunken. Auch wenn die Gründe für diesen Verfall unbekannt sind, steht dennoch zu vermuten, dass er im Zusammenhang mit dem auf die veränderte Marktlage in Übersee zurückzuführenden Niedergang der Handelsniederlassungen an der Ostküste stand, der sich bereits vor der Ankunft der Portugiesen vollzog. Etwa gleichzeitig entwickelte sich die durch das Tal des Sambesi verlaufende Route für die Güter, die von der Küste oder dorthin transportiert wurden, zur wichtigsten Handelsverbindung, weil möglicherweise die Goldressourcen, die Groß-Simbabwe kontrollierte, mittlerweile erschöpft waren. In jedem Fall muss wohl der neue Transportweg die Großstadt von der Hauptquelle ihres Reichtums abgeschnitten haben. Außerdem hatte vermutlich der Bedarf der immens großen Bevölkerung die Umwelt in der Umgebung Groß-Simbabwes so weitgehend geschädigt, dass die Böden nicht mehr fruchtbar waren, das Weideland austrocknete und Brennholz sowie andere Ressourcen zur Neige gingen.

Dennoch lebten viele kulturelle Elemente aus Groß-Simbabwe besonders im westlich gelegenen Reich von Torwa weiter, dessen größte Siedlungen Khami und Naletale ebenfalls eine monumentale Steinarchitektur besaßen. Bei diesen Strukturen handelte es sich jedoch nicht um freistehende Umfassungsmauern, sondern um äußerst dekorativ ausgestaltete Wandverkleidungen. In der Folge setzte bis vor weniger als 200 Jahren in derselben Region das Reich von Changamire (oder Rozvi) die Tradition der Steinbauten unter anderem in seiner Hauptstadt Danangombe fort. Dann führte weit im Süden ein durch die Bildung des Zulu-Staates ausgelöster Aufruhr neue Volksstämme auf die Hochebene von Simbabwe, denen schließlich vor etwas mehr als 100 Jahren die britischen Kolonialmächte folgten. Da zu dieser Zeit die Umstände, die einstmals zur Entstehung Groß-Simbabwes führten, größtenteils in Vergessenheit geraten waren, mussten sie seitdem mit Hilfe archäologischer und historischer Forschungsmethoden rekonstruiert werden. Mittlerweile gewann die Stadt erneut an Bedeutung und erlangte Weltruhm, denn seine außergewöhnliche Architektur beeindruckt noch heute die Besucher. Wie ehedem bei ihrer Errichtung beabsichtigt, dient sie damit noch immer der Repräsentation der Macht.

# Verlassene Siedlungen erzählen ihre Geschichte – Jüngere bäuerliche Gemeinschaften im südlichen Afrika

Über die Landwirtschaft im südlichen Afrika und ihre Anfänge vor mehr als 1500 Jahren wurde bereits an anderer Stelle berichtet (vgl. S. 140 ff.), in diesem Kapitel soll jedoch untersucht werden, welchen Platz sie in einem funktionierenden Staat, der etwa seit 500 Jahren bestand, einnahm. Zu diesem Zweck werden wir eine Region in Augenschein nehmen, in der besonders die Kombination von Ackerbau und Viehzucht höchst erfolgreich war und dadurch wesentliche soziale und politische Veränderungen einleitete. Wenn wir in diesem Zusammenhang vom »südlichen Afrika« sprechen, so ist damit ein Gebiet gemeint, das sich südlich einer imaginären Linie vom Limpopo Fluss im Osten bis zur Walfischbucht im Westen über den gesamten Kontinent erstreckt. Ausgenommen bleiben die westlichen und südwestlichen Teile dieses riesigen Territoriums, denn sie waren seit jeher für den Anbau der afrikanischen Getreidekulturen entweder zu trocken, oder die Regenzeit fand dort nicht im Sommer, wie erforderlich, sondern im Winter statt. In diesen Gegenden des südlichen Afrika bestanden die Strategien, die die materielle Existenz sicherten, im Verlauf der letzten 300 Jahre bis zur europäischen Kolonisation aus der Viehzucht, dem Jagen und Sammeln oder aus einer Verquickung beider Lebensformen. Im Gegensatz dazu hatten im Osten und Nordosten die Feld- und Viehwirtschaft, hauptsächlich die Haltung von Rindern, eine große Bedeutung. Das traf in besonderem Maß auf das so genannte High Veld zu, das zwischen den Flüssen Vaal und Oranje liegt und ein Gebiet nördlich des Vaal mit einbezieht. Hier gibt es auch zahlreiche verlassene Siedlungen mit Resten von Steinarchitektur, die aus den letzten Jahrhunderten stammen. Durch ihr relativ junges Alter besteht die Möglichkeit, mündliche Überlieferungen, historische Aufzeichnungen und linguistische Analysen in die Interpretation ihrer archäologischen Hinterlassenschaften mit einzubeziehen. Auf diese Weise sind die Ruinen dieser Dörfer durchaus in der Lage, uns ihre Geschichte zu erzählen.

Von den Geographen wird diese Region als klimatisch gemäßigtes Grasland bezeichnet, in Südafrika hingegen heißt es »*Veld*«, was sowohl mit »Weide« als auch mit »(weites) Land« übersetzt wird. Da das Gebiet, das in der Tat von beidem etwas hat, mehr als 1000 m über dem Meeresspiegel liegt, besitzt es ein relativ kühles und gesundes Klima und ist von daher sicherlich zu einem großen Teil als gutes Weideland für Viehherden nutzbar. Außerdem ermöglichen grundsätzlich sowohl die Niederschläge als auch die Böden den Getreideanbau. Während man hier früher Mohren- und Perlhirse anpflanzte, kam vor etwa 300 Jahren in zunehmendem Maß der aus Amerika eingeführte Mais hinzu, mit dem man bis zu dreimal höhere Erträge erwirtschaften konnte als mit den einheimischen Kornarten. Außerdem erforderte sein Anbau weniger Arbeit und Pflege. Da er aber andererseits auch

25 Prozent mehr Regen brauchte, hatte die Umstellung auf Mais in einer Umgebung mit unbeständigen Regelfällen und gelegentlich verheerenden Dürreperioden katastrophale Folgen. Die schwankenden Niederschlagsmengen führten dazu, dass die Viehhaltung in dieser Region immens wichtig wurde, zumal man sich, besonders mit der Rinderzucht, gegen Zeiten der Nahrungsmittelknappheit wappnen konnte. Im Übrigen waren Viehbestände ein taugliches Mittel, um sowohl Wohlstand anzuhäufen, als auch durch den Verleih von Tieren Abhängigkeiten zu schaffen und so Gefolgsleute zu sammeln. Verständlicherweise drehte sich unter diesen Bedingungen das gesamte Leben der Viehzüchter fast nur um ihre Rinder, nach deren Bedürfnissen auch die Anordnung der Gebäude in einer Siedlung ausgerichtet wurde. Besonders über die Architektur wissen wir in diesem Gebiet weit mehr als sonst, da in den meisten Ortschaften überwiegend mit Stein gebaut wurde und die Ruinen großer Einfriedungen aus Trockenmauerwerk häufig noch heute sichtbar sind. Die Bauweise mit Stein war eine weitere Auswirkung, die die nahezu baumlose Graslandschaft auf ihre Bewohner hatte, denn es gab nur wenig Bauholz, aus dem man ausschließlich das Fachwerk der Lehmhütten herstellte. Ansonsten zog man es vor, die Häuser vollständig aus Stein zu errichten. Durch die Holzknappheit war man an vielen Orten sogar gezwungen, getrockneten Dung als Brennmaterial zu verwenden und sich Werkzeuge und Waffen aus Eisen über den Handel aus anderen Gebieten zu beschaffen. Glücklicherweise gab es jedoch, trotz der hauptsächlich eher weichen Formen dieser Hügellandschaft, auch Felsformationen, aus denen man hervorragendes Baumaterial herausbrechen konnte. Häufig legte man die Siedlungen auf den Kämmen dieser Felsen an, weil man so einerseits leichten Zugriff auf Stein für den Hausbau und andererseits von einem strategisch günstigen Platz aus stets den Überblick über die angrenzenden Ebenen hatte.

^
Zulu-Kral im Transvaal, Südafrika.

Es scheint so, als hätten die frühen Bauerngemeinschaften anfänglich nur wenig Interesse am Grasland der Hochebene gehabt, denn erst als Rinder in ihrer Wirtschaft zunehmend an Bedeutung gewannen, wurde dieses Gebiet in größerem Umfang besiedelt. Ein weiterer Grund für die wachsende Attraktivität des Hochlandes könnte auch das Einsetzen einer wärmeren und feuchteren Periode gewesen sein, die günstigere Bedingungen für den Getreideanbau bot. Auch wenn eine exakte Datierung für die Zuwanderung anhand der ältesten vorliegenden Befunde schwierig ist, kann man dennoch davon ausgehen, dass es wahrscheinlich vor ungefähr 500 Jahren geschah. Zu diesem Zeitpunkt wurden auch die frühesten der von Steinmauern umgebenen Ortschaften erbaut, von denen jede aus mehreren Siedlungseinheiten bestand. Die einzelnen Einheiten folgten in ihrem Aufbau einer charakteristischen Form, die von den Archäologen als »Typ N«, benannt nach dem im heutigen Oranje Freistaat gelegenen Fundort Ntsuanatsatsi, bezeichnet wird (Abb. unten). In der Mitte einer jeden von ihnen lagen im Kreis angeordnete, umfriedete Viehpferche, die mit Mauern verbunden waren und so eine zweite, größere Umwallung bildeten. Jenseits dieser äußeren Einfriedung hatte man die Hütten aus Binsen und Lehm errichtet und den gesamten Komplex mit einer niedrigen Außenmauer umgeben. Da jede Siedlungseinheit vermutlich eine Großfamilie und ihre Viehherden beherbergte und sich jede Ortsgemeinschaft zumeist aus etwa

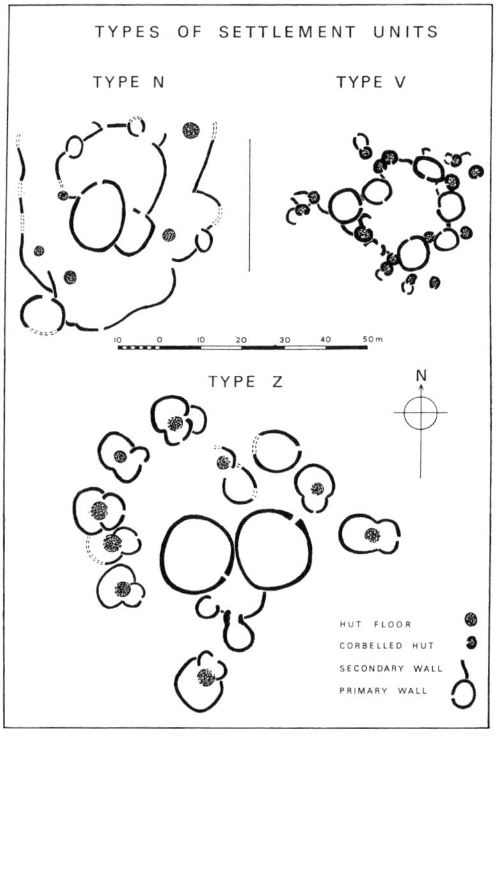


Grundriss-Typen der Siedlungseinheiten auf dem High Veld in Südafrika.

100 solcher Einzelgehöfte zusammensetzte, lebten in den Dörfern vermutlich bis zu 1500 Menschen. Bedenkt man jedoch, wie weit verstreut diese ersten Ansiedlungen im Vergleich zu späteren lagen, muss man von einer noch relativ geringen Bevölkerungsdichte ausgehen. Bei den Ausgrabungen fand man Keramikfragmente, Tonfigürchen von Rindern, Werkzeuge aus Knochen und Eisen, Knochen von sowohl domestizierten als auch wilden Tieren sowie Steinsockel für Getreidebehälter. Die Behausungen scheinen überkuppelt gewesen zu sein und gelegentlich gepflasterte Fußböden gehabt zu haben.

Nach einer gewissen Zeit veränderte sich das Grundrissschema der Siedlungseinheiten zu einem neuen Typ, der von den Archäologen mit dem Buchstaben »V« gekennzeichnet wurde. Diejenigen Dorfgemeinschaften, die sich aus den Einheiten des Typs V zusammensetzten, waren häufiger und weiter verbreitet als der ältere Typus, und man fand sie in Gebieten, in denen es die fruchtbarsten Böden und das saftigste Weideland gab. Die einzelnen Siedlungseinheiten bestanden jeweils aus unterschiedlich großen, runden Einfriedungen, die in einem unregelmäßigen Kreis angeordnet und mit Mauern untereinander verbunden waren, so dass sie zusammen eine große Umwallung bildeten (Abb. S. 176). Die in Typ N noch vorhandene Außenmauer gab es nicht mehr und die gelegentlich aus Stein errichteten, runden Hütten standen nun entweder jenseits der äußeren Einfriedung oder waren in sie integriert. In den Ortschaften, in denen mehrere Siedlungseinheiten zusammengefasst waren, lebten Hunderte von Menschen. Da die Einzelgehöfte nicht immer dieselbe Größe hatten, scheinen die Bewohner einer Ortsgemeinschaft durchaus auch unterschiedlich wohlhabend und mächtig gewesen zu sein. Außerdem lagen die Siedlungen mittlerweile näher beisammen, was für eine Zunahme der Gesamtbevölkerung im Vergleich zur vorherigen Periode spricht. Die alten Orte wurden weiterhin bewohnt oder neu besiedelt. Oftmals riss man auch einzelne Einheiten vom Typ N ab, um mit den so erbeuteten Steinen neue in der aktuellen Variante zu erbauen. Informationen über die Geschichte einer der Siedlungseinheiten vom Typ V, die ungefähr 400 bis 200 Jahre alt sind, ließen sich bei den Ausgrabungen von Makgwareng im heutigen Oranje Freistaat ermitteln. Hier errichteten die ersten Bewohner ihre Einfriedungen nicht aus Stein, sondern aus Schilf, ebenso wie ihre Hütten, die sie außerdem noch mit Lehm verputzten. Das gesamte Gehöft wurde im Lauf der Zeit durch fünf große, aus Stein gebauten Rundmauern ersetzt, die man miteinander verband, um so eine zweite Einfriedung zu schaffen. Die sechs dazugehörigen Steinhäuser lagen jenseits der äußeren Umfassung. Diese Siedlungseinheit in Makgwareng, in der vermutlich 18 bis 45 Menschen lebten, war wohl die Heimstätte einer einzigen Familie. Als später offensichtlich mehr Mitglieder dazukamen, wurden zusätzliche Häuser errichtet. Das Ende der Bewohner kam danach aber recht plötzlich und vor allem gewaltsam, denn sie ließen wertvolle Werkzeuge und Waffen aus Eisen zurück. Wie viele andere Siedlungen, die aus Typ V-Einheiten bestanden, wurde sie vermutlich während des Krieges zerstört, der vor fast 200 Jahren in weiten Teilen des südlichen Afrika wütete.

Der von den Archäologen mit »Z« gekennzeichnete Typ der Siedlungseinheiten ist im Nordwesten des heutigen Oranje Freistaats vertreten. Bei diesem Typus lag im Zentrum jeder Einheit eine kompakte Gruppe runder Einfriedungen, in denen das Vieh untergebracht war. Um diese Mauern herum standen acht bis zwanzig ebenfalls runde Häuser, die häufig sowohl an der Vorder- als auch der Rückseite im Halbkreis angelegte, ummauerte Höfe hatten (Abb. S. 176). Auch die Behausungen unterschieden sich von denen der Typen N und V, denn sie besaßen kegelförmige Strohdächer, die hauptsächlich von Pfosten getragen wurden. Da die Trägerpfosten in einem Ring außerhalb der aus Lehm bestehenden Hauswände verliefen, verfügte jedes Gebäude über eine Veranda. Alle diese Gehöfte waren wiederum in Siedlungen zusammengefasst, von denen eine besonders große bei Matloang sorgfältig untersucht und teilweise ausgegraben wurde. An diesem Fundort, den vermutlich ehemals mehr als 1000 Menschen bewohnten, erstrecken sich dicht zusammengedrängte Häuser und eingefriedete Viehpferche über mehr als einen Kilometer entlang eines Felsrückens. Man schätzte das Alter derartiger Dörfer auf etwas mehr als 200 Jahre, doch die ersten könnten auch vor 300 bis 400 Jahren entstanden sein. Vergleicht man die mündlichen Überlieferungen, historischen Berichte und linguistischen Analysen mit den archäologischen Befunden, wurden anscheinend alle drei Siedlungstypen von Menschen gebaut, die Dialekte der Sotho-Tswana-Sprachfamilie benutzten. Während diejenigen des älteren Typs N und des daraus entstandenen Typ V von Angehörigen des Sotho-Stammes errichtet wurden, waren die Ortsgemeinschaften mit Typ Z-Einheiten das Werk des Tswana-Volkes. Ganz offensichtlich lassen sich dementsprechend die Unterschiede im Grundriss der steinernen Ruinen auf dem High Veld auf verschiedene Bevölkerungsgruppen zurückführen.

Vor etwas mehr als 300 Jahren erreichten einige Siedlungen der Tswana im westlichen Transvaal derart beträchtliche Ausmaße, dass sie schließlich 10.000 Menschen und mehr beherbergen konnten. Die Ortschaft von Kaditshwene, die vor fast 200 Jahren mit ihren 20.000 Einwohnern vermutlich eine der größten war, hatte eine vergleichbare Ausdehnung und Bevölkerungsdichte wie Kapstadt zur selben Zeit. Der Ort Molokwane hingegen scheint mit seinen drei Kilometern Länge, eineinhalb Kilometern Breite und einer Fläche von etwa vier bis fünf Quadratkilometern noch riesiger gewesen zu sein.

Die Ausgrabung an einer der kleineren Siedlungseinheiten von Molokwane (Abb. S. 179), die ein Gebiet von einem Hektar bedeckte und deren Grundrissschema in etwa demjenigen von Typ Z entsprach, gewährte einen aufschlussreichen Einblick in das Leben ihrer Bewohner. Mehr als 79 Prozent ihres Fleischkonsums stammte von Haustieren, hauptsächlich von Rindern, die weit häufiger verzehrt wurden als Schafe und Ziegen. Zeugnisse für die Zubereitung pflanzlicher Nahrung, zu der auch Getreide zählte, gibt es ebenfalls. Die architektonische Gliederung der Siedlungseinheit sagt einiges sowohl über die soziale Struktur ihrer Bewohner als auch über ihre täglichen Verrichtungen aus. Insgesamt betrachtet belegt diese immens große Siedlung, ebenso wie andere, die ähnlich aufgebaut waren, eine zunehmende Zen-

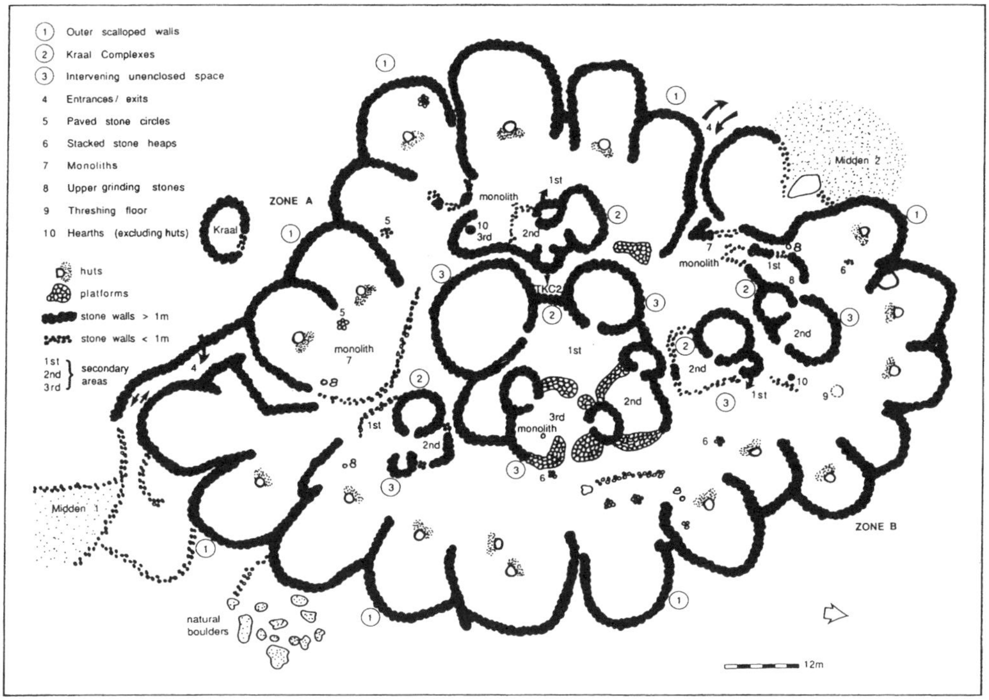


^
Grabungsplan einer der Siedlungseinheiten von Molokwane im westlichen Transvaal.

tralisierung der wirtschaftlichen und politischen Macht in der Person eines Lokalfürsten, was teilweise als Antwort auf eine wachsende Instabilität gewertet werden kann. Das partiell durch die Einführung von Mais angeheizte Bevölkerungswachstum führte sowohl zu verstärkten Konkurrenzkämpfen zwischen den Stammesfürstentümern um kultivierbare Böden und Weideland, als auch zu weit häufigeren Viehdiebstählen, die dazu dienten, den eigenen Reichtum zu vermehren. Hinzu kam eine Dürreperiode, welche die Situation noch verschärfte und damit den Boden für den Ausbruch einer Katastrophe bereitete.

Vor knapp 200 Jahren wurden weite Teile des südöstlichen Afrika durch eine Reihe von Kriegen und Völkerwanderungen erschüttert. Diesen *Mfecane*, »Unterdrückung«, genannten Ausbruch von Gewalt lösten vermutlich in erster Linie die heftigen Konkurrenzkämpfe aus, die um die Kontrolle der vorhandenen Ressourcen entbrannten. Für die europäischen Händler in der Delagoa Bay, in der heute die Hafenstadt Maputo (Mosambik) liegt, waren die begehrtesten Güter sicherlich auch Sklaven, hauptsächlich aber Elfenbein. Von diesem wertvollen Rohstoff wurden jedes Jahr, überwiegend im Tausch gegen Glasperlen, Stoff und Messing, rund 50 Tonnen (das entsprach den Stoßzähnen von ungefähr 500 Elefanten) exportiert. Da diese Geschäfte den Reichtum und die Macht derjenigen Stammesfürsten vermehrten, die Zugriff darauf hatten, wurden die Auseinandersetzungen um die Elefanten immer heftiger, je weniger man von ihnen fand. Betrachtet man diesen Konflikt im Zusammenhang mit den Auswirkungen, die das Bevölkerungswachstum und die Dürre hatten, wird deutlich, wie es zu den nachfolgenden Ereignissen kommen konnte. Aus diesem Chaos heraus entstand mitten in Natal der Staat der Zulu, und auf dem High Veld wurden die Völker der Sotho und Tswana, wie andere vor ihnen, vertrieben. Deshalb nannte man diese Zeit in den Siedlungen des Hochlandes *Difaqane*, was die »erzwungene Wanderung« bedeutet. Als in den anschließenden Jahren die europäischen Kolonisten weiter nach Norden vordrangen, fanden sie dort, wo es früher blühende und lebhafte Gemeinden mit zahlreichen Menschen und Tieren gegeben hatte, nur noch leblose Steinruinen vor.

Die Geschichte, die diese verlassenen Orte erzählen können, begann vor ungefähr 500 Jahren. Auch wenn ihre Anfänge teilweise im Dunkeln liegen, lässt sich mittlerweile für die späteren Perioden ein relativ klares Bild zeichnen, da die Archäologen Zugriff auf mündliche Überlieferungen, historische Dokumente und linguistische Forschungen hatten, mit deren Hilfe sie die materiellen Hinterlassenschaften interpretieren konnten. Denn nur, wenn alle Informationen aus diesen Quellen zusammengestellt werden, sind wir heute ansatzweise in der Lage zu verstehen, was uns die verlassenen Siedlungen und ihre steinernen Zeugen über die Menschen, die sie einstmals erbauten, zu erzählen haben.

# Ausländer in Afrika – Die gravierenden Auswirkungen der europäischen Expansion

Einige Gebiete Afrikas, wie beispielsweise Nordafrika, der Nordosten und weite Abschnitte der Küste des Indischen Ozeans standen schon seit langer Zeit in Verbindung mit der Außenwelt. Das traf jedoch nicht auf die West- und Südküste des Kontinents sowie den größten Teil des afrikanischen Binnenlandes zu. Hier begannen sich im Wesentlichen erst vor etwas mehr als 500 Jahren die Kontakte zum Ausland zu entwickeln, als sich die Europäer immer weiter von ihren eigenen Küsten zu entfernen wagten. In den folgenden Jahrhunderten hatte die europäische Expansion erhebliche Konsequenzen für das Leben der afrikanischen Völker, da sie viele Aspekte ihrer kulturellen Eigenheiten grundlegend veränderte. Die europäischen Handelsunternehmen suchten Rohstoffe, billige Arbeitskräfte, neue Märkte und auch Land. Das gipfelte schließlich in der kolonialen Vorherrschaft über fast den gesamten Kontinent, von der sich die Afrikaner erst in jüngerer Zeit befreien konnten. Über diesen Entwicklungsverlauf gibt es zahlreiche und umfassende Schriftquellen und mündliche Überlieferungen, sowie eine Fülle von historischen Abhandlungen, die auf diesen Berichten aufbauen. Den materiellen Hinterlassenschaften hingegen schenkte man bislang weit weniger Aufmerksamkeit, weswegen die moderne Archäologie Afrikas, häufig auch als »historische Archäologie« bezeichnet, noch ein relativ neues Gebiet der Wissenschaft darstellt. Dennoch birgt diese Forschungsrichtung, wie sich bereits abzeichnet, ein enormes Potential, das uns ermöglicht, nicht nur den Einfluss der Europäer auf Afrika besser zu verstehen, sondern auch zu erkennen, wie die Afrikaner darauf reagierten.

Die ersten Europäer kamen als Entdecker oder Händler auf den Kontinent. Um ihre geschäftlichen Interessen zu schützen, gründeten die Kaufleute Handelsposten, die sie auch häufig mit Waffen ausstatteten. Diese Bewaffnung diente zwar auch der Verteidigung gegen mögliche Angriffe der Einheimischen, in der Hauptsache aber zur Abwehr ebenfalls europäischer Konkurrenten. Der älteste dieser Handelsposten ist das an der Küste des heutigen Ghana gelegene Fort St. George von Elmina, das vor mehr als 500 Jahren von den Portugiesen erbaut wurde, noch bevor Columbus seine erste Reise nach Amerika antrat (Abb. S. 182). Bereits kurz nachdem die Portugiesen sich dort eingerichtet hatten, exportierten sie jährlich von hier aus im Durchschnitt 20.000 Unzen Gold. Im Lauf der Jahre wurde dieser Umschlagplatz zuerst von den Holländern und danach von den Briten übernommen. Neben Gold waren für die ersten europäischen Kaufleute in der Küstenregion von Elmina hauptsächlich Elfenbein und Sklaven die begehrtesten Handelsgüter. Besonders die Ausfuhr von Sklaven nach Amerika, die schließlich enorme Ausmaße annahm, feuerte den Konkurrenzkampf derartig an, dass sich vor etwa 300 Jahren über eine Strecke von 400 km entlang der Küste rund 25 bedeutende und zahlreiche kleinere Handelsstationen

^
Ansicht des Fort St. George in Elmina, bevor es vor rund 370 Jahren aus portugiesischem in holländischen Besitz überging.

etabliert hatten, die die portugiesischen, holländischen, englischen, dänischen, schwedischen und deutschen Interessen vertraten. Auch wenn das Kastell von Elmina, das während der Jahrhunderte seines Bestehens immer wieder umgestaltet wurde, wohl eines der eindrucksvollsten historischen Bauten Afrikas ist, gibt es andernorts ebenfalls bedeutende architektonische Werke. Die Ausgrabungen in der Ortschaft, die in der Nähe der Burg von Elmina entstand, zeigen, wie weitgehend sich die einheimische afrikanische Bevölkerung in vieler Beziehung an die Kultur der ausländischen Niederlassungen angepasst hatte. Unter welchen Bedingungen die afrikanischen Sklaven vor ihrem Transport über den Atlantik gehalten wurden, macht die archäologische Untersuchung eines Kerkers im Cape Coast Castle sichtbar. Auf der anderen Seite des Kontinents errichteten die Portugiesen zum Schutz ihrer Handelsgeschäfte, 100 Jahre nach dem Bau von Elmina, in Mombasa das Fort Jesus, das in der Folge zunächst in die Hände der Araber fiel und dann in den Besitz der Briten überging. Die sowohl dort durchgeführten Ausgrabungen als auch die Erforschung einer ehemals in der Nähe gesunkenen 300-jährigen portugiesischen Fregatte lieferten wertvolle Informationen über die ersten Handelsaktivitäten der Europäer an dieser Küste.

Vor dem Hintergrund, die Möglichkeit zur Überwachung ihrer Geschäfte zu haben, ließen sich Europäer auch häufig im Umfeld der Handelstützpunkte nieder, was zur Folge hatte, dass sich gelegentlich Menschen afrikanischer und europäischer Abstammung vermischten. Siedlungen mit einer solchen Mischbevölkerung waren die portugiesischen *Prazos*[9], die unverwechselbare archäologische Spuren hinterließen. Vor fast 400 Jahren begann man, sie an den Flussufern des Sambesi gleichzeitig als Handelsstationen und landwirtschaftliche Güter zu gründen. Im Lauf der Zeit entwickelten sich diese einstmals portugiesischen Niederlassungen immer mehr zu afrikanischen Stammesfürstentümern, die von mächtigen Familien mit ihren eigenen privaten Armeen geführt wurden und selbst einen wesentlichen Anteil am Sklavenhandel besaßen. Der lästigste dieser *Prazos*, der bei Massangano im heutigen Mosambik lag, musste sogar vor etwas mehr als 100 Jahren von der portugiesischen Armee gestürmt werden. Auf lange Sicht erfolgreicher war hingegen die vor 350 Jahren am Kap der Guten Hoffnung entstandene holländische Siedlung, die ursprünglich aufgebaut wurde, um als Zwischenstation holländische Schiffe auf ihrem Weg nach und von Südostasien zu versorgen. Obwohl ursprünglich keine Kolonisierung im großen Stil geplant war, entwickelte sich der Ort allmählich zu dem heutigen Kapstadt, dessen Geschichte durch archäologische Ausgrabungen bereits teilweise erforscht wurde. Als die europäischen Kolonisten auch in die benachbarten Regionen Südafrikas expandierten, vertrieben sie die dort lebenden Hirten sowie die einheimischen Jäger und Sammler. Für die landwirtschaftlichen Güter und Farmen, die die Siedler in diesen Gebieten aufbauten, ist das vor ungefähr 300 Jahren im Osten von Kapstadt gelegene Vergelegen ein bemerkenswertes Beispiel. Bei den hier durchgeführten Ausgrabungen wurde sowohl ein Gebäude untersucht, in dem die Arbeitssklaven des Besitzes untergebracht waren, als auch eine Wassermühle, der man einen Stall angegliedert hatte, und einen Weinkeller. Nahe der Saldanha Bay im Nordwesten von Kapstadt lebten ungefähr zur selben Zeit die Soldaten eines kleinen militärischen Außenpostens, Oudepost 1 genannt, sozusagen am entgegengesetzten Ende der sozialen Skala und ohne jede Bequemlichkeit. Nachdem die dort stationierte Truppe teilweise von der in der Region ansässigen Bevölkerung niedergemetzelt wurde, gab man den Militärposten für einige Zeit auf. Es überrascht daher nicht, dass die Ausgrabungen an diesem Ort Zeugnisse zutage förderten, die sowohl die Anwesenheit der Europäer und Afrikaner belegen, als auch einiges über den entweder friedlichen oder feindlichen Kontakt zwischen den beiden Völkern aussagen.

Die immer stärker werdende Präsenz der Europäer in Afrika führte unvermeidlich zu Konflikten, gleichermaßen zwischen Europäern und Afrikanern wie zwischen den Angehörigen verschiedener europäischer Länder. Deshalb stammt eine beträchtliche Anzahl der archäologischen Befunde aus einem militärischen Zusammenhang. So

9 Ländereien (Anm. des Übersetzers).

kollidierte beispielsweise vor mehr als 120 Jahren die fortschreitende Besiedlung der Europäer im südlichen Afrika mit dem expandierenden Zulu-Staat. Aus diesem Grund sind die in diese Periode zu datierenden Fundorte, wie beispielsweise Mgungundlovu und Ondini, beides ein Zulu-Zentrum und gleichzeitig militärisches Hauptquartier, durchaus von Interesse. Sowohl in Mgungundlovu, wo bis zu 7000 Menschen wohnten, als auch in Ondini, wo nur ungefähr 5000 lebten, wurden Ausgrabungen vorgenommen. Zusätzlich gibt es die Schlachtfelder von Isandhlwana, auf dem die Zulu eine große britische Armee besiegten, und von Rorke's Drift, wo eine kleine Abteilung der britischen Truppen einen massiven Angriff der Zulu zurückschlug. Insgesamt versetzen all diese Fundplätze die Archäologen in die Lage, eine Reihe gut dokumentierter Ereignisse unter verschiedenen Blickwinkeln zu betrachten. Weit weniger wissen wir über die vor mehr als einem Jahrhundert am oberen Nil im nördlichen Uganda erbauten Festungen von Wadelai und Dufile. Außerdem blieben gelegentlich einzelne Relikte vergangener Konflikte erhalten, wie jene Neunpfünderkanone der Königlich-Britischen Marine, die im Uganda Museum in Kampala aufbewahrt wird. Vor mehr als 130 Jahren in London hergestellt, war sie zuletzt während des Ersten Weltkrieges gegen ein deutsches Schiff auf dem Viktoria-See im Einsatz.

Während die Europäer auf der einen Seite mit militärischen Mitteln gegen die Afrikaner vorgingen, brachten sie auf der anderen Seite die christliche Religion in unterschiedlichen Prägungen in große Teile Afrikas. So richteten sie an zahlreichen Orten Missionen, Kirchen, Kathedralen, Krankenhäuser und Schulen ein, die greifbare Belege für die Bemühungen sowohl der Europäer als auch der Afrikaner darstellen. In einigen Fällen bietet die Verlegung einer Siedlung oder das Scheitern einer Unternehmung heute die Gelegenheit, an der aufgegebenen Stelle Architekturreste oder anderes Fundmaterial untersuchen zu können. Ein Beispiel hierfür ist die Fundstelle der Mission in Kolobeng (Botswana), in der vor 150 Jahren das junge Paar David und Mary Livingstone fünf Jahre lang erfolglos arbeitete. Zu den an diesem Ort identifizierten Zeugnissen gehört auch das Grab ihrer hier verstorbenen kleinen Tochter Elizabeth. Auch solche Grabstätten sind archäologische Belege für die Anwesenheit der Europäer in Afrika. Viele der frühen Gräber wurden nicht gekennzeichnet und können dadurch heute nicht mehr aufgefunden werden, diejenigen aus späteren Zeiten wurden jedoch, gemäß den christlichen Bestattungssitten, in geweihter Erde angelegt und mit einem beschrifteten Grabstein versehen. Angefangen vom verwahrlosten Friedhof der Kolonialkommandantur in Zungeru im nördlichen Nigeria bis hin zu den sorgfältig gepflegten Ruhestätten bei der Namirembe Kathedrale in Kampala, der Hauptstadt des modernen Uganda, existierten zahlreiche solcher Gräber über den ganzen Kontinent verstreut. Ihre Inschriften sind beredte Zeugen der Ereignisse, die die Europäer in Afrika durchlebten, und der Erfahrungen, die die Afrikaner mit den Europäern machten. So trägt beispielsweise der Stein eines Grabmals bei der Namirembe Kathedrale, in dem ein äußerst beliebter Missionar bestattet wurde, lediglich die schlichte Inschrift »Mackay«. Ganz offensichtlich war nicht mehr erforderlich.

Mit am gravierendsten wirkten sich die Aktivitäten der Europäer auf die Wirtschaft und die Technologie der Afrikaner aus. So änderte sich zum Beispiel die Subsistenzwirtschaft vieler afrikanischer Völker grundlegend, nachdem von den Europäern neue Kulturpflanzen aus Amerika eingeführt wurden. Die wichtigsten von ihnen waren Mais und Maniok, unter anderem wurden aber auch Tomaten und Tabak importiert. In technologischer Hinsicht veränderten die bereits recht früh nach Afrika gebrachten Schusswaffen auf dem gesamten Kontinent den Charakter der Kriege nachhaltig. Während der Kolonialzeit vor rund 100 bis 40 Jahren kamen zahlreiche weitere technische Errungenschaften nach Afrika. Dazu gehörten die Entwicklung von Eisenbahn- und Straßennetzen, die Einführung europäischer Bautechniken, fortschrittlichere Verfahren im Bergbau, die Verwendung von Verbrennungsmotoren, die Erzeugung von Elektrizität und eine Unzahl von Neuerungen, die im Zuge der Industrialisierung unlängst in Europa entstanden waren. Die archäologische Erforschung der Veränderungen, die diese neuen Technologien auslösten, fand bislang nur wenig Interesse. Welche Möglichkeiten sie jedoch eröffnen, zeigte sich bei Untersuchungen von Wasser-, Wind- und Pferdemühlen in Südafrika, die ein faszinierendes Beispiel für den vor mehr als 300 Jahren einsetzenden Technologietransfer darstellen. Ursprünglich wurden Mühlen in der Hauptsache deswegen gebaut, weil es in Afrika nur wenige Energiequellen gab, die die europäischen Kolonisten, für die Brot ein Grundnahrungsmittel war, nutzen konnten, um Korn zu Mehl zu verarbeiten. Zusätzlich wurden Mühlen jedoch auch verwendet, um Bauholz zu sägen, Schnupftabak zu mahlen, Zucker herzustellen, Wasser zu pumpen und die Förderkörbe der Bergwerke anzutreiben. Besonders zahlreich waren Wassermühlen, die sich eng an ihre europäischen Vorbilder anlehnten. Sogar ein relativ ungewöhnlicher Typus, der über ein horizontales Wasserrad verfügte, wurde übernommen. Wie zu erwarten, bauten die Siedler, die in vielen Fällen holländischer Abstammung waren, auch zahlreiche Windmühlen.

Die archäologischen Belege für den Einfluss Europas auf Afrika beinhalten neben Orten und Bauwerken auch bewegliche Objekte, denn die Europäer brachten, gleichgültig ob sie nur für kurze Zeit kamen oder als Siedler, stets zahlreiche Gegenstände aus ihrer eigenen Kultur mit oder ließen sie importieren. Wenn derartige Dinge im entsprechenden Kontext gefunden werden, können sie bemerkenswert aufschlussreich für die Rekonstruktion vergangener Ereignisse sein. Ein Beispiel dafür entdeckte man in der Barrack Street, die durch einen alten Bezirk von Kapstadt führt. Hier waren vor ungefähr 200 bis 100 Jahren zahlreiche Gebrauchsgegenstände in einen alten Brunnen gefallen oder hineingeworfen worden. So fand man darin unter anderem das Stück eines Lederriemens, einen hölzernen Eimer, den Kopf einer Puppe, einen Türknauf, Scharniere, Fingerhüte, Knöpfe, Flaschen, Schuhe, Fragmente von Musikinstrumenten, sogar zwei Nachttöpfe und die Skelette mehrerer Hauskatzen. Außerdem Rinder-, Schafs- und Schweineknochen sowie Fischgräten und eine beträchtliche Anzahl von Gefäßscherben, deren Analyse zeigte, wie sich die Vorliebe für bestimmte Töpferwaren im Laufe der Zeit verändert hatte. Vermutlich gefördert durch die holländischen Handelsverbindungen mit Südostasien bevorzugte man beispielsweise anfänglich Keramik aus dem Orient, später aber dominierten britische Erzeugnisse, weil zu diesem Zeitpunkt bereits die Briten das Kap der Guten Hoffnung übernommen und dort die Herstellung britischer Keramikwaren ausgeweitet hatten.

Da man aber auch an Orten, die von Afrikanern bewohnt wurden, Gegenstände europäischen Ursprungs entdeckte, gewinnt die Forschung auch eine Vorstellung davon, wie die Einheimischen auf den Kontakt mit den Europäern reagierten. Zu den charakteristischen Funden, die das belegen, gehören Scherben von Alkoholflaschen, Tabakspfeifen aus Ton, glasierte Keramik, Glasperlen, Zündsteine für Gewehre, Schalen der Kaurischnecke und die unterschiedlichsten handwerklichen Erzeugnisse. Eine Auswahl all dieser Dinge wurde beispielsweise bei den Ausgrabungen in Benin City im südlichen Nigeria zutage gefördert. Dennoch repräsentiert das gesamte Fundmaterial, das man üblicherweise entdeckte, nur einen Aspekt der Auswirkungen, die der Kontakt der Europäer mit Afrika auslöste, denn besonders Textilien, die einen großen Anteil der Handelswaren stellten, werden nur selten in archäologischem Kontext gefunden, da sie zerfallen. Trotz allem sind die Einflüsse der Europäer und ihrer Produkte auch anhand anderer Fakten nachzuvollziehen. So wurden Tabakspfeifen aus Ton an westafrikanischen Fundorten weit häufiger lokal hergestellt als importiert und europäische Besucher in einigen der berühmten Messinggüsse von Benin City auf sehr afrikanische Weise dargestellt.

Wie auf viele andere Regionen der Welt, wirkte sich die europäische Expansion ebenso auf Afrika aus. Hier waren die Europäer zwar Außenseiter, doch über den Handel, ihre Siedlungen und sogar ihre militärischen Übergriffe wurden sie mehr oder weniger zu einem Teil des Kontinents. Wichtiger war jedoch, dass die Afrikaner von den Europäern nur übernahmen, was ihnen auch gefiel. Die sich daraus ergebende komplexe Wechselwirkung und deren Konsequenzen sind für die Archäologie ebenso greifbar wie andere Aspekte der menschlichen Geschichte. Bislang steht diese Forschungsmethode noch ganz am Anfang ihres Weges, das Potential, das sie birgt, ist jedoch beträchtlich, denn sie bietet die Möglichkeit, nicht nur die Entdeckung Afrikas durch die Europäer zu betrachten, sondern auch die Entdeckung Europas und des Europäischen schlechthin durch die Afrikaner zu studieren.

# Wiederbesinnung auf Afrikas vergessene Vergangenheit

Innerhalb der letzten 100 Jahre unternahm die Forschung einiges, um die in Vergessenheit geratene Vergangenheit Afrikas wieder neu zu entdecken. In den vorangegangenen Kapiteln wurde all das zusammengetragen, was bis heute bekannt ist, um zumindest einen Eindruck von den mittlerweile gemachten Fortschritten zu vermitteln. Doch jede Dokumentation der menschlichen Vergangenheit kann zwangsläufig nur selektiv sein. Das trifft ganz besonders dann zu, wenn, wie im vorliegenden Fall, ein gesamter Kontinent über einen Zeitraum von mehr als vier Millionen Jahren behandelt wird. Die ausgewählten Themen befassen sich mit jenen Aspekten, die aus der Geschichte hervortreten, wie von Straßenlampen erleuchtete Zonen entlang einem sonst dunklen Weg. Dabei gibt es sowohl kleine gründlich ausgeleuchtete Stellen, die allmählich in Schatten übergehen, als auch Strecken, die vollständig in der Dunkelheit verschwinden. Diese Situation entstand aus mehreren Gründen, der wichtigste jedoch ist der schiere Mangel an Kenntnissen über einige Regionen und Zeiträume. Es ist wohl kaum übertrieben, wenn man eingestehen muss, dass unser Nichtwissen mit Sicherheit größer ist als unser Wissen. So ist beispielsweise über die Geschichte der Menschen, die am ausgedehnten Flusssystem des Kongo siedelten, weit weniger bekannt, als über die Historie des begrenzten und schmalen Niltals. Um all diese Wissenslücken zu schließen, bedarf es noch zahlreicher Untersuchungen durch Archäologen, Paläontologen, Historiker und Wissenschaftler vieler anderer Fachgebiete. Bis diese Aufgabe gelöst sein wird, kann in einigen Fällen jedoch noch geraume Zeit vergehen, denn besonders die Feldforschung verschlingt erhebliche finanzielle Mittel und erfordert ein großes Ausmaß an infrastruktureller Unterstützung. Auch könnte bisweilen die wissenschaftliche Arbeit in denjenigen Gebieten, die politisch instabil sind oder in denen ernste Gesundheitsrisiken bestehen, schwierig, wenn nicht sogar unmöglich werden. Wenngleich dieses Problem gelegentlich überbewertet wurde, erschweren auch die Umweltbedingungen die Forschungsarbeit, denn in den feuchten Tropen überdauern weit weniger materielle Hinterlassenschaften als in den trockenen Wüstenregionen.

Eine weitere Schwierigkeit, die Vergangenheit Afrikas zu beschreiben, stellt der enorm umfangreiche und vielschichtige Bestand an veröffentlichter Fachliteratur dar, den Wissenschaftler und Autoren gleichermaßen bei ihren Forschungen mit einbeziehen müssen. Diese Publikationen decken nicht nur eine verwirrende Menge von Fachrichtungen ab, sondern sind obendrein so zahlreich, dass eine einzelne Person niemals hoffen kann, sie alle zu lesen. Zusätzlich gibt es nur sehr wenige Bibliotheken auf der ganzen Welt, die tatsächlich eine umfassende Literatursammlung zu diesem Thema besitzen. Als ob das alles noch nicht ausreichen würde, gerät der Wissenschaftler auch in den Würgegriff der vielen verschiedenen Sprachen, in denen die relevanten Veröffentlichungen abgefasst wurden. Da es sich dabei für gewöhnlich um die Sprachen der früheren Kolonialmächte handelt, liegen die Bücher im Allgemeinen in Englisch oder Französisch vor, es existiert aber auch Fachliteratur in Portugiesisch, Italienisch und Deutsch, ganz zu schweigen von gelegentlichen Exemplaren in den Sprachen anderer europäischer Länder. Fügt man diesen noch die Quellen hinzu, die in Arabisch, Suaheli oder anderen afrikanischen Dialekten geschrieben wurden, so ist offenkundig jeder, der versuchen möchte, ein Werk über die vollständige Geschichte des gesamten Afrika zu publizieren, entweder sehr mutig oder sehr dumm. Üblicherweise stellte man deshalb bisher umfangreiche Bücher her, in denen mehrere verschiedene Autoren diejenigen Kapitel verfassten, auf dessen Thema sie sich spezialisiert hatten. Das Ergebnis war zwar einerseits wissenschaftlich häufig sehr beeindruckend, auf der anderen Seite jedoch auch schwer lesbar, denn bei Publikationen dieser Art stellen die konträren Meinungen und unterschiedlichen Schreibstile der Autoren ein besonderes Problem dar. Zu allem Überfluss sind solche Fachbücher für gewöhnlich sehr teuer und aufgrund ihrer speziellen Thematik auch nur für einen sehr begrenzten Leserkreis interessant, was bedauerlich ist, denn eigentlich sollten Menschen, die eine Abhandlung über ihre eigene Abstammung lesen und verstehen wollen, dafür nicht unbedingt einen Universitätsabschluss benötigen.

Tatsächlich ist Afrikas Vergangenheit viel zu wichtig, als dass ihre Dokumentation nur von wissenschaftlich Vorgebildeten gelesen wird. Außerdem verdient sie es nicht nur, in Afrika selbst publik gemacht und gewürdigt zu werden, sondern auch vom gesamten Rest der Welt. Obwohl allzu häufig übersehen wird, welch wichtige Rolle Afrika in der Weltgeschichte spielte, verdanken wir, wie es die vorangegangenen Kapitel belegen konnten, diesem Kontinent unsere gesamte Existenz. Darüber hinaus trug er entscheidend zur Entwicklung der Landwirtschaft und zu zahlreichen kulturellen Umstrukturierungen bei, die auch über seine Küsten hinaus relevant sind. Ein hervorragendes Beispiel hierfür ist der Einfluss, den das alte Ägypten, sowohl in der Vergangenheit als auch in jüngster Zeit, auf die westliche Gesellschaft ausübte. Bezeichnenderweise wurde jedoch der Ursprung dieser Einflussnahme lange stillschweigend verleugnet, weil man nicht akzeptieren konnte, dass Ägypten zweifellos eine Zivilisation war, die an einem afrikanischen Fluss entstand. Ähnlich eingeschränkt betrachtete man auch den Norden der Sahara immer wieder als einen Teil der mediterranen Welt und nicht als eine Region, die zu Afrika gehört. Untermauert wurde diese Fehleinschätzung zusätzlich von denjenigen, die auf die Idee kamen, das gesamte Gebiet südlich der Sahara als »Sub-Sahara-Afrika« zu bezeichnen. Auf diese Weise enthaupteten diese Wissenschaftler regelrecht den Kontinent und konzentrierten sich ausschließlich auf jene Bereiche, die sie, mehr oder weniger willkürlich, für »afrikanisch« hielten. Unvermeidlich drängt sich damit die Frage auf, wie Afrika als Ganzes zu bewerten ist, obwohl es im Grund absolut gerechtfertigt scheint, ihm dieselbe Bedeutung beizumessen, wie sie allgemein dem europäischen und asiatischen Kontinent zugesprochen wird.

Trotz der wichtigen Leistungen Afrikas für die Welt wissen die meisten Menschen außerhalb dieses Kontinents noch immer sehr wenig über ihn. Sogar die Afrikaner selbst bringen eine nur sehr begrenzte Wertschätzung für die Vergangenheit ihrer Länder auf. Als ein auf das tropische Afrika spezialisierter Archäologe verbrachte der Autor viele Jahre damit, Nichtarchäologen davon zu überzeugen, dass es für Wissenschaftler in Afrika tatsächlich etwas »zu finden« gibt. In den westlichen Gesellschaften hält sich hartnäckig das normalerweise unausgesprochene, jedoch tief verwurzelte Vorurteil über eine afrikanische Vergangenheit, in der sich eigentlich nichts Wichtiges ereignet haben konnte. Folgerichtig konnte es auch nichts geben, das sich zu suchen lohnen würde. Da glücklicherweise mittlerweile sowohl Afrikaner als auch Nichtafrikaner immer mehr über die Vergangenheit des Kontinents publizieren, werden durch ihre Veröffentlichungen, in Kombination mit Film, Fernsehen und Internet, relevante Informationen zunehmend erreichbarer für die Menschen in der so genannten entwickelten Welt. Auf Afrika selbst hat diese Literatur jedoch nur sehr begrenzten Einfluss, denn allzu oft verhindern die wirtschaftlichen Verhältnisse, dass sie den potenziellen Leser erreicht. Bücher sind teuer und häufig können sich weder Universitäten und Schulen noch Privatpersonen Publikationen leisten, die in Großbritannien, Amerika oder anderswo hergestellte wurden. Selbst wenn die ent-

^
Sowohl die Wissenschaft als auch die Menschen besinnen sich allmählich wieder auf Afrikas vergessene Vergangenheit zurück.

sprechenden Geldmittel zur Verfügung stünden, würden sie durch restriktive Devisenbestimmungen am Kauf gehindert. Infolgedessen können Forschungsergebnisse nur schwer bei jenen Menschen ein Feedback auslösen, deren Gesellschaften untersucht wurden. Vermutlich erwächst daraus die allgemeine Sorglosigkeit um das kulturelle Erbe, die ihrerseits zur Plünderungen vieler archäologischer Fundstätten in Afrika und zum Diebstahl von Kunstgegenständen aus afrikanischen Museen führt. Aktivitäten dieser Art werden in der Hauptsache zusätzlich von dem unersättlichen Materialismus der westlichen Gesellschaften provoziert, der die Vergangenheit zu einer marktfähigen Ware machte. Das wurde aber nur möglich, weil manche Afrikaner sogar bereit sind, ihr Geburtsrecht zu verkaufen, denn schließlich stellt das kulturelle Erbe einen vitalen Bestandteil der menschlichen Identität dar. Doch diese Tatsache geriet anscheinend in Vergessenheit.

Das erscheint besonders überraschend, bedenkt man das überaus große Interesse, das heute sowohl an der schriftlich als auch mündlich überlieferten Geschichte Afrikas innerhalb und außerhalb des Kontinents besteht. Allerdings beschränkt sich der Wissensdurst häufig auf die jüngere Vergangenheit mit einem überwiegenden Schwerpunkt auf den letzten Jahrhunderten. In Anbetracht der traumatischen sozialen und politischen Erfahrungen der Kolonisation und Entkolonialisierung ist das ebenso verständlich wie die allgemeine Aufmerksamkeit, die dem internationalen Sklavenhandel gewidmet wird. Außerdem verleitet die eingeschränkte zeitliche Reichweite der meisten mündlichen Überlieferungen zwangsläufig zu einer Konzentration auf jüngere Perioden. Zugegebenermaßen schenken Forschung und Lehre den älteren Zeitabschnitten der afrikanischen Geschichte durchaus in jenen Gebieten mehr Beachtung, die über aussagekräftige schriftliche Quellen verfügen, selbst wenn sie nur sehr spärlich sind. Dennoch zogen die Wissenschaftler der Afrikanistik nur selten den adäquaten Nutzen aus den materiellen Hinterlassenschaften, die für jene Abschnitte der afrikanischen Vergangenheit überliefert sind, in denen dokumentarische Zeugnisse fehlen. Kurz gesagt, orientieren sich die historischen Abhandlungen tendenziell an dem geschrieben oder mündlich überlieferten Wort und beachten die Ergebnisse der Archäologie relativ wenig. Wenn man bedenkt, dass sowohl den Historikern als auch den Archäologen in der Afrikanistik eigentlich die Aufgabe zukommt, die Vergangenheit der Menschen auf diesem Kontinent aufleben zu lassen, empfindet man die mangelnde Koordination ihrer Arbeit doch als äußerst unbefriedigend. Die Erklärung hierfür ist mit Sicherheit in den doch sehr unterschiedlichen wissenschaftlichen Traditionen der beiden Disziplinen zu suchen, oder, um es einfacher zu sagen, sie verstehen einander einfach nicht.

Diese Sprachlosigkeit resultiert möglicherweise auch aus der Arbeitsweise früherer Archäologen, die ihre Aufgabe darin sahen, Afrikas Vorgeschichte auf der Grundlage der prähistorischen Methodik für Europa zusammenzusetzen, was sich im afrikanischen Kontext als untauglich erwies. Das wiederum verleitete die Historiker zu der Schlussfolgerung, dass diese Materie nicht unter ihr eigenes Sachgebiet fällt. Außerdem schien der Charakter der afrikanischen Vorgeschichte für lange Zeit eine Abtrennung von den historischen Perioden Afrikas zu rechtfertigen. Der Grund dafür ist im Forschungsgebiet der Prähistoriker zu suchen, das in der Hauptsache Fundkomplexe von Steinartefakten analysierte und diejenigen Gesellschaften studierte, in denen Steingerätschaften hergestellt wurden. Dabei handelte es sich gewöhnlich um Jäger- und Sammlerverbände sowie frühe bäuerliche Gemeinschaften aus weit in der Vergangenheit liegenden Zeiten. Nur allmählich begannen die Archäologen, auch komplexerer afrikanische Gesellschaften zu erforschen, die für die Historiker ebenso von Interesse sind. Doch zu diesem Zeitpunkt hatten sich die Wege der beiden Wissenschaftsrichtungen bereits getrennt. Als schließlich die Historiker ebenfalls anfingen, archäologische Befunde zu verwerten, dachten die Archäologen häufig, dass die Geschichtswissenschaftler der begrenzten Aussagefähigkeit des Fundmaterials zu wenig Beachtung schenkten. Wenn die Archäologen ihrerseits historische Quellen benutzten, empfanden wiederum die Historiker die Art und Weise ihrer Auswertung oft als unkritisch. Obwohl sie in ihrer eigenen Disziplin durchaus mit gegensätzlichen Interpretationen umgehen konnten und von daher auch unterschiedliche Schlussfolgerungen verschiedener Archäologen aufgrund derselben Daten verstanden, waren sie weit weniger von der Vorliebe mancher Archäologen begeistert, auf der Basis von minimalen Fakten Erklärungen zu konstruieren. Hinzu kamen auf der einen Seite die zunehmende Abhängigkeit der archäologischen Forschung von den Naturwissenschaften und physikalischen Untersuchungsmethoden und andererseits ein wirklichkeitsfremder Selbstfindungsprozess, in den sich die Archäologen immer weiter zurückzogen. Insgesamt ist es deshalb kein Wunder, dass die Geschichtswissenschaften und die Archäologie nur so wenige Berührungspunkte in ihrer Arbeit finden.

Dadurch wird jeder Versuch, eine Synthese der gesamten afrikanischen Vergangenheit zu erarbeiten, ausgesprochen schwierig. Die archäologische Wissenschaft verharrt nach wie vor in einer Detailverliebtheit, die einerseits zwar häufig überaus exakte Analysen ermöglicht, andererseits aber ausschließlich auf Teilgebiete begrenzte Ergebnisse liefern. Diese detailliert untersuchten Einzelaspekte taugen jedoch nur relativ selten dafür, eine in sich schlüssige, umfassende Geschichte zusammenzustellen. Ein weiteres Problem stellt das Fehlen eines passenden chronologischen Modells dar, denn entschieden zu viele Archäologen halten nach wie vor an dem vor nahezu 200 Jahren in Europa entwickelten und völlig veralteten Dreiperiodensystem fest, das alle Zeitalter und Epochen in »Alt« (oder »Früh«), »Mittel« und »Neu« (auch »Jung« oder »Spät«) einteilt. Da ein großer Teil der Literatur diesem System folgt, wird sich der wissenschaftlich nicht vorgebildete Leser in einem Netz mysteriöser Diskussionen verfangen, die über die afrikanische Mittlere Steinzeit oder über die Unterschiede zwischen der Frühen und der Späteren Eisenzeit in Ostafrika entbrennen. Um eine realistische Darstellung der älteren afrikanischen Vergangenheit erstellen zu können, ist ein weit flexiblerer Ansatz erforderlich. Dieses Problem zu lösen, versuchten einige archäologische Autoren in den letzten Jahren mit Dokumentationen einzelner Regionen Afrikas und übergreifenden Studien über den gesamten Kontinent. Bei den Untersuchungen der sich verändernden Wechselwirkung zwischen den Menschen und ihrer Umwelt konnten sowohl archäologische als auch historische Daten ausgewertet werden, um eine umfassende Geschichte zu rekonstruieren. Wenn die Archäologen die verbesserten Möglichkeiten nutzen, die ihnen mittlerweile zur Datierung der Befunde zur Verfügung stehen, und ihre Forschung mit einem größeren Verständnis für die Verbindung zwischen den kulturellen Hinterlassenschaften und den Gesellschaften, die sie schufen, angehen, so besteht heute eine bessere Chance als jemals zuvor, die Lebensweise der Menschen an bestimmten Orten zu spezifischen Zeiten zu erklären. Und allein darum geht es!

Mit einigen der zuvor angeschnittenen Themen befasst sich dieses Buch, in dem mit Hilfe der Verknüpfung mehrerer maßgeblicher Episoden versucht wurde, eine in sich geschlossene Geschichte über die Vergangenheit der Menschen in Afrika zu verfassen. Dabei wurde stets die gegenwärtig am weitesten akzeptierte Interpretation der Befunde übernommen. Es gibt aber auch einige Kapitel, in denen mehrere verschiedene Erklärungsvarianten im Ansatz vorgestellt wurden. Um diese unterschiedlichen Thesen zu vertiefen, kann der interessierte Leser gegebenenfalls an anderer Stelle weiter forschen (vgl. Literaturverzeichnis). Der Autor strebte ebenso an, eine möglichst umfassende Auswahl an Quellen und Befunden zu verwerten. Deshalb wurden zwar in erster Linie archäologische Zeugnisse herangezogen, aber auch diejenigen mit berücksichtigt, die aus zahlreichen verschiedenen Forschungsdisziplinen stammen. Das Ziel dieser Arbeit war jedoch, dem Leser zu zeigen, dass sich sowohl die Wissenschaft als auch die Menschen allmählich wieder auf Afrikas vergessene Vergangenheit zurückbesinnen.

# Weiterführende Literatur

Bei den in diesem Verzeichnis aufgelisteten Publikationen handelt es sich lediglich um die einführende Literatur zu den einzelnen Themen der Kapitel dieses Buches. Wenn sich der Leser darüber hinaus informieren möchte, findet er in den angegebenen Titeln jeweils weitere Hinweise. So weit wie irgend möglich, wurde zu jedem angesprochenen Themenkreis nur die aktuellste Literatur angegeben, in einigen Fällen war es jedoch notwendig, auch vergleichsweise alte Dokumentationen mit aufzunehmen, um einen breit gefächerten Überblick zu gewährleisten. Ein weiteres Auswahlkriterium war ebenso, inwieweit die Thesen in einem Buch oder Aufsatz wissenschaftlich gesichert waren. Auch wenn versucht wurde, nur solche Publikationen auszusuchen, die für den interessierten Leser grundsätzlich verfügbar sind, wird er trotzdem einige von ihnen nur in gut sortierten Universitätsbibliotheken finden.


**Allgemein**

Phillipson, David W., *African Archaeology*, Cambridge University Press, Cambridge 2005 (3. Auflage).

Connah, Graham, *African Civilizations. An Archaeological Perspective*, Cambridge University Press, Cambridge 2001.

**Afrika – Wiege der Menschheit**

Klein, Richard G., *The Human Career. Human Biological and Cultural Origins*, University of Chicago Press, Chicago – London 1999 (2. Auflage), S. 1–217.

Andrews, Peter / Stringer, Chris, *Human Evolution. An Illustrated Guide*, British Museum (Natural History), London 1990.

**Steinwerkzeuge und evolutionäre Anpassung – Die Ursprünge der Gattung Homo**

Klein, Richard G., *The Human Career. Human Biological and Cultural Origins*, University of Chicago Press, Chicago – London 1999 (2. Auflage), S. 217–366.

Andrews, Peter / Stringer, Chris, *Human Evolution. An Illustrated Guide*, British Museum (Natural History), London 1990.

Isaac, Glynn L., *Olorgesailie. Archaeological Studies of a Middle Pleistocene Lake Basin in Kenya*, University of Chicago Press, Chicago – London 1977.

**Afrikas Geschenk an die Welt – Der früheste Homo sapiens**

Klein, Richard G., *The Human Career. Human Biological and Cultural Origins*, University of Chicago Press, Chicago – London 1999 (2. Auflage), S. 266–493.

Andrews, Peter / Stringer, Chris, *Human Evolution. An Illustrated Guide*, British Museum (Natural History), London 1990.

Singer, Ronald / Wymer, John, *The Middle Stone Age at Klasies River Mouth in South Africa*, University of Chicago Press, Chicago – London 1982.

**Leben von den Ressourcen der Umwelt – Die späteren Jäger- und Sammlergemeinschaften in Afrika**

Deacon, H. J., *Where Hunters Gathered. A Study of Holocene Stone Age People in the Eastern Cape*, South African Archaeological Society, Claremont 1976.

Fagan, Brian M. / Van Noten, Francis L., *The Hunter-gatherers of Gwisho*, Musee Royal de l'Afrique Centrale, Tervuren, Belgien 1971.

**Gedanken festgehalten auf Stein – Die Felsenkunst des südlichen Afrika**

Lewis-Williams, J. David, *The Rock Art of Southern Africa*, Cambridge University Press, Cambridge 1983.

Vinnicombe, Patricia, *People of the Eland. Rock Paintings of the Drakensberg Bushmen as a Reflection of Their Life and Thought*, University of Natal Press, Pietermaritzburg 1976.

**Bilder aus einer verlorenen Welt – Die Felsenkunst der Sahara**

Willcox, Alexander R., *The Rock Art of Africa*, Holmes and Meier, New York 1984, S. 29–54.

Muzzolini, Alfred, Livestock in Saharan Rock Art, in: Blench, Roger M. / MacDonald, Kevin C. (Hrsg.), *The Origins and Development of African Livestock. Archaeology, Genetics, Linguistics and Ethnography*, UCL Press, London 2000, S. 87–110.

**Nahrung erzeugen – Die Anfänge im nördlichen und westlichen Afrika**

Blench, Roger M. / MacDonald, Kevin C. (Hrsg.), *The Origins and Development of African Livestock. Archaeology, Genetics, Linguistics and Ethnography*, UCL Press, London 2000.

van der Veen, Marijke (Hrsg.), *The Exploitation of Plant Resources in Ancient Africa*. Kluwer Academic – Plenum Publishers, New York 1997.

**Nahrung erzeugen – Die Anpassung in Nordost- und Ostafrika**

Blench, Roger M. / MacDonald, Kevin C. (Hrsg.), *The Origins and Development of African Livestock. Archaeology, Genetics, Linguistics and Ethnography*, UCL Press, London 2000.

van der Veen, Marijke (Hrsg.), *The Exploitation of Plant Resources in Ancient Africa*. Kluwer Academic – Plenum Publishers, New York 1997.

**Die Macht des Metalls – Die Ursprünge der afrikanischen Eisenverarbeitung**

Vogel, Joseph O. (Hrsg.), *Ancient African Metallurgy. The Sociocultural Context,* AltaMira Press, Walnut Creek, California 2000.

Woodhouse, James, Iron in Africa. Metal from Nowhere, in: Connah, Graham (Hrsg.) *Transformations in Africa. Essays on Africa's Later Past*, Leicester University Press, London – Washington 1998, S. 160–185.

**Das alte Ägypten – 3000 Jahre schöpferische Leistungen**

Baines, Jon / Malek, Jaromir, *Cultural Atlas of Ancient Egypt*, Checkmark Books, New York 2000 (überarbeitete Auflage).

Davies, Vivian / Friedman, Renee, *Egypt*, British Museum Press, London 1998.

**Nubien – Treffpunkt verschiedenster Völker**

Shinnie, Peter L., *Ancient Nubia*, Kegan Paul International, London – New York 1996.

O'Connor, David, *Ancient Nubia. Egypt's Rival in Africa*, The University Museum, University of Pennsylvania, Philadelphia 1993.

**Aksum – Handelsmetropole auf der äthiopischen Hochebene**

Phillipson, David W., *Ancient Ethiopia. Aksum, its Antecedents and Successors*, British Museum Press, London 1998.

Phillipson, David W. (Hrsg.), *The Monuments of Aksum. An Illustrated Account*, Addis Ababa University Press, Addis Ababa, in Zusammenarbeit mit The British Institute in Eastern Africa, London 1997.

**Kirche und Staat – Überleben in Äthiopien**

Pankhurst, Richard, *The Ethiopians. A History*, Blackwell, Oxford 2001.

Buxton, David, *The Abyssinians*, Thames and Hudson, London 1970.

**Chancen und Widrigkeiten – Die Geschichte des Tschad-Sees**

Connah, Graham, *Three Thousand Years in Africa. Man and his Environment in the Lake Chad Region of Nigeria*, Cambridge University Press, Cambridge 1981.

Breuning, P. / Neumann, K. / Van Neer, W., New Research on the Holocene Settlement and Environment of the Chad Basin in Nigeria, in: *African Archaeological Review* 13 (1996) S. 111–145.

**Dem Mittelmeer zugewandt – Nordafrika in der karthagischen, griechischen und römischen Zeit**

Manton, E. Lennox, *Roman North Africa*, Seaby, London 1988.

Hurst, Henry R., Excavations at Carthage 1977–8: Fourth Interim Report, in: *The Antiquaries Journal* 59 (1979) S. 19–49.

**Qsar el-Seghir – Tor zu Europa und Afrika**

Redman, Charles L., *Qsar es-Seghir. An Archaeological View of Medieval Life*, Academic Press, Orlando, Florida 1986.

Redman, Charles L., Comparative urbanism in the Islamic Far West, in: *World Archaeology* 14 (1983) S. 355–377.

**Djenné-Djenno – Eine frühe Stadt am mittleren Niger**

McIntosh, Roderick J., *The Peoples of the Middle Niger. The Island of Gold*, Blackwell, Oxford 1998.

McIntosh, Susan K. / McIntosh, Roderick J., Cities Without Citadels. Understanding Urban Origins along the Middle Niger, in: Shaw, T. / Sinclair, P. / Andah, B. / Okpoko, A. (Hrsg.), *The Archaeology of Africa. Food, Metals and Towns*, Routledge – London – New York 1993, S. 622–641.

**Reisen in der Sahara – Der Wüstenhandel mit Westafrika**

Bulliet, Richard W., *The Camel and the Wheel*, Harvard University Press, Cambridge, Massachusetts 1975.

Bovill, Edward William, *The Golden Trade of the Moors*, Oxford University Press, London 1958.

**Igbo-Ukwu – Eine Herausforderung aus der Vergangenheit**

Shaw, Thurston, *Unearthing Igbo-Ukwu. Archaeological Discoveries in Eastern Nigeria*, Oxford University Press, Ibadan 1977.

Shaw, Thurston, *Nigeria, its Archaeology and Early History*, Thames and Hudson, London 1978, S. 99–124.

**Gesichter der Ahnen – Antike Skulpturen in Nigeria**

Willett, Frank, *Ife in the History of West African Sculpture*, Thames and Hudson, London 1967.

Garlake, Peter, *Early Art and Architecture of Africa*, Oxford University Press, Oxford 2002, S. 109–112 und 120–139.

**Benin City – Von der Urwaldmacht zu Weltruhm**

Connah, Graham, *The Archaeology of Benin*, Oxford University Press, Oxford 1975.

Dark, Philip John C., *An Introduction to Benin Art and Technology*, Oxford University Press, Oxford 1973.

**Gefäße und Menschen – Frühe Bauerngemeinschaften südlich des Äquators**

Phillipson, David W., The Spread of the Bantu Language, in: *Scientific American* 236 (1977) S. 106–114.

Vansina, Jan, A Slow Revolution. Farming in subequatorial Africa, in: *Azania* 29–30 (1995) S. 15–26.

**Das Zeugnis der Toten – Leben in der Upemba-Senke**

de Maret, Pierre, The Iron Age in the West and South, in: Van Noten, Francis L. (Hrsg.), *The Archaeology of Central Africa*, Akademische Druck- und Verlagsanstalt, Graz 1982, S. 77–96 (vgl. auch S. 87–95).

de Maret, Pierre, Savanna States, in: Vogel, Jean O. (Hrsg.) *Encyclopedia of Precolonial Africa. Archaeology, History, Languages, Cultures, and Environments*, AltaMira Press, Walnut Creek, California 1997, pp. 498–501; s. Artikel über das Luba Königreich.

**Ein einziger herrlicher Garten – Produktivität und Macht im Gebiet der Großen Seen**

Reid, Andrew, Lacustrine States, in: Vogel, Jean O. (Hrsg.) *Encyclopedia of Precolonial Africa. Archaeology, History, Languages, Cultures, and Environments*, AltaMira Press, Walnut Creek, California 1997, pp. 501–507.

Connah, Graham, *Kibiro. The Salt of Bunyoro, Past and Present*, British Institute in Eastern Africa, Memoir 13, London 1996.

**Angesichts zweier Welten – Handelssiedlungen an der ostafrikanischen Küste**

Horton, Mark / Middleton, John, *The Swahili. The Social Landscape of a Mercantile Society*, Blackwell, Oxford 2000.

Horton, Mark, The Swahili Corridor, in: *Scientific American* 257 (1987) S. 76–84.

**Repräsentation der Macht – Groß-Simbabwe und verwandte Stätten**

Pikirayi, Innocent, *The Zimbabwe Culture. Origins and Decline in Southern Zambezian States*, AltaMira Press, Walnut Creek, California 2001.

Garlake, Peter, *Great Zimbabwe*, Thames and Hudson, London 1973.

**Verlassene Siedlungen erzählen ihre Geschichte – Jüngere bäuerliche Gemeinschaften im südlichen Afrika**

Mitchell, Peter, *The Archaeology o f Southern Africa*, Cambridge University Press, Cambridge 2002; s. Kapitel 12: Later farming communities in southernmost Africa.

Maggs, Tim, Iron Age Patterns and Sotho History on the Southern Highveld, South Africa, in: *World Archaeology* 7 (1976) S. 318–332.

**Ausländer in Afrika – Die gravierenden Auswirkungen der europäischen Expansion**

Mitchell, Peter, *The Archaeology o f Southern Africa*. Cambridge University Press, Cambridge 2002; s. Kapitel 13: The archaeology of colonialism.

Posnansky, Merrick / DeCorse, Christopher R., Historical Archaeology in Sub-Saharan Africa – a Review, in: *Historical Archaeology* 20 (1986) S. 1–14.

**Wiederbesinnung auf Afrikas vergessene Vergangenheit**

Robertshaw, Peter, Sibling rivalry? The Interaction of Archeology and History, in: *History in Africa* 27 (2000) S. 261–286.

Connah, Graham, Static Image – Dynamic Reality, in: Connah, Graham (Hrsg.) *Transformations in Africa. Essays on Africa's Later Past*, Leicester University Press, London – Washington 1998, S. 1–13

# Orts-, Namens- und Sachregister

# Bildnachweis

dpa Picture Alliance, Frankfurt/Main: Abb. Seite 33, 34, 44, 45, 63, 64, 69, 77, 94, 97, 98, 111, 112, 116, 123, 129, 131, 137, 138, 156, 166, 171, 175, 182, 189, Tafel 1 unten, Tafeln 6 u. 7, Tafel 8 oben, Tafel 9 oben, Tafel 10, Tafel 11 oben, Tafel 12 oben, Tafeln 13, 14, 15 u. 16

Neanderthal-Museum Mettmann: Abb. Seite 4, 15; Neanderthal-Museum Mettmann/ Sibylle Pietrek: Abb. Seite 5, 9

aus: Graham Connah, African Civilizations, Cambridge 1987: Abb. Seite 165

aus: Peter Garlake, Early Art and Architecture of Africa, Oxford 2002: Abb. Seite 78, 124, 145

aus: David W. Philipson, African Archaeology, Cambridge 1994: Abb. Seite 22, 81

aus: Peter Robertshaw, A history of African Archaeology, London 1990: Abb. Seite 38

aus: Francis van Noten, The archaeology of Central Africa, Graz 1982: Abb. Seite 12, 55, 149

Joachim Willeitner, Grobenzell: Abb. Seite 68, 71

Andreas Willmy, Tübingen: Tafel 1 oben, Tafeln 2, 3, 4 u. 5, Tafel 8 unten, Tafel 9 unten, Tafel 11 unten, Tafel 12 unten

**Fundorte von den ersten afrikanischen Königreichen bis in die Kolonialzeit**